MICHAEL PURRUCKER

Banken in der kartellrechtlichen Fusionskontrolle

Schriften zum Wirtschaftsrecht

Band 44

Banken in der kartellrechtlichen Fusionskontrolle

Von

Dr. Michael Purrucker

DUNCKER & HUMBLOT / BERLIN

Gedruckt 1983 bei Buchdruckerei A. Sayffaerth - E. L. Krohn, Berlin 61
Printed in Germany
ISBN 3 428 05298 6

Vorwort

Die Arbeit hat der Juristischen Fakultät der Georg-August-Universität Göttingen im Sommersemester 1982 als Dissertation vorgelegen.

Herrn Prof. Dr. Ulrich Immenga danke ich herzlich für die Anregung zur Bearbeitung dieses interessanten Themas und ihre großzügige Förderung. Dank schulde ich auch Herrn Prof. Dr. Johannes Broermann für die Aufnahme der Abhandlung in die „Schriften zum Wirtschaftsrecht".

Göttingen, im August 1982

Michael Purrucker

Inhaltsübersicht

Abkürzungsverzeichnis

Die Vorschriften des Gesetzes gegen Wettbewerbsbeschränkungen wurden ohne Gesetzesangabe zitiert.

a. A.	anderer Ansicht
ABl.	Amtsblatt
Abs.	Absatz
a. E.	am Ende
a. F.	alte Fassung
AG	Aktiengesellschaft
AktG	Aktiengesetz
Anm.	Anmerkung
AR	Aufsichtsrat
AT	Allgemeiner Teil
BAKred	Bundesaufsichtsamt für das Kreditwesen
BB	Betriebsberater
BBanKG	Gesetz über die Deutsche Bundesbank
Bd.	Band
BewertungsG	Bewertungsgesetz
BFuP	Betriebswirtschaftliche Forschung und Praxis
BGB	Bürgerliches Gesetzbuch
BGBl	Bundesgesetzblatt
BGH	Bundesgerichtshof
BGHZ	Entscheidungen des Bundesgerichtshofs in Zivilsachen (Band, Seite)
BHC	Bank Holding Companies
BKartA	Bundeskartellamt
BörsenG	Börsengesetz
BT	Bundestag(s)
DB	Der Betrieb
Die AG	Die Aktiengesellschaft (Monatsschrift)
EG	Europäische Gemeinschaften
EGAktG	Einführungsgesetz zum Aktiengesetz
ERP	European Recovery Program
EStG	Einkommensteuergesetz
EWG	Europäische Wirtschaftsgemeinschaft
EWGV	Vertrag zur Gründung der Europäischen Wirtschaftsgemeinschaft
FAZ	Frankfurter Allgemeine Zeitung
FK	Frankfurter Kommentar
Fn.	Fußnote
FS	Festschrift
F.T.C.	Federal Trade Commission

GmbH	Gesellschaft mit beschränkter Haftung
GRuR	Gewerblicher Rechtsschutz und Urheberrecht (Monatsschrift)
GU	Gemeinschaftsunternehmen
GuV	Gewinn und Verlust
GWB	Gesetz gegen Wettbewerbsbeschränkungen
Halbs.	Halbsatz
HB	Handelsblatt
h. M.	herrschende Meinung
HV	Hauptversammlung
HypBankG	Hypothekenbankgesetz
iSd	im Sinne des (der)
iSv	im Sinne von
iVm	in Verbindung mit
Jhrg.	Jahrgang
JuS	Juristische Schulung
KAGG	Gesetz über Kapitalanlagegesellschaften
KG	Kammergericht; Kommanditgesellschaft
KGaA	Kommanditgesellschaft auf Aktien
KK	Kölner Kommentar zum Aktiengesetz
KStG	Körperschaftssteuergesetz
KWG	Kreditwesengesetz
Kza	Kennzahl
Lit.	Literatur
lit.	literum
MK	Monopolkommission
m. w. N.	mit weiteren Nachweisen
Nds	Niedersachsen
NJW	Neue Juristische Wochenschrift
öff.	öffentlich(en)
öff.-rechtl.	öffentlich-rechtlich(en)
oHG	offene Handelsgesellschaft
OLG	Oberlandesgericht
o. V.	ohne Verfasserangabe
pVV	positive Forderungsverletzung
Rdnr.	Randnummer
Reg.	Regierung(s)
RG	Reichsgericht
RGZ	Entscheidungen des Reichsgerichts in Zivilsachen (Band, Seite)
Rspr.	Rechtsprechung
Sec.	Section
Stat.	Statutes at Large
TB	Tätigkeitsbericht
Tz	Textziffer
U.S.C.	United States Code
u. U.	unter Umständen
UWG	Gesetz gegen unlauteren Wettbewerb

v.	versus
VO	Verordnung
vol.	volume
VVaG	Versicherungsverein auf Gegenseitigkeit
VwVfG	Verwaltungsverfahrensgesetz
WSI-Mitteilungen	Zeitschrift des Wirtschafts- und Sozialwissenschaftlichen Instituts des Deutschen Gewerkschaftsbundes
WuW	Wirtschaft und Wettbewerb (Monatsschrift)
WuW/E	Entscheidungssammlung der Zeitschrift Wirtschaft und Wettbewerb
ZfB	Zeitschrift für Betriebswirtschaft
ZfbF	Schmalenbachs Zeitschrift für betriebswirtschaftliche Forschung
ZfgK	Zeitschrift für das gesamte Kreditwesen
ZGR	Zeitschrift für Unternehmens- und Gesellschaftsrecht
ZHR	Zeitschrift für das gesamte Handels- und Wirtschaftsrecht
ZRP	Zeitschrift für Rechtspolitik

A. Einleitung

Die jahrzehntealte[1] und in den siebziger Jahren eskalierte Auseinandersetzung um die „Macht der Banken“ soll mit der vorliegenden Arbeit nicht durch einen weiteren Beitrag fortgesetzt werden. Ihr liegt ein anderer Ansatz zugrunde.

Bei der Schaffung des Kartellgesetzes im Jahre 1957, das noch keine Konzentrationskontrolle kannte, wurden die Kreditinstitute als eine von mehreren Branchen von wichtigen Normen des GWB ausgenommen und lediglich einer Mißbrauchsaufsicht unterstellt. Der Gesetzgeber der zweiten GWB-Novelle 1973, mit der die Fusionskontrolle geschaffen wurde, hat diese Entscheidung nicht wiederholt. Dies ist bemerkenswert, da die Konzentrationskontrolle eine mindestens ebenso große Bedeutung besitzt wie das Kartellverbot. Das „Konzentrationsprivileg“[2] hätte eine andere Entscheidung näher gelegt. Die Fragwürdigkeit der Schaffung des Ausnahmebereiches 1957 wird auch hierdurch deutlich.

Gleichzeitig wird klar, daß Kreditinstitute der Fusionskontrolle grundsätzlich unterliegen. Eine begrenzte Privilegierung stellt die sog. „Bankenklausel“ (§ 23 Abs. 3 Satz 2) dar. Kreditinstitute sind, wie Unternehmen anderer Branchen auch, konzentrationsmäßig häufig involviert. Von daher ist es reizvoll zu untersuchen, ob diese Betroffenheit durch die den Banken zugeschriebenen „Machtmittel“ größer ist, als gemeinhin angenommen wird und ob bzw. wie diese Mittel im System der Fusionskontrolle des GWB einzuordnen sind.

---

[1] Vgl. bereits *Jakob Riesser*, Die deutschen Großbanken und ihre Konzentration im Zusammenhang mit der Entwicklung der Gesamtwirtschaft in Deutschland, 4. Auflage, Jena 1912.

[2] Hierzu *Immenga* in Immenga/Mestmäcker § 1 Rdnr. 506.

B. Die Rolle der Banken bei Fusionen

I. Vorbemerkung

Die Art der Rolle, die Banken bei Fusionen mit anderen Banken, bei Fusionen mit Nichtbanken und bei solchen zwischen Nichtbanken spielen, wird nur dann richtig erfaßt, wenn die Gründe, aus denen heraus Banken fusionsaktiv sind, bestimmt werden. Diese Bestimmungsgründe sollen im folgenden beschrieben werden. Der vereinzelt anzutreffende Hinweis, Banken würden ihre Motive — gerade was den Erwerb von Nichtbankenbeteiligungen betrifft — nicht immer offenlegen[1], führt zu keinen methodischen Schwierigkeiten. Die Stellung der Banken als auf Gewinnerzielung ausgerichtete (Publikums-)Dienstleistungsunternehmen[2] bedingt eine Zentrierung aller Bestimmungsgründe auf bankwirtschaftliche Interessen[3], soweit Zusammenschlüsse nicht durch hoheitliche Maßnahmen veranlaßt sind.

II. Zusammenschlüsse zwischen Banken

1. Umfang der Banken — Banken-Beteiligungen

Berechnungen der Bankenstrukturkommission zufolge, hielten Ende 1974 Kreditinstitute insgesamt 402 Beteiligungen (Anteile von 10 % und darüber) an anderen Kreditinstituten[4]. Davon entfielen knapp 60 % auf Kreditbanken (Großbanken, Regionalbanken und sonstige Kreditbanken sowie Privatbankiers), 26 % auf den Sparkassensektor sowie etwa 12 % auf den Genossenschaftssektor[5]. Diese Momentaufnahme der Verteilung auf die einzelnen Bankengruppen von Ende 1974 stimmt im wesentlichen mit der Entwicklung in den Jahren 76/77 überein: an den in diesem Zeitraum gem. § 23 GWB dem BKartA angezeigten 40 Interbankzusammenschlüssen waren zu 65 % Kreditbanken, zu 20 % Girozentralen und Sparkassen sowie zu 15 % der Genossenschaftssektor

---

[1] *Dick*, Empirische Untersuchung der Nichtbankenbeteiligungen, S. 37.

[2] *Moesch/Simmert*, Banken, S. 69.

[3] *Immenga*, Beteiligungen von Banken in anderen Wirtschaftszweigen, S. 60.

[4] *Bankenstrukturkommission*, Übersicht I 1 - I 7, S. 501.

[5] *Bankenstrukturkommission*, S. 501.

beteiligt[6]. Die Unternehmen, an denen Beteiligungen erworben wurden, gehörten dabei zu 57 % in die Gruppe der kleinen Institute (bis 49,99 Mio. DM Bilanzsumme) und zu 43 % in die Gruppe der mittleren Institute (Bilanzsumme von 50 Mio. bis unter 1 Mrd. DM). Dagegen wurden in den Jahren 1973 - 1975 zu 70 % Beteiligungen an mittleren Instituten und zu 25 % Beteiligungen an großen Banken (Bilanzsumme 1 Mrd. DM oder mehr) erworben[7]. Es zeigt sich also eine deutliche Tendenz zum Beteiligungserwerb an kleinen und mittleren Kreditinstituten[8].

2. Bestimmungsgründe

Die von der Bankenstrukturkommission referierten Verteidiger von Anteilsbesitz an Kreditinstituten verweisen zur Begründung auf „betriebswirtschaftliche Notwendigkeiten", wie „Stärkung des Leistungspotentials", „Erweiterung der Angebotspalette" sowie „Verbesserung der Kostenstruktur"[9]. Tatsächlich ist eine Vielzahl von Beteiligungen aus Gründen der Leistungssteigerung und Leistungsausweitung durchgeführt worden; jedoch ergibt sich bei genauerer Analyse ein differenzierteres Bild.

a) Entstehung der Westdeutschen Landesbank[10]

Aufschluß gibt hier zunächst ein Rückblick auf die Entstehung der Westdeutschen Landesbank am 1. Januar 1969. Sie ist aus einer Fusion der Rheinischen Girozentrale und Provinzialbank, Düsseldorf, mit der Landesbank für Westfalen Girozentrale Münster, hervorgegangen. Die Girozentralen, Körperschaften des öff. Rechts, sind die regionalen Zentralinstitute der Sparkassen. Ihre Tätigkeit wird im wesentlichen durch folgende Aufgaben charakterisiert: Zum einen stellen die Landesbanken (Girozentralen) Bindeglieder zwischen den Sparkassen und der Deutschen Girozentrale (Frankfurt/Main) dar. Die Eigenschaft als Hausbank für die Länder kommt hinzu („Staatsbanken"). Wesentlich ist die Unterstützung der Sparkassen bei der Abwicklung des bargeldlosen Zahlungsverkehrs sowie die Übernahme von Geschäften, die über den rechtlichen oder tatsächlichen Rahmen der einzelnen Sparkasse hinausgehen (größere Kredite; Außenhandelsgeschäft etc.).

---

[6] *MK* Hauptgutachten II 1976/77, Tabelle 15, S. 316.

[7] *MK* Hauptgutachten II 1976/77, Tabelle 17, S. 318.

[8] *MK* Hauptgutachten II 1976/77, Tz. 562.

[9] *Bankenstrukturkommission*, Rdnr. 291.

[10] Vgl. hierzu ausführlich *Stein* Die Fusion der Girozentralen in Nordrhein-Westfalen.

Die hohen Erwartungen, die an den Zusammenschluß geknüpft wurden, bezogen sich insbesondere auf diesen zuletzt genannten Aufgabenkreis: eine Verstärkung der Stellung des neuen Instituts im Wertpapier- und Emissionsgeschäft sollte eine Leistungsverbesserung der angeschlossenen Sparkassen in diesen Sektoren bewirken. Von einer Erhöhung der Einlagen bzw. des Eigenkapitals erwartete man eine standing-Aufwertung, also eine Verbesserung des Ansehens beim Publikum und bei anderen Instituten, und dadurch verbesserte Möglichkeiten im Auslandsgeschäft[11]. Letztlich erhoffte man sich eine allgemeine Verbesserung der Wettbewerbsstellung der Sparkassen und in Form großer Girozentralen die Schaffung eines öffentlich-rechtlichen Gegengewichts zu den Großbanken[12]. Dieses Ziel wurde erreicht: Die WestLB war 1978 mit einer Bilanzsumme von 93,3 Mrd. DM (nach der Deutschen und der Dresdner Bank AG) die drittgrößte deutsche Bank[13].

b) Beteiligungspolitik der Girozentralen

Die Beteiligungspolitik der Girozentralen selbst wird von zum Teil abweichenden Überlegungen bestimmt: die Orientierung erfolgt an den Interessen der Sparkassen. Den Grundsätzen der Dezentralisierung und Subsidiarität gemäß sind die Girozentralen dort aktiv, wo den Sparkassen Wirkungsmöglichkeiten versperrt sind (Regionalprinzip). Für die Beteiligungspolitik folgt daraus zum einen eine Bevorzugung filialarmer Institute und eine Rücksichtnahme auf ortsansässige Sparkassen oder Girozentralen. Fries berichtet von dem Verzicht der WestLB auf das Frankfurter Platzgeschäft im Zuge ihrer Beteiligung am Bankhaus Richard Daus + Co., Frankfurt[14]. Zum anderen folgt daraus aber auch — und hier wird wieder eine teilweise Kongruenz mit dem Ziel der Leistungsspartenerweiterung sichtbar — die Beteiligung an Instituten mit einem sparkassenatypischen Kundenkreis.

Das Beteiligungsinteresse einer Girozentrale gegenüber einer privaten Kreditbank und das „Anlehnungsinteresse" eines solchen Instituts an eine Girozentrale können bei einer erheblichen Größenverschiedenheit auch eine Übereinstimmung erfahren: Privatbanken haben es traditionell schwerer, in umfangreichem Maße Spareinlagen zu erschließen[15] — ihnen fehlen die „Saugnäpfe für Spareinlagen"[16].

---

[11] *Frielitz,* Stellung der öff.-rechtl. Sparkassen im Verfassungsgefüge, S. 43.

[12] *Frielitz,* Stellung der öff.-rechtl. Sparkassen im Verfassungsgefüge, S. 42.

[13] Vgl. *Christ,* DIE ZEIT Nr. 37 v. 7. 9. 79, S. 18, Tabelle 2.

[14] *Fries,* ZfgK 70, 135, 136.

[15] *Hagenmüller,* Bankbetrieb, Bd. III, S. 93.

[16] *Fries,* ZfgK 70, 174, 176; vgl. auch *Wettbewerbsenquête,* BT-Drucksache V/3500, S. III.

Privatbankier Krahnen zufolge[17] gilt dies nach einem Jahrzehnt der „universalisierenden“ Entwicklung aller Banken immer noch. Diese Banken neigen also eher zur „Aktivlastigkeit“. Für Sparkassen und Girozentralen gilt das Umgekehrte, so daß aus einer Verbindung eine verbesserte Refinanzierung kleinerer Privatbankhäuser durch größere Girozentralen[18] möglich ist[19]. Der Sinn eines solchen Zusammenschlusses kann somit als Kompensation von Strukturschwächen mit dem Ziel der Leistungsverbesserung umschrieben werden.

c) *Weitere Bestimmungsgründe*

Die Erhebung der Monopolkommission über die Unternehmenskonzentration im Bankenbereich[20] führt auf eine Reihe weiterer Bestimmungsgründe. Die Monopolkommission spricht in diesem Zusammenhang von „Markt- und Betriebszwängen zur größeren Unternehmenseinheit“[21], die aus stetig wachsenden Personalkosten, einer daneben (nicht als Ersatz für Personaleinsparungen) erhöhten Technisierung und einer Sortimentserweiterung resultieren[22].

aa) Angleichung der Aufgaben

Die Verbreiterung des Sortiments resultiert aus einer Angleichung der Aufgabenpalette früher traditionell schwerpunktmäßig arbeitender Banken an den „reinen“ Typ der universal tätigen Bank[23], ohne daß dies zu einer Nivellierung im Sinne einer „Vernachlässigung“ der bisher besonders intensiv betriebenen Geschäftssparten führen würde. In diese Richtung gewirkt haben insbesondere das Hineinwachsen weiter Bevölkerungskreise in einkommensstärkere Schichten, die eine Bank aus Refinanzierungsgründen kaum mehr unberücksichtigt lassen kann. Parallel mit dieser Entwicklung ist die Nachfrage nach Bankleistungen aller Art stark gestiegen. Das Ziel, universell tätig zu sein, das auch heute noch nicht ganz erreicht zu sein scheint, verfolgen die Banken auf verschiedenen Gleisen: durch Anbieten neuer Leistungen im Institut, durch Gründung neuer Unternehmen im near-banking-Bereich und — was hier interessiert — durch Erwerb von oder Beteiligung an Bankunternehmen mit abweichendem Tätigkeitsschwerpunkt.

---

[17] *Krahnen*, FAZ Nr. 18 vom 22. 1. 80, S. 12.

[18] Vgl. z. B. die Beteiligungen der Hamburger Sparcasse von 1864 an Merck, Finck & Co.

[19] *Fries*, ZfgK 70, 174, 176; *Hofmann*, ZfgK 71, 54, 55.

[20] *MK* Hauptgutachten I 1973 - 75, Tz. 64 ff. und 351 ff.

[21] *MK* Hauptgutachten I 1973 - 75, Tz. 410.

[22] *MK* ebenda.

[23] *Konzentrationsenquête*, BT-Drucksache IV/2320, S. 35.

bb) Eintritt in das internationale Geschäft

Das internationale Geschäft steht ausschließlich großen und sehr großen Banken mit hervorragendem standing offen. Das standing ist vom Geschäftsvolumen wesentlich abhängig. Von hier wirkt auf Institute, die den Ehrgeiz besitzen, auch in diesem Geschäftsbereich tätig zu werden, ein Druck, ihr Volumen entsprechend zu vergrößern; eine Fusion ist insoweit ein gangbarer Weg[24].

cc) Probleme des Privatbankenbereiches

Die Initiative zu einem Beteiligungserwerb im Privatbankensektor geht — und dies führt auf einen weiteren Bestimmungsgrund — auch von verkaufswilligen (kleineren) Privatbankiers aus. Nachfolgeprobleme und damit die Sorge um den Bestand der Bank[25] können diese vor allem in Fällen von stark auf die Person des Geschäftsinhabers ausgerichteten Häusern veranlassen, eine Anlehnung an größere Institute zu suchen. Die vom Bundesamt für gewerbliche Wirtschaft in den Jahren 1961 - 1964 durchgeführte Untersuchung der Konzentration in der Wirtschaft hat eine Reihe von Strukturproblemen des Privatbankiersektors offengelegt[26], die als tendenziell zusammenschlußfördernd angesehen werden mußten[27]. Als erstes wurde die Erschwerung der Eigenkapitalbildung durch den geltenden Einkommensteuertarif genannt; diese Ursache dürfte auch heute noch bestehen[28]. Zweitens wird geltend gemacht, daß die öffentliche Hand bei Privatbankiers nur begrenzt Einlagen halte[29]. Diese Feststellung wird durch Berechnungen der Monopolkommission bestätigt[30]. Ende 1974 hielten inländische öffentliche Haushalte knapp ¼ ihrer Einlagen bei Kreditbanken. Dabei entfielen auf „übrige Kreditbanken" 16,58 % und auf die Großbanken 7,25 % der Einlagen insgesamt. Privatbankhäuser mußten sich mit 0,79 % sämtlicher Einlagen inländischer öffentlicher Haushalte begnügen. Als drittes Strukturproblem des Privatbankensektors wird die Verwehrung des Zugangs zu Anleihekonsortien, insbesondere der öffentlichen Hand, angesehen[31]. Schließlich wird angeführt, daß die Geldanlage bei Privatbanken in weiten Bevölkerungskreisen im Vergleich zu Sparkassen und größeren Kreditbanken wegen einer fehlen-

[24] Vgl. bereits oben B II 2 a).

[25] Dies gilt entsprechend auch für Unternehmen anderer Branchen.

[26] Vgl. *Konzentrationsenquête*, BT-Drucksache IV/2320, S. 37.

[27] *Konzentrationsenquête*, ebenda.

[28] Vgl. aus neuerer Zeit z. B. *Heide*, ZfgK 78, 370, 372.

[29] *Konzentrationsenquête*, S. 37.

[30] Vgl. *MK* Hauptgutachten I 1973 - 75, Tabelle III. 37, S. 749 f.

[31] *Konzentrationsenquête*, S. 37.

den Depositenzwangsversicherung als unsicherer gelte[32]. Dieses Argument mag eine Erklärung für den steten Rückgang der Anzahl von Privatbankiers bis Anfang bzw. Mitte der 70er Jahre liefern, kann jedoch seit 1974 nicht mehr aufrecht erhalten werden und liefert deshalb keine überzeugende Erklärung für den weiteren Terrainverlust der Privatbankiers von 130 Ende 1974 um 29,2 % auf 92 Ende 1978[33].

Als unmittelbare Reaktion auf den Zusammenbruch der Herstatt-Bank und im Vorgriff auf geplante entsprechende gesetzliche Regelungen wurde im September 1974 die schon existierende begrenzte Einlagensicherung durch Gründung der Liquidations-Konsortialbank GmbH wesentlich erweitert. Gesellschafter dieser Bank sind zu 30 % die Deutsche Bundesbank sowie Mitglieder des Bundesverbandes deutscher Banken e. V., dem neben regionalen Bankenverbänden, den Großbanken, Regionalbanken und sonstigen Kreditbanken, vorwiegend Privatbanken angehören, zu 26,5 % Mitglieder des Deutschen Sparkassen- und Giroverbandes e. V., zu 11 % die Deutsche Genossenschaftsbank, zu 1,5 % die Bank für Gemeinwirtschaft AG sowie zu 1 % der Bankenfachverband Konsumenten- und gewerbliche Spezialkredite. Die Liquidationshilfe steht also auf einem breiten Fundament. Die Liquidations- und Konsortialbank, deren wesentliche Aufgabe vor allem darin liegt, Liquiditätsschwierigkeiten eines angeschlossenen Instituts überwinden zu helfen, ersetzt im Falle des Zusammenbruches einer Bank pro Kunde Einlagen (Bilanzposition: „Verbindlichkeiten aus dem Bankgeschäft gegenüber anderen Gläubigern") bis zur Höhe von 30 % des haftenden Eigenkapitals des illiquide gewordenen Instituts. Nach Ansicht der Deutschen Bundesbank sind die Nichtbankeneinlagen bei Privatbanken damit „nahezu vollständig" von der Einlagensicherung erfaßt[34]. Dies gilt allerdings nur deshalb, weil praktisch sämtliche Privatbanken auch dem Einlagensicherungsfonds angehören: zum Jahresende 1975 gab es in der Bundesrepublik 120 Privatbankiers[35], von denen am 15. Februar 1976 dem Einlagensicherungsfonds 110 oder 91,6 % angehörten. Seit Mitte der siebziger Jahre sind damit jedenfalls Einlagen „kleinerer" Kunden bei privaten Banken keinem höheren Risiko mehr ausgesetzt als bei anderen Institutstypen; etwas anderes gilt nur für Großeinleger, deren Einlagen mehr als 30 % des haftenden Eigenkapitals der betreffenden Bank ausmachen.

---

32 *Konzentrationsenquête*, ebenda.

33 Vgl. die Monatsberichte der Deutschen Bundesbank, 28. Jhrg., Heft 12, Dezember 1976, jeweils Statistischer Teil III „Kreditinstitute", Tabelle 22, bzw. 31. Jhrg., Heft 10, Oktober 1979, Tabelle 25.

34 Geschäftsbericht der Deutschen Bundesbank für das Jahr 1975, S. 70.

35 Monatsberichte der Deutschen Bundesbank, 28. Jhrg., Heft 12, Dezember 1976, Statistischer Teil III „Kreditinstitute", Tabelle 22.

Als fusionsbegünstigende Faktoren im Privatbankensektor bleiben damit die Erschwerung der Eigenkapitalbildung durch den geltenden Einkommensteuertarif sowie die nur begrenzten Einlagen der öffentlichen Hand festzuhalten; die weitere Untersuchung wird zeigen, ob andere Momente hinzukommen.

dd) Der Genossenschaftssektor

Die Anzahl der Kreditgenossenschaften hat von 11 795 Ende 1957 um 7 191 auf 4 604 Ende 1978 abgenommen[36]. Dieser starke Rückgang dürfte zum überwiegenden Teil auf Rationalisierungsnotwendigkeiten zurückzuführen sein[37]. Fusionsfördernd hat allerdings auch die KWG-Novelle von 1976 mit der Einführung des sogen. „Vier-Augen-Prinzips" gewirkt. Gem. § 33 Abs. 1 Nr. 4 KWG darf die Erlaubnis zum Betreiben von Bankgeschäften versagt werden, wenn das Kreditinstitut nicht mindestens zwei Geschäftsleiter hat, die nicht nur ehrenamtlich tätig sind. Kleinstinstituten mit einer Bilanzsumme bis zehn Millionen DM wurde eine Übergangsfrist bis 1981, Instituten mit mehr als zehn Millionen DM Bilanzvolumen eine einjährige Übergangsfrist bis zum 30. 4. 1977 eingeräumt, um diesem Erfordernis Rechnung zu tragen. Allein von den im Februar 1977 in diese zuletzt genannte Gruppe fallenden 302 Instituten im Bereich des Genossenschaftsverbandes Niedersachsen hatten 202 Institute die Voraussetzungen des „Vier-Augen-Prinzips" noch nicht erfüllt[38]. Für diese Institute sowie für kleine genossenschaftliche Banken mit weniger als zehn Millionen DM Bilanzsumme bot sich häufig nur der Zusammenschluß mit einem oder mehreren benachbarten Instituten als Ausweg an.

3. Rechtsnormative und rechtspolitische Fusionsursachen

Neben den bisher aufgezeigten, eher im ökonomischen Bereich anzusiedelnden Ursachen für Interbankenzusammenschlüsse, scheint es eine Reihe weiterer Gründe zu geben, die unmittelbar im legislativen Bereich wurzeln oder Vorwegnahmen von in der rechtspolitischen Diskussion befindlichen Vorschlägen darstellen. Dies soll im folgenden näher dargelegt werden.

---

[36] Vgl. Monatsberichte der Deutschen Bundesbank, 31. Jhrg., Heft 10, Oktober 1979, Statistischer Teil III „Kreditinstitute", Tabelle 25 b.

[37] So die *MK* Hauptgutachten I 1973 - 75, Tz. 417.

[38] Vgl. HB Nr. 39 vom 24. 2. 77, S. 6.

a) Die Bankenaufsicht

aa) „Vier-Augen-Prinzip"

Die Auswirkungen des durch die KWG-Novelle 1976 in § 33 Abs. 1 Nr. 4 KWG vorgesehenen „Vier-Augen-Prinzips" auf die Struktur insbesondere des Genossenschaftssektors wurden bereits aufgezeigt. Eine Änderung der Normen des Kreditwesengesetzes hat hier unmittelbar Konzentrationsvorgänge ausgelöst oder doch verstärkt.

bb) Der Begriff des haftenden Eigenkapitals im KWG

aaa) Großkredite

„Großkredite" sind nach der Legaldefinition des § 13 Abs. 1 Satz 1 KWG Kredite an einen Kreditnehmer, die insgesamt 15 % des haftenden Eigenkapitals des Kreditinstitutes übersteigen. Die Geschichte der deutschen Bankinsolvenzen und Bankliquiditätskrisen der Nachkriegszeit ist im wesentlichen die Geschichte einer zu starken Konzentration der Institute auf wenige Großengagements. Die Abhängigkeit eines Instituts von wenigen (häufig von einem) dieser Großkredite führte bei einem Ausfall rasch auch zum Kollaps der betreffenden Bank[39].

Die Novelle des KWG 1976 hat die Möglichkeiten der Vergabe von Großkrediten eingeschränkt. Während der einzelne Großkredit gem. § 13 Abs. 4 KWG a. F. das haftende Eigenkapital nicht übersteigen sollte, bilden nun 75 % des haftenden Eigenkapitals eine zwingende Grenze für das Einzelengagement. Darüber hinaus ist die Kopplung aller Großkredite an das gesamte Kreditvolumen (nach § 13 Abs. 3 KWG a. F. sollten alle Großkredite zusammen 50 % der Gesamtkreditsumme nicht übersteigen) ersetzt worden durch eine Kopplung der fünf größten Kredite und aller Großkredite zusammen an das haftende Eigenkapital: die fünf größten Engagements dürfen gem. § 13 Abs. 3 Satz 1 Nr. 1 das Dreifache, alle Großkredite zusammen gem. Nr. 2 das Achtfache des haftenden Eigenkapitals nicht übersteigen. Eine weitere Begrenzung der Großkreditvergabe ist im Rahmen der Errechnung von Großkrediten gem. § 13 Abs. 6 KWG erfolgt: Avalkredite i. S. v. § 19 Abs. 1 Satz 1 Nr. 1 - 3 KWG sind wegen ihres gegenüber Geldkrediten mindestens gleichen Risikos[40] mit ihrem vollem Betrag anzusetzen.

Worauf es in diesem Zusammenhang ankommt, ist die Bindung der Großkredite eines Instituts an das haftende Eigenkapital. Der Begriff des haftenden Eigenkapitals und damit die Funktionen des Eigen-

[39] Vgl. im einzelnen *von Stein*, Insolvenzen privater Banken und ihre Ursachen, S. 216, sowie Anhang, Tabelle „Personelle Ursachen I und II"; *Kübler*, BFuP 1975, 172, 175 f.

[40] *Bähre-Schneider*, § 13 KWG, Anm. 2.

kapitals haben hier einen weiteren Anwendungsbereich erfahren. Eine Funktion des (haftenden) Eigenkapitals ist die Limitierung des Geschäftsvolumens („Bremsfunktion“[41]). Die in den letzten Jahren gestiegene Bedeutung des Geschäfts mit großen Krediten läßt somit zum einen einzelne Engagements immer häufiger die Großkreditschwelle des § 13 KWG überschreiten. Zum anderen wird damit gerade das Großkreditgeschäft durch die im internationalen Vergleich schlechte Eigenkapitalausstattung deutscher Banken[42] zunehmend erschwert. Ein gangbarer Weg, durch Erhöhung des haftenden Eigenkapitals Spielräume für das Großkreditgeschäft zurückzugewinnen, ist die Fusion zweier Institute. Die Obergrenze für das einzelne Engagement kann auf diese Weise beträchtlich heraufgesetzt werden. Damit kann im Einzelfall der Einstieg in einen neuen Kreditmarkt ermöglicht werden. Die Abwanderung von Kreditnehmern, deren Bedarf gestiegen ist, kann so vermieden werden[43].

bbb) Die Grundsätze über das Eigenkapital und die Liquidität der Kreditinstitute

Neben Bereitstellung einer Haftungsgrundlage soll eine Begrenzung des Geschäftsvolumens (insbesondere der Kredit- und Devisengeschäfte) auch durch die Verpflichtung der Kreditinstitute gem. § 10 KWG, für ein „angemessenes haftendes Eigenkapital“ zu sorgen, erreicht werden. Die vom Bundesaufsichtsamt für das Kreditwesen im Einvernehmen mit der Deutschen Bundesbank aufgestellten „Grundsätze über das Eigenkapital und die Liquidität der Kreditinstitute“ begrenzen (in Grundsatz I) das Kredit- und Beteiligungsvolumen auf das 18fache des haftenden Eigenkapitals. Auch die Differenz zwischen den Beständen an Aktiv- und Passivdevisen ist an das haftende Eigenkapital gebunden: die tägliche Differenz soll nicht größer als 30 % des haftenden Eigenkapitals des Instituts sein (Grundsatz I a). Auch diese aus dem KWG und den „Grundsätzen“ her resultierende tätigkeitsbegrenzende Wirkung kann durch Fusion, also Zusammenfassung der das haftende Eigenkapital ausmachenden Faktoren abgeschwächt werden. Allerdings sollte dieser Effekt nicht überschätzt werden: einem vergrößerten haftenden Eigenkapital stehen die vergrößerten Geschäftsvolumina der am Zusammenschluß beteiligten Institute gegenüber.

---

[41] *Hagenmüller*, Bankbetrieb, Bd. I, S. 229.

[42] *Bankenstrukturkommission*, Rdnr. 657.

[43] *Heide*, ZfgK 78, 370, 374 weist allerdings mit Recht darauf hin, daß „die Fusion von verschiedenen gleichgearteten ... Firmen nur eine Zwischenlösung sein (kann); für längere Dauer zwar, aber nicht für die langfristige Zukunftsplanung“.

cc) Die de facto Anbindung der Bankenaufsicht an die Einlagensicherung

Der bereits geschilderte wesentliche Ausbau der Einlagensicherung, der einerseits die Chancen des Privatbankensektors, Einlagen zu erschließen, verbessert hat, hat andererseits in Verbindung mit der Verschärfung der Bankenaufsicht durch die KWG-Novelle '76 Folgen gezeitigt, die wenigstens für den Privatbankenbereich als fusionsfördernd interpretiert werden müssen. Gem. § 3 Abs. 1 lit. a) der Statuten des Einlagensicherungsfonds ist eine Mitgliedschaft vom Vorhandensein ausreichenden haftenden Eigenkapitals abhängig. Das haftende Eigenkapital reicht danach aus, wenn es den Anforderungen entspricht, die das Bundesaufsichtsamt für das Kreditwesen für die Erteilung der Erlaubnis zum Betrieb eines Bankgeschäfts gem. §§ 32 und 33 KWG zugrunde legt. Von den chronisch eigenkapitalschwachen Privatbanken erfüllten und erfüllen eine Reihe von Instituten diese Voraussetzung nicht. Dies war der Grund, in den Statuten befristete Ausnahmeregelungen hinsichtlich § 3 Abs. 1 lit. a) vorzusehen. Die Tatsache der Mitgliedschaft im Einlagensicherungsfonds, die in den Schalterräumen einer Bank durch Aushang bekannt gemacht werden darf (§ 5 Abs. 13 der Statuten), ist für den Kunden fraglos ein „essential" für Aufnahme oder Fortsetzung einer Bankverbindung. Von daher entstand ein starker Druck auf die privaten Banken, dieser Voraussetzung zu genügen.

Ein gangbarer Weg, eine Eigenkapitalverbesserung zu erreichen, ist — wie bereits deutlich gemacht wurde — die Fusion mit einem anderen Institut. Dazu kam, daß das Bundesaufsichtsamt für das Kreditwesen bereits vor dem spektakulären Herstatt-Zusammenbruch die Neuzulassung zu Bankgeschäften von der Mitgliedschaft im Einlagensicherungsfonds (alter Prägung) abhängig machte[44] und „kritischen Instituten" gegenüber Fusionsempfehlungen abgab[45].

b) Das Hypothekenbankgesetz

aa) Das Spezialbankprinzip

Die Hypothekenbanken nehmen in der Universalbankenlandschaft insofern eine Sonderstellung ein, als hier im Grundsatz das „Spezial-

---

[44] Vgl. „Oft Verschleierungen und falsche Angaben", Interview mit dem (damaligen) Präsidenten des BAKred *Günter Dürre* in Capital 10/73, S. 56, 59; Bedenken gegen diese Praxis, die im KWG keine ausdrückliche Stütze findet, bei *Schwark*, NJW 74, 1849, 1853.

[45] Vgl. Interview mit *G. Dürre*, ebenda; vgl. zum Ganzen ferner „Bankpleiten nun passé", Kommentar von *Stefan Conradi* in HB Nr. 235 vom 8. 12. 1975, S. 13.

bankprinzip" gilt. Das Recht, langfristige, durch Hypotheken oder Grundschulden gesicherte Kredite, deren Mittel aus der Begebung von Pfandbriefen stammen, zu gewähren, steht grundsätzlich nur privaten (§ 2 Abs. 1 HypBankG) Bankinstituten zu, die dieses Geschäft ausschließlich betreiben (sog. private „reine" Hypothekenbanken). Das gleiche gilt für Kommunaldarlehen und Kommunalschuldverschreibungen (vgl. die Legaldefinitionen in § 1 Ziffer 2 HypBankG). Eine Ausnahme gilt im privatrechtlichen Bankenbereich aus Gründen der Besitzstandswahrung über § 46 HypBankG nur für die Bayrische Hypotheken- und Wechselbank, die Bayrische Vereinsbank sowie die Norddeutsche Hypotheken- und Wechselbank; diese drei privaten „gemischten" Hypothekenbanken dürfen das Hypothekenpfandbrief- und Kommunalgeschäft neben ihren anderen Bankgeschäften betreiben.

Eine weitere Durchbrechung erfährt das Spezialbankprinzip bei den öffentlich-rechtlichen Banken: neben den ausschließlich das Pfandbrief- und Kommunalgeschäft betreibenden öffentlich-rechtlichen Realkreditinstituten besitzen sowohl die Landesbanken als auch die Girozentralen das Pfandbriefprivileg. Rechtsgrundlage für das Pfandbrief- und Kommunalgeschäft ist insoweit das „Gesetz über die Pfandbriefe und verwandten Schuldverschreibungen öffentlich-rechtlicher Kreditanstalten", welches keinen „numerus clausus" der Geschäftsarten kennt, wie ihn § 5 HypBankG für die privatrechtlichen Hypothekenbanken vorsieht.

Den Groß-, Kredit-, Privat- und den Genossenschaftsbanken ist das Pfandbrief- und Kommunalgeschäft also verschlossen. Eine Möglichkeit, an diesen Geschäften zu partizipieren, besteht insbesondere auch nicht durch eine Verschmelzung i. S. d. §§ 359 ff. AktG.

Gleichwohl handelt es sich um interessante Märkte: die Bilanzsumme der 18 privaten „reinen" Hypothekenbanken betrug 1978 158 Mrd. DM[46]: Hypotheken wurden im Gesamtbetrage von 63,5 Mrd. und Kommunaldarlehen in Höhe von 76,7 Mrd. DM ausgeliehen[47]; alle anderen Aktivgeschäfte (vgl. insoweit § 5 HypBankG) schlugen noch einmal mit 17,8 Mrd. DM zu Buche. Die Banken, denen die beschriebenen Geschäfte verschlossen sind, erheben den Anspruch, das Bankgeschäft „universal" zu betreiben. Das Hypothekenpfandbrief- und Kommunalgeschäft als mit der übrigen Geschäftspolitik abgestimmte Ergänzung der Leistungspalette können sie — aus ihrer Sicht — ihren Kunden deshalb nur durch Hypothekenbanken offerieren, auf die sie über Beteiligungen maßgeblichen Einfluß besitzen[48]. Dies erklärt zum einen die

---

[46] *Fleischmann/Bellinger/Kerl*, HypBankG, S. 402 — Anhang.

[47] *Fleischmann/Bellinger/Kerl*, ebenda.

hohe Zahl „zielstrebig erworbener Beteiligungen einiger Geschäftsbanken an einzelnen Hypothekenbanken“[49]: 1978 standen von achtzehn in der Bundesrepublik tätigen privaten „reinen“ Hypothekenbanken sechzehn in Mehrheitsbesitz einer Geschäftsbank[50]. Die im deutschen Universalbanksystem eher als Fremdkörper anzusehende Beschränkung des Pfandbrief- und Kommunalgeschäfts auf Sonderinstitute hat die Geschäftsbanken Möglichkeiten suchen und finden lassen, die gesetzlich verordnete Lücke in ihrem Sortiment zu schließen. Dieses Bestreben, universal tätig zu werden, wird durch die Mehrfachbeteiligungen insbesondere der Großbanken an den in der Regel regional beschränkt tätigen Hypothekenbanken unterstrichen: die Großbanken sind bestrebt, flächendeckend die ganze Bundesrepublik mit einer lückenlosen Angebotspalette zu bedienen.

Auf die Geschäftsbanken eher beteiligungsfördernd dürfte auch die nicht konsequente Verwirklichung des Spezialbankprinzips durch den Gesetzgeber gewirkt haben. Die Geschäftsbanken haben mit den drei „gemischten“ privaten Hypothekenbanken in ihrer Gruppe selbst Wettbewerber, die ein lückenloses Leistungsprogramm anbieten können. Dazu kommen die das Pfandbriefprivileg besitzenden Landesbanken und Girozentralen, die zunehmend zu Wettbewerbern auch der übrigen Institutsgruppen geworden sind. Auch hier galt es also, einen legislativ initiierten Wettbewerbsnachteil durch verstärkte Fusionsanstrengungen auszugleichen.

bb) Das Fusionsinteresse der Hypothekenbanken

Es muß andererseits gesehen werden, daß wegen der bereits erwähnten regionalen Beschränkung der Hypothekenbanken auch diese ein Interesse daran haben, das Filialnetz insbesondere der Großbanken zum Absatz ihrer Pfandbriefe nutzbar zu machen[51].

cc) Zusammenfassung

Auch wenn für den Einstieg der Geschäftsbanken in das Hypothekenpfandbrief- und Kommunalgeschäft Gründe der Leistungssteigerung

---

[48] Da der für das Spezialinstitutsprinzip maßgebliche Gedanke einer organisatorischen und haftungsmäßigen Eigenständigkeit der Hypothekenbank durch eine Beteiligung nicht berührt wird, bestehen selbst gegen 100%igen Beteiligungsbesitz anderer Kreditinstitute unter *hypothekenbankrechtlichen* Gesichtspunkten keine Bedenken. Zu den Gründen für die Einführung des „Spezialbankprinzips“ vgl. die bei *Fleischmann/Bellinger/Kerl*, HypBankG, § 1 Tz. 6, zitierten Gesetzesmaterialien.

[49] *Bankenstrukturkommission*, Rdnr. 307.

[50] *Fleischmann/Bellinger/Kerl*, HypBankG, S. 402 — Anhang; Commerzbank, wer gehört zu wem?, Nr. 6556, 1414, 4536.

[51] Vgl. insoweit bereits *Gáfton*, Die Konzernverflechtung der westdeutschen Banken, S. 249.

und Angebotsausweitung und damit die Behauptung im Wettbewerb ausschlaggebend waren, so muß doch festgehalten werden, daß das Recht die Banken auf den Weg des Beteiligungserwerbes „gezwungen" hat — sieht man einmal von der Möglichkeit der Neugründung von Hypothekenbanken ab.

c) *Reaktionen auf rechtspolitische Forderungen*

Banken sind seit Jahren bemüht, auf der „Sympathieskala der Institutionen"[52] von einer eingebildeten oder tatsächlich schlechten Rangstelle weg nach oben zu rücken. Neben der Werbung nimmt deshalb die Öffentlichkeitsarbeit eine wichtige Stelle ein[53]. Besonders deutlich wird dies durch die seit nunmehr zehn Jahren[54] laufende Gemeinschaftskampagne des Bundesverbandes deutscher Banken. Aus diesem Grunde haben sich die Banken auch der seit Jahren am Nichtbankenanteilsbesitz geübten Kritik schließlich nicht ganz entzogen. Nicht anders ist jedenfalls die Äußerung des Vorstandssprechers der Dresdner Bank, Friderichs, zu interpretieren, der im April 79 erklärte, sein Institut sei zum Abbau der Beteiligungen an Industrieunternehmen auf 25 % bereit[55]. Und mit aller Vorsicht kann hierfür als weiterer Beleg der Erwerb von Bank-an-Bankbeteiligungen ins Feld geführt werden: interpretiert nämlich als Umschichtung industriellen Beteiligungsbesitzes in Bankenbeteiligungsbesitz, um Beteiligungsbesitz überhaupt zu erhalten. Der Erwerb von 25 % des Aktienkapitals der Westfälischen Hypothekenbank AG, Dortmund, durch die Bayrische Hypotheken- und Wechselbank AG nach einem völligen oder teilweisen Verkauf von Industriebeteiligungen dieser Bank[56] ist von Teilen der Wirtschaftspresse in diesem Sinne gedeutet worden[57]. Auch wenn für die Erhaltung von Beteiligungsbesitz bankbetriebswirtschaftliche Gründe wichtig sind, so stehen doch für die Banken bei dieser Art von Beteiligungserwerb die Rücksichtnahme auf gesellschafts- und rechtspolitische Forderungen im Vordergrund.

---

[52] *Hagenmüller*, Bankbetrieb Bd. III, S. 331.

[53] Vgl. *Hagenmüller*, Bd. III, S. 323.

[54] Bundesverband deutscher Banken, Jahresbericht 1978/79.

[55] „*Friderichs:* Für den Abbau der Beteiligungen gerüstet", in FAZ, Nr. 83 vom 7. 4. 1979, S. 14; vgl. auch bereits „Bayernhypo klammert sich nicht an ihre Industriebeteiligungen", HB, Nr. 224 vom 1. 12. 1976, S. 8.

[56] Paulaner—Salvator-Thomasbräu, Heilmann und Littmann, Rosenthal und Diamalt.

[57] Vgl. „Direktbeteiligung an der West-Hyp", in FAZ, Nr. 190 vom 17. 8. 1979, S. 15.

III. Zusammenschlüsse zwischen Banken und Unternehmen des banknahen Bereiches

Neben dem Erwerb von Beteiligungen an anderen Banken und an Nichtbankenunternehmen haben Kreditinstitute in den 60er und 70er Jahren verstärkt Anteilsbesitz an einer dritten Kategorie von Unternehmen erworben, die treffend als banknaher oder nearbanking Bereich bezeichnet wird. Hierhin gehören Grundstücksverwertungs- und Vermögensverwaltungsgesellschaften, Leasing-, Factoring- und Consultingunternehmen sowie Datenverarbeitungsgesellschaften. Diese „Funktionsbeteiligungen“[58] stellen eine unmittelbare Ergänzung der traditionellen Bankgeschäfte dar. Wesentliches Motiv zur Gründung oder zum gemeinsamen Erwerb eines derartigen Unternehmens durch mehrere Bankinstitute ist somit die unmittelbare Erhöhung der Leistungsfähigkeit der Bank. Hier ist also eine deutliche Übereinstimmung mit den Motiven festzustellen, die Banken veranlassen, sich an anderen Bankinstituten zu beteiligen. Dies rechtfertigt es, die banknahen Beteiligungsfälle gegenüber den Beteiligungen an Nichtbankunternehmen abzugrenzen. Eine Abgrenzung gegenüber den Beteiligungen zwischen Banken erscheint demgegenüber nicht zwingend[59]. Insbesondere sind die Banken beim Anbieten neuer Dienstleistungen auch durchaus unterschiedliche Wege gegangen: neben der Entwicklung und dem Angebot der Leistung im eigenen Hause stand die Neugründung von Spezialinstituten. Dieser letztere Weg wurde vor allem dann gewählt, wenn die neue Dienstleistung mit einem umfassenden Service verbunden ist (z. B. Leasing)[60]. Allenfalls die häufige Zusammenarbeit mehrerer Institute in Gemeinschaftsunternehmen sticht im banknahen Bereich gegenüber dem Interbankenbereich ab[61]. Als Beispiel hierfür mag die Deutsche Anlagen Leasing GmbH Mainz gelten, deren Anteile die Landesbank Rheinland-Pfalz, die Bayrische Landesbank Girozentrale, die Dresdner Bank AG und über eine Holdinggesellschaft die Westdeutsche sowie die Hessische Landesbank halten.

---

[58] Ponto, Bankbetrieb 1/72, 3.

[59] Dem entspricht letztlich die Ansicht der *Bankenstrukturkommission* (Rdnr. 310), die meint, daß vom Anteilsbesitz im banknahen Bereich keine wettbewerbsschädlichen Wirkungen ausgehen.

[60] Vgl. insoweit auch *Fries*, ZfgK 70, 135, 136.

[61] *MK* Hauptgutachten I 1973 - 75, Tz. 534; II 1976/77, Tz. 566.

IV. Zusammenschlüsse zwischen Banken und Nichtbanken

1. Umfang

Den Erhebungen der Bankenstrukturkommission zufolge hielten Kreditinstitute Ende 1974 662 Beteiligungen von 10 % oder mehr an Nichtbankunternehmen in der Rechtsform der AG oder GmbH[62]. In dieser Zahl ist der Anteilsbesitz an sog. „Vorschaltgesellschaften" enthalten. Laut Definition der Kommission sind dies Gesellschaften, „deren überwiegende Tätigkeit in der Verwaltung von Unternehmensanteilen und in der Ausübung der damit verbundenen Rechte besteht"[63]. In den Jahren 1975 - 1980 hat es weitere 168 nach § 23 GWB anzuzeigende Unternehmenszusammenschlüsse zwischen Banken und Nichtbanken gegeben[64]. Diese Zahl von 830 Beteiligungen umfaßt auch den Anteilsbesitz des nearbanking-Bereiches; eine getrennte Aufschlüsselung nach Nichtbanken und nearbanking Unternehmen ist mit dem vorliegenden Zahlenmaterial nicht möglich. Berücksichtigt man weiter, daß die 662 Beteiligungsfälle Ende 1974 lediglich 2,8 % des Nominal- und Stammkapitals aller damals bestehenden AGs und GmbHs verkörperten[65], so scheint eine fusionskontrollrechtliche Problematisierung des Beteiligungsbesitzes von Banken an Nichtbanken auf den ersten Blick nicht indiziert. Hierauf wird von Bankenseite immer wieder hingewiesen[66]. Dabei wird allerdings die Möglichkeit der Beeinträchtigung sowohl des Bankenwettbewerbs als auch des Wettbewerbs zwischen Nichtbankunternehmen durch Beteiligungsbesitz der (einiger) Banken übersehen. 90,6 % des Anteilsbesitzes an Nichtbanken werden von nur 126 Instituten (3 Großbanken, 12 Girozentralen, 11 genossenschaftliche Zentralbanken und 101 Regional- und sonstige Kreditbanken *ohne* Privatbankiers) gehalten. Ferner ist der Anteilsbesitz an Nichtbanken, wie die Bankenstrukturkommission feststellt, „von einigen maßgeblichen Anteilen an bekannten Großunternehmen geprägt (...)"[67]. In diesem Zusammenhang ist ebenso „die Tendenz zur Beteiligung relativ großer Kreditinstitute an relativ großen Nichtbankenunternehmen"[68] zu berücksichtigen, wie der konglomerate Charakter einiger deutscher

---

[62] *Bankenstrukturkommission*, Rdnr. 294.

[63] ebenda, S. 84, Fn. 2.

[64] Vgl. die Tätigkeitsberichte des *BKartA* für die Jahre 1975, Tabelle 5 (S. 134 f.); 1976, Tabelle 5 (S. 140 f.); 1977, Tabelle 4 (S. 108 f.); 1978, Tabelle 4 (S. 118 f.); 1979/80 Tabellen 5 a/b (S. 142 ff.).

[65] *Bankenstrukturkommission* S. 448, Übersicht 5.

[66] Vgl. die Gegenkritik im Gutachten der *Bankenstrukturkommission*, Rdnr. 275.

[67] *Bankenstrukturkommission*, Rdnr. 297.

[68] *MK*, Hauptgutachten II 1976/77, Tz. 568.

Großunternehmen, aus dem sich möglicherweise besondere Probleme ergeben[69]. Hieraus wird hinreichend deutlich, daß eine nähere Betrachtung auch des Anteilsbesitzes der Banken an Nichtbanken erforderlich ist.

2. Stand der Diskussion

Die Frage nach der Rolle der Banken bei Fusionen mit Nichtbanken und damit die Frage nach den Gründen, aus denen Banken Anteilsbesitz an Nichtbanken erwerben bzw. halten, ist bereits an anderer Stelle ausführlich beantwortet worden. Vor allem ist auf die bereits zitierte Studie von Immenga[70] hinzuweisen. Sie vermittelt den umfassendsten und aktuellsten Überblick über das Thema. Hinsichtlich der Mitgliedstaaten der EG wird das Thema zugleich rechtsvergleichend behandelt. Einen guten Überblick vermittelt auch das Gutachten von Büschgen[71] aus dem Jahre 1970. Aus dem Jahre 1974 liegt ferner die Dissertation von David[72] vor, der das Thema vorwiegend unter bankwirtschaftlichen Gesichtspunkten behandelt. Zu erwähnen ist schließlich die Monographie von Willners[73] von 1966.

Immenga und Willners systematisieren die Nichtbankenbeteiligungen übereinstimmend danach, ob sie Folge eingeschränkter oder uneingeschränkter bankbetrieblicher Dispositionsfreiheit sind. Im ersten Falle wird von ungeplanten, im zweiten Falle von geplanten Beteiligungen gesprochen. Dabei darf allerdings der Begriff „ungeplant“ zu keinen Mißverständnissen führen: er bedeutet in keinem Falle „aufgezwungen“ und nicht immer „ungeliebt“. Der Beteiligungserwerb an Nichtbanken läßt sich ausnahmslos auf bankgeschäftliche Interessen zurückführen[74], die in den Fällen geplanter Beteiligungen zu „gezielter Anlagepolitik“[75] werden. Dies dürfte allen Beteuerungen zum Trotz[76] auch im Falle der sog. „Überfremdungsabwehr“ so sein: die über-

---

[69] Hierzu allgemein *Emmerich*, Kartellrecht, S. 222 f.; *Emrich*, Problematik der Fusionskontrolle, S. 109 ff., 147 ff., 181 ff.

[70] Beteiligungen von Banken an anderen Wirtschaftszweigen.

[71] Universalbanken oder spezialisierte Banken als Ordnungsalternativen für das Bankgewerbe der Bundesrepublik Deutschland unter besonderer Berücksichtigung der Sammlung und Verwendung von Kapital, Teil II, S. 768 ff.

[72] Die Kapitalbeteiligungen der Kreditbanken an Nichtbankunternehmen in der Bundesrepublik Deutschland.

[73] Die Wertpapieranlage der Kreditbanken und ihre Bestimmungsfaktoren.

[74] *Immenga*, Beteiligungen von Banken an anderen Wirtschaftszweigen, S. 78.

[75] *Immenga*, ebenda.

[76] *Ponto*, Bankbetrieb 1/72, S. 4; vgl. zur Übernahme des Flick-Pakets an Daimler Benz durch die Deutsche Bank im Januar 75, *Dertinger* DIE WELT Nr. 12 v. 15. 1. 75, S. 9; o. V. FAZ Nr. 12 v. 15. 1. 75, S. 11; Nr. 13 v. 16. 1. 75, S. 9.

wiegend ablehnende Haltung der Öffentlichkeit gegenüber dem Erwerb von Industriebeteiligungen insbesondere durch Mittel-Ost-Länder läßt die diese Transaktionen verhindernden Banken als „Retter" erscheinen — eine „kostenlose" standing-Verbesserung und somit bankgeschäftspolitisches Ziel, das anderenfalls wohl nur durch aufwendige Werbekampagnen zu erreichen wäre. Banken müssen ferner damit rechnen, daß den ausländischen Unternehmen deren Banken in die Bundesrepublik folgen[77]. Der (z. B. im Falle Daimler-Benz) hohe Substanz- und Ertragswert der übernommenen Anteile soll dabei ganz außer Betracht bleiben. Die „ungeplanten" Beteiligungen verhindern also allenfalls eine sich ausschließlich auf bestimmte Branchen konzentrierende Beteiligungspolitik.

Die Differenzierung nach geplanten und ungeplanten Beteiligungen kann somit als ein realistisches Raster zur Erfassung der Gründe, weshalb Banken Nichtbankenengagements eingehen, angesehen werden.

Die bereits erwähnten ausführlichen Studien zu diesem Komplex rechtfertigen die Beschränkung auf eine ganz knappe Übersicht. Nur dort, wo das Thema der Arbeit es erforderlich macht, werden ergänzende Bemerkungen angefügt.

3. Ungeplante Beteiligungen

Ungeplante Beteiligungen sind — überblicksmäßig — entweder entstanden als Folge nicht untergebrachter Aktienemissionen, durch Kurspflege oder durch Umwandlung notleidender Kredite.

a) Fehlgeschlagene Emissionen

Das Emissionsgeschäft als spezieller Teil des Effektenhandels spielt nach wie vor eine wichtige Rolle bei Kapitalerhöhungen. Nicht vollständig am Markt untergebrachte Emissionen bleiben bei den Emissionsbanken als Beteiligungen an dem betreffenden Unternehmen liegen. Da der Portefeuilleeffektenbestand eines Kreditinstitutes die Ursachen seiner Entstehung nicht widerspiegelt, sind Aussagen über die Bedeutung dieser Ursache für den Beteiligungsbesitz der Banken nur schwer zu treffen[78]. Hinzu kommt, daß Banken das Fehlschlagen eines Emissionsgeschäftes i. d. R. verschweigen, um ihren Anteil am Emissionskonsortium nicht zu verlieren. Aus der Sicht potentieller und aktueller Emissionsauftraggeber erscheint dies problematisch. Ihnen

[77] *Benölken*, ZfgK 71, 941.

[78] Eine geringe Bedeutung mißt ihr *Immenga*, Beteiligungen von Banken an anderen Wirtschaftszweigen, S. 62, bei.

kann nicht daran gelegen sein, Emissionskonsortien mit Mitgliedern gegenüberzustehen, über deren Plazierungskraft keine verläßlichen Aussagen möglich sind. Diese Frage hängt eng mit derjenigen nach dem Wettbewerb zwischen Emissionskonsortien zusammen.

b) Kurspflege[79]

„Kurspflege" läßt sich definieren als Intervention an der Börse durch Kauf oder Verkauf von Aktien mit dem Ziel, den Kurs eines Papiers mit dessem „wahren", „inneren" Wert in Übereinstimmung zu bringen. Werden zur Vorbeugung eines Kursverlustes über längere Zeit hinweg Aktien eines Wertes aus dem Markt genommen, so kann dies zu einer Beteiligung an dem betreffenden Unternehmen führen.

Eine Pflege des Kurses eigener Aktien bei Instituten, die in der Rechtsform der Aktiengesellschaft betrieben werden, findet zum einen seine Grenze in § 71 AktG. Zum anderen scheint unter Banken die Praxis vorzuherrschen, die Kurspflege eigener Werte durch befreundete Institute vornehmen zu lassen[80].

Ein für die Kurspflege der Banken im Vordergrund stehendes Motiv ist die Werterhaltung des eigenen Portefeuilles. Neben einer aktuellen Kursstabilisierung ist die mit jeder Kurspflege verfolgte Stärkung des Vertrauens im Publikum gegenüber diesem Wert von Bedeutung, was zu einer weiteren Kurserholung führen kann. Zu beachten ist insoweit, daß eine bereits bestehende größere Bankbeteiligung an einem Nichtbankenunternehmen die Bank quasi zwingen kann, die Beteiligung durch Kurspflege weiter aufzustocken. Dieser „eigendynamische" Aspekt von Beteiligungen ist bisher nicht genügend berücksichtigt worden.

Die Frage, ob „Kurspflege" im Einzelfall auch „Kursmanipulation" zur Verfolgung anderer eigener Interessen heißen kann (z. B. Verkauf eines Papiers auf der einen Seite bei gleichzeitig verstärktem billigem Kauf desselben Wertes) wird von der Bankenstrukturkommission einhellig verneint[81]. Gleichwohl kann nicht von vornherein ausgeschlossen werden, daß das Effektengeschäft den Banken — verglichen mit anderen Wertpapieranlegern — besondere Möglichkeiten bietet, Kursbeeinflussung zu betreiben. Dieser Frage soll im Rahmen einer Erörterung des Tatbestandsmerkmals der „überragenden Marktstellung" (§ 22 Abs. 1 Nr. 2 GWB) nachgegangen werden.

---

[79] Hierzu ausführlich *Bösch*, Die Kurspflege bei Wertpapieren, S. 33 ff.

[80] *Bösch*, Kurspflege, S. 51; *Willners*, Die Wertpapieranlage der Kreditbanken, S. 60.

[81] *Bankenstrukturkommission*, Rdnr. 340.

c) Die Umwandlung notleidender Kredite

Die Umwandlung sog. notleidender oder eingefrorener Kredite wird als wichtige Ursache des Beteiligungsbesitzes an Nichtbanken angesehen[82]. Ist ein Schuldner nicht in der Lage, einen Kredit zurückzuführen, so wird die betreffende Bank darauf dringen, eine Mittelzuführung durch Ausgabe neuer Aktien bzw. der entsprechenden Beteiligungswerte über den Kapitalmarkt zu versuchen. Gelingt dies wegen der angeschlagenen Situation des Kreditnehmers nicht, so wird die Bank selbst die neuen Werte übernehmen. Mit einer Schuldenablösung geht häufig die Rettung des Kreditnehmers einher. Dabei ist der Erhalt von Arbeitsplätzen positiv zu beurteilen. Unter wettbewerbspolitischen Aspekten problematisch erscheint die Verhinderung des Ausscheidens eines Grenzunternehmens. Darüber hinaus wird zu fragen sein, ob nicht die enge Verbindung mit einer Bank als ausschließlicher Rettungsgrund eine besondere „Kraftreserve" darstellt, über die Wettbewerber nicht verfügen.

Über die ihr als Kreditgeberin ohnehin gegebenen Überwachungsmöglichkeiten bzw. -pflichten (vgl. § 18 KWG) erlangt die Bank auf diese Weise die mit Anteilsbesitz verbundenen gesellschaftsrechtlichen Mitgliedschaftsrechte. Ihr Einfluß auf das Unternehmen kann auf diese Weise beträchtlich verstärkt werden.

4. Geplante Beteiligungen

Gezielte Beteiligungspolitik wird bei Banken sowohl zum Erwerb nur vorübergehender als auch dauerhafter Anlagen betrieben. Im ersten Falle steht der bankgeschäftliche Tätigkeitsbereich des Beteiligungs-, Paket- und Unternehmenshandels, im zweiten Falle stehen Rentabilitätserwägungen im Vordergrund.

a) Beteiligungshandel

Der Handel mit Beteiligungen, Paketen (= Beteiligungen von mindestens 25 %) und ganzen Unternehmen stellt eine eigene Dienstleistung der Banken dar[83]. Der Umfang dieser Geschäftssparte mag durch folgende Zahlen angedeutet werden: nach einer Äußerung des früheren Vorstandssprechers der Deutschen Bank AG hat dieses Institut zwi-

---

[82] *Immenga*, Beteiligungen von Banken an anderen Wirtschaftszweigen, S. 64.

[83] Instruktiv *Benölken*, ZfgK 1971, 941 ff.; *Lichtenberg*, ZfgK 74, 180, 182; ferner *Krahnen*, Stichwort „Beteiligungshandel" in Handwörterbuch der Finanzwirtschaft Spalte 139.

schen 1952 und 1970 31 Schachtelbeteiligungen verkauft, von denen im selben Zeitraum 22 gekauft worden waren[84]. Diese „Handelsfunktion", bei der die Beteiligung die Bank in jedem Falle durchläuft, ist abzugrenzen von der „Maklerfunktion", bei der die Bank Beteiligungsnahmen oder Fusionen zwischen Nichtbankunternehmen vermittelt; hiervon wird noch weiter unten die Rede sein.

Für die Banken besonders lukrativ ist der Aufbau eines Paketes. Die hiermit verbundenen qualifizierten mitgliedschaftlichen Rechte werden beim Verkauf mit einem deutlichen Zuschlag abgegolten[85]. Nach Abschnitt 74 Abs. 4 der Vermögensteuer-Richtlinien 1980[86] soll im allgemeinen ein Zuschlag bis zu 25 % in Betracht kommen.

In anderen Fällen (z. B. bei Nachfolgeproblemen) übernehmen Banken Anteile für eine gewisse Zeit, bis diese endgültig eine „Einordnung in die dafür vorgesehene Stelle"[87] erfahren können[88]. Hier deutet sich die Funktion einer Strukturierung von Teilen der Wirtschaft (z. B. einer Branche) an. Gesamtwirtschaftlich ist dies als problematisch zu beurteilen, da eine Legitimation der Banken, Industriepolitik zu betreiben, oder auch nur unternehmerische Konzeptionen von Nichtbankenunternehmen zu verwirklichen, nicht ersichtlich ist. Von keiner anderen Unternehmensgruppe wird eine derartige Funktion berichtet. Unter wettbewerbsrechtlichen Aspekten wird daher der Frage nachzugehen sein, ob Banken über besondere Möglichkeiten (insbesondere finanzielle Mittel) verfügen, diese strukturierende Aufgabe wahrzunehmen, über die Unternehmen anderer Branchen nicht verfügen.

b) Rentabilitätsgesichtspunkte

aa) Ertragsausgleich und Bildung stiller Reserven

Rentabilitätserwägungen stehen als Motiv gezielter Anlagepolitik im Vordergrund. Beteiligungen an Industrieunternehmen können mit einer interessanten Rendite verbunden sein. In Wachstumsbranchen führen sie zur Bildung beträchtlicher stiller Reserven[89]. Zudem wird

---

[84] „Industrie-Besitz der Großbanken — Pakete zu verkaufen", Interview mit *F. H. Ulrich* in Capital, Nr. 6/70, S. 64; die *Konzentrationsenquête*, S. 38, hat ferner ermittelt, daß die drei Großbanken zwischen 1952 und 1961 von 37 „Schachteln" 20 durch Zukäufe über die Börse aufgebaut haben; in 32 Fällen erfolgte dann eine Veräußerung als Paket, nur in drei Fällen eine Veräußerung über die Börse.

[85] Vgl. statt vieler *Willners*, Wertpapieranlage der Kreditbanken, S. 199.

[86] Abgedruckt bei *Rössler/Troll/Langner*, Bewertungsgesetz und Vermögenssteuergesetz, zu § 113 BewertungsG.

[87] *Ponto*, Bank-Betrieb 1/72, 2, 3.

[88] Hierbei handelt es sich nicht zwingend um geplante Beteiligungen im oben definierten Sinne.

[89] *Büschgen*, Universalbanken Teil II, S. 776; *Hofmann*, ZfgK 71, 54, 56.

immer wieder auf den antizyklischen Verlauf von Wertpapier- und Kreditgeschäft hingewiesen[90]. Hierdurch kann zum einen ein Beschäftigungsausgleich erzielt werden[91]. Durch die auch in Zeiten rückläufiger Gewinne oder gar Verluste im Kreditbereich aus dem Effektengeschäft fließenden Dividenden kommt es ferner zu einem Ertragsausgleich[92]. Ein Ertragsausgleich wird also zum einen durch Betreiben verschiedener Geschäftssparten zu erreichen versucht, darüber hinaus aber auch durch eine Beteiligungspolitik, die verschiedene Branchen umfaßt[93].

In den Bereich der Rentabilitätserwägungen gehört auch, wie bereits angedeutet[94], der Beteiligungserwerb zur Überfremdungsabwehr[95]. Schon die den eigenen Aktionären gegenüber bestehende Pflicht zur Gewinnmaximierung läßt keinen Zweifel daran aufkommen, daß hier neben dem Standingverbesserungseffekt die Gelegenheit, Beteiligungen von hohem Substanz- und Ertragswert[96] ohne Begleitmusik öffentlicher Kritik erwerben zu können, im Vordergrund steht[97].

Das bis Mitte der 70er Jahre geltende Schachtelprivileg, wonach eine Bank auf Dividenden, die ihr aus einer Schachtelbeteiligung ($\geqq$ 25 %) zuflossen, keine Körperschaftssteuer zu zahlen hatte — dies hatte bereits das Beteiligungsunternehmen getan — stellte sicher einen Anreiz dar, Beteiligungen zu erwerben bzw. vorhandenen Anteilsbesitz auf 25 % aufzustocken[98]. Das Schachtelprivileg gilt heute noch im Vermögenssteuerrecht.

---

[90] Vgl. die ausführliche Darstellung dieses Zusammenhangs bei *Büschgen*, Universalbanken, Teil II, S. 606 ff.; *Hagenmüller*, Bankbetrieb, Bd. II, S. 206.

[91] *Immenga*, Beteiligungen von Banken an anderen Wirtschaftszweigen, S. 71.

[92] *Büschgen*, Universalbanken, Teil II, S. 603; *David*, Kapitalbeteiligungen der Kreditbanken, S. 110.

[93] *Immenga*, Beteiligungen von Banken, S. 71.

[94] Vgl. oben B IV 2.

[95] Kritisch hierzu *Immenga*, „Der Einfluß der Banken bei Fusionen ist schädlich“, in FAZ Nr. 267 v. 16. 11. 72, S. 11; o. V. „Patriotische Paketkäufe“, ZfgK 69, 925.

[96] Und hierauf konzentriert sich fast ausschließlich ausländisches Interesse.

[97] Es kann sich im Gegenteil sogar eine Übereinstimmung mit „öffentlichen Stellen“ ergeben, vgl. z. B. „Schmidt begrüßt Daimler-Transaktionen“, FAZ, Nr. 13 vom 16. 1. 75, S. 9 oder „Flick-Transaktionen an Inländer begrüßt — Bundeswirtschaftsminister Friderichs ist informiert worden“, FAZ, Nr. 12 v. 15. 1. 75, S. 11.

[98] Z. B. wurde ein aus Familienbesitz übernommener Aktienposten bei „Hoffmann's Stärke“ durch die Deutsche Bank „aus ökonomischen Gründen“ auf 25 % aufgerundet — vgl. „Pakete zu verkaufen“, Interview mit *F. H. Ulrich* in Capital Nr. 6/70, S. 64.

bb) Einflußnahme auf Unternehmen

Die Frage, ob Banken Beteiligungspolitik mit dem Ziel betreiben, Einfluß auf Nichtbankenunternehmen zu gewinnen, läßt sich nur mit Plausibilitätsgesichtspunkten beantworten. Hierbei geht es zum einen darum, ob Kreditinstitute in den Nichtbankenunternehmen unternehmerisch tätig sind. Darüber hinaus handelt es sich um das Problem der „Hausbankfunktion" von Banken, sowie um Fragen des Wettbewerbs zwischen Nichtbanken, an denen Banken Anteilsbesitz halten.

Die Bankenstrukturkommission hat die Feststellung des Bundesamtes für gewerbliche Wirtschaft von 1964, Banken würden Beteiligungen nicht unter dem Gesichtspunkt erwerben, industriell tätig zu werden[99], bestätigt[100]. Tatsächlich sind keine Anhaltspunkte ersichtlich, die eine industrielle Tätigkeit der Banken wahrscheinlich erscheinen ließen. Insbesondere reichen die mitgliedschaftlichen Rechte des Anteilsbesitzes allein für einen derartigen Schluß nicht aus.

Das unter dem Stichwort „Hausbankfunktion" sich verbergende Problem wird hingegen kontrovers beurteilt[101]. Das Interesse einer Bank an der Absicherung und Intensivierung ihrer Geschäftsbeziehung zu einem Kunden unterliegt keinem Zweifel; es ist ein Mittel der Absatzpolitik[102]. Wettbewerbspolitisch ergeben sich eine Reihe von Problemen. Im Vordergrund steht dabei die Frage, ob die Beteiligung es einer Bank ermöglicht, verstärkt Bankgeschäfte mit dem betreffenden Unternehmen zu tätigen und darüber hinaus Geschäftsverkehr des Unternehmens mit Konkurrenzbanken einzuschränken oder sogar auszuschließen. Dies führt weiter zu der Frage, ob Anteilsbesitz eine (Konditionen-)Benachteiligung für das Nichtbankenunternehmen bringen kann (z. B. verstärkter Einsatz von Fremd- anstelle von Eigenkapital). Die Gegenposition einer besonders günstigen Versorgung des Beteiligungsunternehmens wird ebenfalls zu erörtern sein[103]. Auch wenn allein aus einer Beteiligung resultierende besondere Vorteile für eine Bank nicht festgestellt werden sollten, wird weiter die Frage zu prüfen sein, ob nicht das Hinzukommen anderer Faktoren (Vollmachtstimmen, Aufsichtsratsmandate, Kreditbeziehungen) der Bank eine entsprechende bevorzugte Position verleihen.

---

99 *Konzentrationsenquête*, S. 39.

100 *Bankenstrukturkommission*, Rdnr. 319; offengelassen bei *Immenga*, Beteiligungen von Banken an anderen Wirtschaftszweigen, S. 74.

101 Vgl. einerseits *MK* Hauptgutachten I, 1973 - 75, Tz. 563, wo deutlich Probleme gesehen werden, andererseits *Bankenstrukturkommission*, Rdnr. 46.

102 *Hofmann*, ZfgK 71, 54, 56; *Aust*, Der Wettbewerb in der Bankwirtschaft, S. 153; ausführlich zu dem Komplex *Immenga*, Beteiligungen von Banken an anderen Wirtschaftszweigen, S. 73 f.

103 Vgl. zum ganzen an dieser Stelle bereits *Bankenstrukturkommission*, Rdnr. 320 - 332.

Darüber hinaus stellt sich das Problem „Hausbankeigenschaft und Wettbewerb" noch unter einem ganz anderen Aspekt. Gemeint ist das Verhältnis der verschiedenen Institutsgruppen zu den kommunalen Körperschaften. Hier wird eine besonders intensive Beziehung der öffentlich-rechtlichen Institute zu ihren Gewährträgern zu untersuchen sein.

Schließlich wirft der Anteilsbesitz von Banken an Nichtbanken eine Reihe weiterer gravierender wettbewerbsrechtlicher Probleme auf. Zunächst wird die Frage, ob ein nicht marktbeherrschendes Unternehmen durch den Anteil der Bank (vielleicht auch weiterer Faktoren, z. B. Vollmachtsstimmrecht) und die dahinter stehenden Mittel in eine marktbeherrschende Position gebracht wird oder gebracht werden kann, zu erörtern sein. Die Monopolkommission fragt entsprechend, ob Bankbeteiligungen „*Rückwirkungen* auf die wirtschaftliche und *wettbewerbliche Situation* der Beteiligungsunternehmen"[104] haben können. Gemeint ist hiermit auch die Überlegung, ob sich Banken nicht wegen ihrer branchenumfassenden und -übergreifenden Tätigkeit in einer vergleichsweise außergewöhnlich guten Informationssituation befinden. Über dieses Informationspotential verfügen Banken dann auch bei Wahrnehmung ihrer mitgliedschaftlichen und bankgeschäftlichen Entscheidungs- und Beratungsrechte. Damit besteht die Gefahr einer wesentlichen Reduzierung des Maßes an Ungewißheit, das Voraussetzung für den Wettbewerbsprozeß ist[105]. Betrachtet man darüber hinaus den Fall der Beteiligung einer Bank an mehreren miteinander in wesentlichem Wettbewerb stehenden Unternehmen, so ist zu untersuchen, ob es durch den Anteilsbesitz der Bank zu einer Verringerung oder einem Ausschluß des Wettbewerbs und damit zu einer Oligopolbildung kommt. Beteiligen sich verschiedene Banken an in wesentlichem Wettbewerb stehenden Konkurrenzunternehmen einer Branche, so könnte das Oligopol der Nichtbanken aus einem Oligopol der Banken folgen[106].

---

[104] *MK* Hauptgutachten I 1973 - 75, Tz. 565 (Hervorhebungen vom Verfasser).

[105] *v. Hayek*, Der Wettbewerb als Entdeckungsverfahren, S. 3.

[106] Vgl. zur Verflechtung der Warenhauskonzerne Karstadt, Kaufhof und Horten über die drei Großbanken *MK* Hauptgutachten II, 1976/77, Übersicht 20, S. 321; Sondergutachten 5, Tz. 5; eine Oligopolfeststellung wird hier allerdings nach keiner Seite getroffen.

V. Die Rolle der Banken beim Zusammenschluß von Nichtbankenunternehmen

Banken beschränken sich bei Fusionen von Nichtbankenunternehmen nicht nur auf die bereits oben beschriebene „Händlerfunktion". Vielmehr leisten sie auch aktiv „Fusionshilfe"[107]. Damit ist zum einen die Lösung von Finanzierungsproblemen bei der Zusammenführung von Unternehmen gemeint. Für diese Aufgaben gibt es bei Banken „Corporate Finance"-Abteilungen (Fusionsdienste)[108].

Im Vordergrund steht allerdings die „Gestaltung unternehmerischer Konzeptionen"[109]. Hierzu werden Beteiligungen (zunächst) auch übernommen. Dieser Beteiligungsbesitz wird „instrumental"[110] im Sinne einer Neustrukturierung mehrerer Unternehmen oder ganzer Branchen begriffen. Instruktives Beispiel hierfür ist die Neuordnung von Teilen des Papiermarktes durch die Bayrische Hypotheken- und Wechselbank[111]. Die Bayernhypo, die bei den Aschaffenburger Zellstoffwerken („Aschzell") beteiligt war, engagierte sich, als „Aschzell" in Schwierigkeiten geriet, mehrheitlich an der Zellstoffabrik Waldhof („Zellwald"), mit dem Ziel, durch die Verschmelzung beider Gesellschaften ein im europäischen Maßstab konkurrenzfähiges Unternehmen entstehen zu lassen. Dabei muß beachtet werden, daß mit der Konzentration von Unternehmen eine Konzentration von Anteilsbesitz bei der Bayernhypo einherging[112]. In anderen Fällen werden Konzeptionen verwirklicht, ohne daß es zu einer Dauerbeteiligung einer Bank kommt (z. B. im Falle des Stollwerck-Pakets der Deutschen Bank; Mehrheitsaktionär bei Stollwerck ist heute Hans Imhoff).

Die bereits oben angedeutete Gefahr einer Verringerung oder eines Ausschlusses von Wettbewerb, sobald eine Bank an mehreren Unternehmen einer Branche beteiligt ist, stellt sich in den beschriebenen Fällen verschärft. Die Verwirklichung des Zieles, Unternehmen zu fusionieren, bedarf einer gewissen Zeitspanne. Für die während dieser Zeit an den zu fusionierenden Unternehmen beteiligten Bank(en) liegt

---

[107] *David*, Kapitalbeteiligungen der Kreditbanken, S. 110.

[108] Vgl. *Fries*, ZfgK 70, 135, 136; *Broichhausen/Wiborg*, Kaufherren und Konzerne, S. 313.

[109] *Hofmann*, ZfgK 71, 54, 56; vgl. auch *Büschgen*, Universalbanken, Teil II, S. 792; ferner „HV-Stenogramm — Wir kleben nicht an der Stollwerck-Schachtel" in Blick durch die Wirtschaft Nr. 43 v. 20. 2. 70, S. 5.

[110] *Büschgen*, Universalbanken Teil II, S. 787, 791.

[111] Vgl. zum folgenden *Büschgen*, Universalbanken Teil II, S. 787 ff.; „Krages hat die Waldhof-Majorität abgegeben", FAZ Nr. 252 v. 30. 10. 69, S. 14.

[112] So zu Recht *Kruk*, „Krages Abgang von der Waldhof-Bühne", FAZ Nr. 253 v. 31. 10. 69, S. 13.

eine Abstimmung der Investitions- und Unternehmenspolitik besonders nahe.

Im Rahmen der vorliegenden Arbeit wird einer anderen wichtigen Frage nachzugehen sein: es ist zu prüfen, ob bzw. inwieweit beim Zusammenschluß von Nichtbankenunternehmen die Mittel von Kreditinstituten, die Anteilsbesitz halten, berücksichtigt werden müssen, wenn auf diese Weise die Schwelle der Entstehung oder Verstärkung einer marktbeherrschenden Stellung gem. § 24 Abs. 1 überschritten würde.

C. Kreditinstitute und Wettbewerb: Normen in GWB und KWG

I. Die Bereichsausnahme (§ 102 GWB)

1. Umfang der Freistellung

Gem. § 102 gehören Banken zu einem der Wirtschaftsbereiche, für die ausnahmsweise wichtige Normen des GWB nur eingeschränkt gelten. Die Anwendung der §§ 1, 15 und 38 Abs. 1 Nr. 11 auf Verträge und Empfehlungen von Kreditinstituten sowie auf Beschlüsse und Empfehlungen von Vereinigungen dieser Unternehmen ist nach § 102 Abs. 4 nur bei Mißbrauch der durch Freistellung im Markt erlangten Stellung möglich. Das Verbotsprinzip ist also durch eine Mißbrauchsaufsicht ersetzt. Die legislatorischen Gründe für die Privilegierung sind nicht eindeutig zu erkennen[1]. Trotz zum Teil heftiger Kritik an dieser Bereichsausnahme[2] hat auch die vierte GWB-Novelle § 102 „im Prinzip unverändert"[3] gelassen. Die freigestellten Verträge, Empfehlungen und Beschlüsse müssen nach der neuen Regelung grundsätzlich angemeldet werden und dürfen erst nach Ablauf einer Wartefrist von drei Monaten praktiziert werden. Die Wettbewerbsbeschränkung ist zu begründen. Außerdem ist den betroffenen Wirtschaftskreisen Gelegenheit zur Stellungnahme zu geben. Die Anmeldepflicht gilt weder für Verträge iSd § 15 noch für die im Einzelfall vereinbarte gemeinsame Übernahme von Einzelrisiken im Konsortialgeschäft. Geht man davon aus, daß Konsortialverträge grundsätzlich Wettbewerbsbeschränkungen iSv § 1 darstellen können[4], so unterliegen sie zum einen der Mißbrauchsaufsicht gem. § 102. Zum anderen ist das Diskriminierungsverbot des § 26 Abs. 2 anwendbar. Kartelle nach § 102 werden insoweit ausdrücklich erfaßt, ohne daß es auf Marktbeherrschung ankäme. Die weiteren tatbestandlichen Voraussetzungen des Diskriminierungsver-

[1] *Immenga*, Wettbewerbsbeschränkungen, S. 199; *Möschel* in Immenga/Mestmäcker § 102 Rdnr. 1.

[2] *Möschel* ZHR 139 (1975), 347 - 361; *ders.*, Wirtschaftsrecht der Banken, S. 394 f.; *Emmerich*, Kartellrecht, S. 285.

[3] Begründung zum Reg.-Entwurf, BT-Drucksache 8/2136, S. 31; vgl. auch die Befürwortung des Ausnahmebereiches Kreditwirtschaft in „Bericht der BReg. über die Ausnahmebereiche des GWB", BT-Drucksache 7/3206; ferner *v. Bethmann*, WuW 76, 691, 692.

[4] So richtig *Immenga*, Stellung der Emissionskonsortien, S. 18.

botes (unbillige Behinderung anderer Unternehmen in einem Geschäftsverkehr, der gleichartigen Unternehmen üblicherweise zugänglich ist) sind dann im Einzelfall zu prüfen.

Voraussetzung für eine Freistellung gem. § 102 ist, daß die Verträge, Beschlüsse und Empfehlungen im Zusammenhang mit Tatbeständen stehen, über die das Bundesaufsichtsamt für das Kreditwesen wacht[5]. Wegen dieser weiten Formulierung und der umfassenden Definition des Begriffes „Bankgeschäft" in § 1 KWG, der mittelbar gem. § 6 Abs. 1 iVm § 1 Abs. 1 Ziffer 1 KWG die Aufsicht des BAKred auslöst, sind Kreditinstitute praktisch hinsichtlich ihres gesamten Geschäftsbereiches von der Anwendung der §§ 1 und 15 befreit[6].

Bereits weiter oben[7] wurde über die Praxis berichtet, das Verhalten verschiedener Unternehmen einer Branche, an denen eine oder mehrere Banken beteiligt sind und die im Wege einer „Strukturveränderung" einer Branche fusioniert werden sollen, miteinander zu koordinieren. Während des Planungsstadiums der Fusion werden die zu fusionierenden Unternehmen dazu veranlaßt, die unternehmerischen Konzeptionen (Investitions- und Finanzplanung) und das Marktverhalten miteinander abzustimmen. Röper[8] spricht insofern treffend von „Prä-Fusionsverhalten". Dadurch sollen Ressourcenverluste im Falle einer Fusion möglichst klein gehalten werden. Hierbei dürfte es sich regelmäßig um gem. § 25 Abs. 1 verbotene abgestimmte Verhaltensweisen handeln. Jedenfalls das BKartA vertritt die Auffassung, abgestimmte Verhaltensweisen könnten nicht durch eine entsprechende Anwendung des § 102 legalisiert werden[9]. Das Verbot wird nicht dadurch hinfällig, daß die spätere Fusion der Unternehmen möglicherweise offensichtlich gestattet sein wird. Auch die Veranlassung der Abstimmung durch eine oder mehrere Banken und die Überlegung, daß die Abstimmung lediglich die Resultante aus einem bei den beteiligten Banken vorhandenen Strukturkonzept ist, ändert nichts an dem allein relevanten Maßstab § 25 Abs. 1.

2. Die Anwendbarkeit der Vorschriften über die Fusionskontrolle

Aus § 102 GWB ergibt sich als selbstverständlich die uneingeschränkte Anwendbarkeit der Vorschriften über die Fusionskontrolle

[5] Hierzu ausführlich *Hausleutner*, Die kartellrechtliche Bereichsausnahme für das Kreditgewerbe, S. 36 ff.

[6] *Langen/Niederleithinger/Schmidt*, § 102 Rdnr. 4.

[7] Vgl. oben B V.

[8] In Wettbewerbsprobleme im Kreditgewerbe, S. 233.

[9] TB 74, S. 80 f.; a. A. *Möschel* in Immenga/Mestmäcker, § 102 Rdnr. 27, der zu Recht auf die nur geringe praktische Bedeutung der Streitfrage hinweist.

(§§ 22 - 24 a GWB) auf Kreditinstitute. Konzentrationen zwischen Banken, zwischen Banken und banknahen Unternehmen bzw. Nichtbanken sowie auf Veranlassung von Banken zwischen Nichtbanken unterliegen damit der Kontrolle durch das BKartA, soweit es sich um Zusammenschlüsse iSd § 23 Abs. 2 und 3 handelt.

II. § 12 KWG: Beschränkung des Anteilsbesitzes?

Abgesehen von der kartellrechtlichen Fusionskontrolle, liegt es nahe, in § 12 KWG[10] eine Grenze des Beteiligungserwerbes der Banken zu sehen. § 12 KWG schreibt vor, daß „die dauernden Anlagen eines Kreditinstitutes in Grundstücken, Gebäuden, Schiffen und Beteiligungen (...), nach den Buchwerten berechnet, zusammen das haftende Eigenkapital nicht übersteigen (dürfen)“. Würde man den industriellen Anteilsbesitz der Banken unter den Begriff „Beteiligungen“ iSd § 12 KWG subsumieren, so würde die geforderte Relation zum haftenden Eigenkapital den Erwerb von Nichtbankenbeteiligungen stets gebremst haben. Einigkeit besteht heute darüber, daß der Begriff der Beteiligungen iSd § 12 KWG mit dem bilanzrechtlichen Beteiligungsbegriff identisch ist[11]. Für Kreditinstitute in der Rechtsform der Aktiengesellschaft oder Kommanditgesellschaft auf Aktien bedeutet dies den Rückgriff auf die aktienrechtlichen Bilanzierungsvorschriften. Zwar ist zu beachten, daß die Vorschrift für die Bilanzierung der Jahresbilanz (§ 151 Abs. 1 AktG) gem. § 17 Abs. 1 EGAktG nicht gilt; vielmehr richtet sich der Jahresabschluß nach den aufgrund von § 17 Abs. 2 EGAktG als RechtsVO erlassenen Formblättern für die Gliederung des Jahresabschlusses der Kreditinstitute[12]. Aber auch insofern besteht Einigkeit: Der Begriff der Beteiligungen in den Bilanzen der Kreditinstitute stimmt mit dem der aktienrechtlichen Bilanz überein[13]. Die Frage nach der Interpretation des Beteiligungsbegriffes iSv § 12 KWG hängt also von der Interpretation des bilanzrechtlichen Beteiligungsbegriffes ab. Insoweit ist heute mehr denn je strittig, ob Anteilsbesitz an Nichtbanken unter der Position „Beteiligungen“ oder unter „Wertpapiere“ auszuweisen ist[14]. Ein Blick in die Bilanzen der Aktienbanken

---

[10] Zur Debatte um die ratio der Norm vgl. aus neuerer Zeit *L. Mülhaupt*, ZfgK 1979, 1086 ff.; *Müller*, ZfgK 1980, 332; *Bankenstrukturkommission*, Rdnr. 701.

[11] Vgl. zuletzt *Schulze-Osterloh*, ZHR 143 (1979), 227, 239 m. w. N.

[12] Abgedruckt bei *Brönner* in Großkommentar zum AktG § 161, Anhang Muster I; ferner VO zur Änderung der Vorschriften über Formblätter für die Gliederung des Jahresabschlusses von Kreditinstituten v. 27. 5. 69 BGBl I, S. 444.

[13] Vgl. auch hierzu *Schulze-Osterloh*, ZHR 143 (1979), 227, 239; *Hofbauer*, BB 76, 1343, 1347.

zeigt, daß diese ihren Anteilsbesitz an Nichtbanken unter „Wertpapiere" ausweisen. So beträgt der Bilanzposten „Beteiligungen" in der Bilanz der Deutschen Bank AG für 1980 DM 1,680 Mrd., wovon DM 1,436 Mrd. auf Beteiligungen an Kreditinstituten entfallen; Nichtbankenbeteiligungen werden somit nur in einer Höhe von DM 244 Mio. ausgewiesen. In den Erläuterungen zum Jahresabschluß heißt es zur Position „Beteiligungen"[15]: „In dieser Position bilanzieren wir — wie bisher — Beteiligungen an uns nahestehenden Kreditinstituten mit gleichartigem oder unser Geschäft materiell ergänzendem finanziellen Leistungsangebot sowie Beteiligungen an Verwaltungsgesellschaften, die als selbständige Hilfsbetriebe die Bank von nicht banktypischen Verwaltungsaufgaben entlasten." Ferner folgt für diese Beteiligungen eine Patronatserklärung[16] der Deutschen Bank, wenn es heißt: „Im Rahmen unserer Quote tragen wir in den vorgenannten Fällen dafür Sorge, daß die betreffenden Unternehmen ihre Verbindlichkeiten erfüllen können"[17]. Vom Anteilsbesitz an Nichtbanken ist also keine Rede. Der Grund für diese Art der Bilanzierung wird von einigen Autoren[18] in den beschriebenen Konsequenzen für § 12 KWG gesehen. Die Rechtmäßigkeit dieser Bilanzierungspraxis unterliegt erheblichen Zweifeln[19].

Dieser Frage soll jedoch nicht weiter nachgegangen werden. Im Rahmen der vorliegenden Arbeit bleibt lediglich das bereits oben teilweise angedeutete Ergebnis festzuhalten: § 12 KWG stellt für den Anteilserwerb der Kreditinstitute an Nichtbanken keine Bremse dar; der Fusionskontrolle kommt deshalb eine um so größere Bedeutung zu [20].

III. § 98 Abs. 1 GWB: Die öffentlich-rechtlichen Kreditinstitute

§ 98 Abs. 1 GWB bestimmt, daß das Kartellgesetz auch Anwendung findet auf „Unternehmen, die ganz oder teilweise im Eigentum der öffentlichen Hand stehen oder die von ihr verwaltet oder betrieben werden (...)". Nach h. M. soll damit in erster Linie klargestellt werden,

---

[14] Vgl. aus neuerer Zeit zu dieser Diskussion: *Schulze-Osterloh,* ebenda; *Krümmel,* Österreichisches Bankarchiv 1978, S. 114 ff.; *Hofbauer,* a. a. O.

[15] Geschäftsbericht der Deutschen Bank für 1980, S. 50.

[16] Vgl. hierzu *Birck/Meyer,* Bankbilanz S. II/399; ausführlich *Mosch,* Patronatserklärungen deutscher Konzernmuttergesellschaften.

[17] Geschäftsbericht der Deutschen Bank für 1980, a. a. O.

[18] Z. B. *Möschel,* Wirtschaftsrecht der Banken, S. 42, Fn. 69.

[19] Vgl. nur *MK* Hauptgutachten I 1973 - 75, Tz. 556.

[20] Zur Terminologie: im weiteren Verlauf der Arbeit wird der Begriff „Beteiligungen" weder streng bilanzrechtlich noch im Sinne der beschriebenen Bilanzpraxis der Banken verwandt; er umfaßt somit auch Anteilsbesitz an Nichtbankenunternehmen.

daß der Unternehmensbegriff nicht von Eigentumsverhältnissen abhängt[21]. Auch die Frage der Gewinnerzielungsabsicht[22] spielt für den Unternehmensbegriff[23] keine Rolle[24]. Daraus folgt die Anwendbarkeit der Vorschriften über die Fusionskontrolle auf die öffentlich-rechtlichen Kreditinstitute[25]. Eine Ausnahme gilt gem. § 101 Nr. 1 GWB für die Deutsche Bundesbank und die Kreditanstalt für Wiederaufbau — zwei „Institutionen", die wegen ihrer Sonderstati[26] ohnehin nicht Gegenstand der vorliegenden Arbeit sind[27].

IV. Weitere Sonderregeln in GWB und KWG

Im Rahmen der Anzeigepflicht beim Zusammenschluß von Unternehmen treten an die Stelle der sonst maßgeblichen Umsatzerlöse *ein Zehntel der Bilanzsumme* (§ 23 Abs. 1 Satz 4). Ein Zusammenschluß zweier Kreditunternehmen unterliegt also gem. § 23 Abs. 1 Satz 1 Ziffer 2 u. a. der Anzeigepflicht, wenn die beteiligten Unternehmen zusammen eine Bilanzsumme von 5 Mrd. DM erreichen. Gem. § 23 Abs. 1 Satz 5 ist die Bilanzsumme um diejenigen Ansätze zu vermindern, die für Beteiligungen an iSv § 23 Abs. 1 Satz 2 verbundenen Unternehmen ausgewiesen sind; die Regelung dient der Vermeidung von Doppelzählungen[28] und entspricht der Ausschaltung der Innenumsatzerlöse bei Nichtbanken gem. § 23 Abs. 1 Satz 3 Halbs. 2.

Neben der kartellgesetzlichen Anzeigepflicht statuiert das *KWG eigene Anzeigepflichten;* ihr Zweck ist es, dem BAKred die Erfüllung seiner Aufgabe, Mißständen im Kreditwesen entgegenzuwirken (vgl. § 6 Abs. 2 KWG), zu ermöglichen[29].

---

[21] *Müller/Giessler,* § 98 Rdnr. 1; *Langen/Niederleithinger/Schmidt,* § 98 Rdnr. 2 a. E.

[22] Die z. B. bei Sparkassen fehlt — vgl. die einschlägigen Bestimmungen in den Sparkassengesetzen der Länder.

[23] Der für das GWB einheitlich gilt, vgl. *Emmerich,* Kartellrecht, S. 41 ff.; *Rittner,* Wirtschaftsrecht, S. 297 f.

[24] *Emmerich,* S. 42.

[25] So ausdrücklich für die Sparkassen und Landesbanken, *Rittner,* S. 299; ferner *Emmerich* in 2. FS für Franz Böhm, Tübingen 1975, S. 122; *derselbe* schon in Die AG 1976, 225, 228.

[26] Vgl. das Gesetz über die Deutsche Bundesbank vom 26. 7. 57 (BGBl I S. 745) sowie das Gesetz über die Kreditanstalt für Wiederaufbau in der Fassung v. 18. 10. 61 (BGBl I S. 1878).

[27] Zur Zentralbankautonomie rechtsvergleichend *v. Bonin,* „Zentralbanken zwischen funktioneller Unabhängigkeit und politischer Autonomie", Baden-Baden 1979.

[28] *Langen/Niederleithinger/Schmidt,* § 23 Rdnr. 58.

[29] *Reischauer/Kleinhans,* § 24 KWG, Anm. 1.

— Gem. § 24 Abs. 1 Ziffer 3 KWG sind Übernahme und Aufgabe einer Beteiligung an einem anderen Unternehmen sowie Veränderungen in der Höhe der Beteiligung dem BAKred und der Bundesbank anzuzeigen. Als Beteiligung wird hier ein Besitz von mehr als 10 % des Nennkapitals, der Zahl der Kuxe oder der Summe der Kapitalanteile bezeichnet.

— Gem. § 24 Abs. 2 KWG ist die Absicht eines Kreditinstitutes, sich mit einem anderen Kreditinstitut zu vereinigen, „rechtzeitig" sowohl dem BAKred als auch der Deutschen Bundesbank anzuzeigen. Die Anzeigepflicht beschränkt sich also auf Interbankenzusammenschlüsse. Die Mindestkriterien des § 23 Abs. 1 Ziffern 1 und 2 GWB gelten selbstverständlich nicht. Allerdings ist die Vorschrift nach dem ausdrücklichen Wortlaut nur anwendbar auf die Vereinigung, also Verschmelzung. Sinn dieser Anzeigepflicht ist es, dem BAKred Gelegenheit zu geben, in die Fusionsverhandlungen einzugreifen[30].

Eine weitere Sonderregelung für Kreditinstitute ist die sog. *„Bankenklausel"* (§ 23 Abs. 3 Satz 2 GWB), auf die noch ausführlich zurückzukommen sein wird.

Schließlich ist die *Zuständigkeitsvorschrift des § 44 Abs. 2* zu erwähnen, wo für den Fall der Verhängung einer Geldbuße (u. a.) gegen Banken, Sparkassen oder Bausparkassen ein Einvernehmen der betreffenden Kartellbehörde mit der fachlich zuständigen Aufsichtsbehörde, also dem BAKred verlangt wird.

---

[30] *Reischauer/Kleinhans*, § 24 KWG, Anm. 14.

D. Das Tatbestandsmerkmal „beherrschender Einfluß" in § 23 Abs. 2 Nr. 5 GWB

I. Die zentrale Bedeutung des Tatbestandsmerkmals „beherrschender Einfluß" für die vorliegende Untersuchung

Bei den vielfältigen Verbindungsformen von Banken untereinander und mit Unternehmen anderer Wirtschaftszweige können und werden alle Zusammenschlußtatbestände des § 23 Abs. 2 involviert sein. Gleichwohl ergibt eine nähere Beschäftigung mit den bankspezifischen Arten, Verbindungen zu anderen Unternehmen herzustellen, eine Konzentration wesentlicher Probleme auf den Tatbestand des § 23 Abs. 2 Nr. 5. Danach gilt als Zusammenschluß im Sinne des GWB „jede sonstige Verbindung von Unternehmen, auf Grund deren ein oder mehrere Unternehmen unmittelbar oder mittelbar einen beherrschenden Einfluß auf ein anderes Unternehmen ausüben können". Ohne einer Erörterung im einzelnen vorgreifen zu wollen, kann bereits hier festgehalten werden, daß aus der Gesamtheit aller denkbaren Verbindungsarten zwischen Banken bzw. zwischen Banken und Nichtbanken einige wenige im weiteren Verlauf der Arbeit im Vordergrund stehen werden. Es sind dies das Kreditgeschäft der Banken, die Frage, ob das Vollmachtstimmrecht die Grundlage eines Zusammenschlusses abgeben kann sowie die rechtstatsächlich häufige Kumulation dieser Mittel mit Anteilsbesitz oder personellen Verflechtungen. Die Problematisierung dieser Verbindungsformen unterliegt im Rahmen einer fusionskontrollrechtlichen Bewertung sicher nicht den Tatbeständen des § 23 Abs. 2 Nr. *1* - *4*. In Betracht kommt lediglich § 23 Abs. 2 Nr. 5. Zentrales Tatbestandsmerkmal ist hier der *beherrschende Einfluß* eines oder mehrerer Unternehmen auf ein anderes Unternehmen. Diese hervorragende Bedeutung des Tatbestandsmerkmals rechtfertigt eine gesonderte Prüfung des Begriffes „beherrschender Einfluß" nach Umfang und Inhalt im einzelnen. Konzentrationskontrollrechtliche Relevanz oder Irrelevanz der beispielhaft genannten und weiterer Verbindungsformen wird sich an der Subsumtion unter dieses Merkmal entscheiden. Es ist deshalb sinnvoll, zunächst feste Maßstäbe zu entwickeln, an denen dann die einzelnen zu untersuchenden Erscheinungsformen von Konzentrationsvorgängen zu messen sein werden.

Der Begriff beherrschender Einfluß begegnet uns auch im Recht der verbundenen Unternehmen (vgl. z. B. § 17 Abs. 1 AktG). Es wird daher zu überlegen sein, ob Erkenntnisse hinsichtlich der Auslegung des Tatbestandsmerkmals beherrschender Einfluß aus dem Recht der verbundenen Unternehmen in das Wettbewerbsrecht übertragen werden können oder ob dem Merkmal eine eigenständige kartellrechtliche Bedeutung zukommt. Auch unter diesem Gesichtspunkt erscheint es ratsam, zunächst eine gesonderte Betrachtung des Tatbestandsmerkmals „beherrschender Einfluß" vorzunehmen.

Schließlich spricht für eine gleichsam vor die Klammer gezogene Untersuchung, daß uns der beherrschende Einfluß noch an zwei anderen Stellen des § 23 Abs. 2 begegnet. Der Anteilserwerb ist u. a. gem. § 23 Abs. 2 Nr. 2 Satz 1 lit. c) dann für das BKartA ein Kriterium, ihn aufzugreifen, wenn eine „Mehrheitsbeteiligung im Sinne des § 16 Abs. 1 des Aktiengesetzes" erfolgt. Bei der Berechnung der Anteilsmehrheit sind gem. § 16 Abs. 4 AktG auch die Anteile eines abhängigen Unternehmens mitzuzählen; gem. § 17 AktG tritt Abhängigkeit ein, wenn ein Unternehmen auf ein anderes Unternehmen einen *beherrschenden Einfluß* ausüben kann. Eine in der Art der Berechnung ähnliche — allerdings nicht identische — Regelung gilt gem. § 23 Abs. 2 Satz 2 für die Anteilsschwellen von 25 und 50 %[1]. Auch hier wird über den Verweis auf § 23 Abs. 1 Satz 2 Bezug genommen auf die aktienrechtlichen termini „abhängiges oder herrschendes Unternehmen" und damit auf das Schlüsselmerkmal *„beherrschender Einfluß"*. Dies gilt generell für alle Verweisungen auf die Verbundklausel.

II. Das Verhältnis der Nrn. 1 - 4 zu Nr. 5 in § 23 Abs. 2 GWB

Das BKartA befaßt sich mit einer Fusion erst in dem Augenblick näher, in dem feststeht, daß es sich um einen Zusammenschluß iSd § 23 Abs. 2 und 3 handelt. Das Ziel einer möglichst umfassenden, nach Ansicht des Wirtschaftsausschusses sogar „lückenlosen"[2] Erfassung aller Zusammenschlußformen wird gesetzestechnisch durch Formulierung von Einzeltatbeständen (Nr. 1 - 4) und Begründung eines allgemeinen Tatbestandes (Nr. 5) zu erreichen versucht. Dabei wird das Verhältnis der Einzeltatbestände zu Nr. 5 durchaus unterschiedlich gesehen. Die Meinungsverschiedenheiten betreffen die Frage, ob es sich

---

[1] § 23 Abs. 2 *Satz* 2 bezieht sich nur auf Nr. 2 *lit. a) und b);* für lit. c) gilt § 16 Abs. 4 AktG, so richtig *Langen/Niederleithinger/Schmidt,* § 23 Rdnr. 19; a. A. *Mestmäcker* in Immenga/Mestmäcker § 23 Rdnr. 155, der auch insoweit § 23 Abs. 2 Nr. 2 Satz 2 heranziehen will.

[2] Bericht des Wirtschaftsausschusses BT-Drucksache 7/765, S. 7.

bei dem Verhältnis der Nr. 1 - 4 zu Nr. 5 um das von Einzeltatbeständen zu einem Auffangtatbestand oder um das von Konkretisierungen (Nr. 1 - 4) einer Generalklausel (Nr. 5) handelt. Die eigentliche Streitfrage wird hierdurch zwar eher verdunkelt, aber doch angesprochen: im Kern geht es darum, ob die Nr. 5 des § 23 Abs. 2 vollkommen selbständig neben vier Einzeltatbeständen steht oder ob sie gleichsam eine allgemeine Definition des Wesens eines Zusammenschlusses umfaßt und die Nr. 1 - 4 nur statistisch häufige Ausprägungen eines derartigen Zusammenschlusses beschreiben. In einem solchen Fall müßten nicht nur von der „Generalklausel" der Nr. 5 wichtige Interpretationshinweise für die „Konkretisierungen" (Nr. 1 - 4) ausgehen. Auch bei einer Interpretation der Generalklausel würden die Vorstellungen des Gesetzgebers, die sich in den Einzeltatbeständen konkretisiert haben, stets zu beachten sein.

Ein Teil der Literatur[3] plädiert für eine strikte Trennung der selbständigen Einzeltatbestände von dem ebenso selbständigen Auffangtatbestand. Hierbei steht offenbar die Sorge vor einer Verwässerung der Grenzen der Einzeltatbestände im Vordergrund. Diese Sorge ist jedoch unbegründet. Rechtstechnisch hätte der Gesetzgeber es auch bei einer Generalklausel belassen können[4]. Die Formulierung von vier — allerdings unterschiedlich umfangreich gestalteten — Einzeltatbeständen neben einer Generalklausel dient der Rechtssicherheit. Daraus kann aber nicht hergeleitet werden, daß Sinn und Inhalt der Generalklausel für die Einzeltatbestände keine Rolle spielen dürfen, es sich gleichsam um völlig fremd nebeneinander stehende Zusammenschlußformen handele[5]. Auch bei den klar formulierten konkretisierten Einzeltatbeständen sind Auslegungsprobleme ausgeschlossen. Hier kann die Generalklausel zum „Problemlöser" werden. Das Gleiche gilt umgekehrt[6]. Gerechtfertigt wird ein derartiges Vorgehen durch den sich in der ratio legis ausdrückenden gemeinsamen Nenner von Einzeltatbeständen und Generalklausel: der Erfassung konzentrativer Vorgänge im weitesten Sinne bei der Verbindung von Unternehmen. Die Generalklausel leistet die der facettenreichen ökonomischen Wirklichkeit gerecht werdende elastische Ergänzung zu den fest umrissenen Einzeltatbeständen. Deshalb soll der von Ebel[7], Doorn[8] und Wiedemann[9] vertretenen Ansicht, § 23 Abs. 2 Nr. 5 stelle „eine echte Generalklausel"[10] dar, beigetreten werden.

---

[3] *FK* § 23 Rdnr. 72; *Kleinmann/Bechtold,* § 23 Rdnr. 128; *Mestmäcker* in Immenga/Mestmäcker § 23 Rdnr. 218.

[4] Vgl. z. B. den Vorschlag von *Rittner*, DB 75, 581, 582.

[5] In diesem Sinne aber *Kleinmann/Bechtold,* a. a. O.

[6] So wohl auch *Mestmäcker* in Immenga/Mestmäcker, § 23 Rdnr. 218.

[7] BB 74, 749, 752.

[8] Anwendungsbereich der Zusammenschlußkontrolle, S. 68, 188.

Der weiteren von Ebel[11] gezogenen Konsequenz, Nr. 5 als Einschränkung der Nr. 1 - 4 generell zu berücksichtigen, wird allerdings nicht gefolgt. Hiergegen spricht nicht nur der eindeutige Gesetzeswortlaut[12], sondern auch ein systematisches Argument: eine Spezialnorm enthält stets alle Merkmale der Generalklausel und darüber hinaus noch mindestens ein zusätzliches Merkmal — und nicht umgekehrt[13]. Man kann also davon ausgehen, daß mit den in den Ziffern 1 - 4 postulierten Schwellen beherrschender Einfluß iSd Fusionskontrolle gemeint ist; die zusätzlichen Tatbestandsmerkmale sind die privatrechtlichen Verbindungsformen, an die angeknüpft wird[14].

Festzuhalten ist die sich aus der Einordnung von § 23 Abs. 2 Nr. 5 als echter Generalklausel ergebende, bereits oben angedeutete Konsequenz: § 23 Abs. 2 Nrn. 1 - 4 stellen Ausprägungen eines einheitlichen, auch für Nr. 5 geltenden Gesetzeszweckes dar und müssen deshalb bei Auslegungsfragen im Rahmen von Nr. 5 berücksichtigt werden.

III. Der „beherrschende Einfluß“ in § 23 Abs. 2 Nr. 5 GWB

1. Die Bedeutung der aktienrechtlichen Interpretation „beherrschenden Einflusses“ für das Wettbewerbsrecht

a) Das Tatbestandsmerkmal „beherrschender Einfluß“ im AktG

An das Merkmal der Herrschaft einer Aktiengesellschaft über eine andere knüpfen sich im Aktiengesetz eine Vielzahl von Rechtsfolgen[15]. Gleichsam vor die Klammer gezogen, erfährt der Abhängigkeitstatbestand in § 17 AktG eine Umschreibung[16]. Abhängigkeit wird durch beherrschenden Einfluß eines Unternehmens über ein anderes begründet.

Die vom Reichsgericht in seinem „Thega-Urteil“[17] gegebene Definition, ein beherrschender Einfluß würde dann bestehen, wenn ein Unter-

---

[9] Gesellschaftsrecht I, S. 758.

[10] *Ebel*, BB 74, 749, 752.

[11] Ebenda.

[12] Zutreffend insoweit *Lanzenberger* in Schwerpunkte des Kartellrechts 1973/74, S. 40.

[13] *Larenz*, Methodenlehre, S. 251.

[14] Zur Erweiterung des Zusammenschlußbegriffes für die Zwecke der Fusionskontrolle vgl. neuestens *Mestmäcker* in Immenga/Mestmäcker § 24 Rdnrn. 1 - 11 mit ausführlicher Begründung.

[15] Vgl. die Übersicht bei *Biedenkopf/Koppensteiner* in KK, § 17 Rdnrn. 10 - 13.

[16] Keine Definition, so zu Recht *H. S. Werner*, Abhängigkeitstatbestand, S. 88.

[17] RGZ 167, 40, 49.

nehmen über Mittel verfüge, „die es ihm ermöglichen, das abhängige Unternehmen seinem Willen zu unterwerfen und diesen bei ihm durchzusetzen“, gilt heute allgemein als überwunden, da sie zu hohe Anforderungen verlangt[18]. Eine einheitliche Interpretation gibt es nicht[19]. Eine Orientierung bietet die „ratio legis“ der Vorschriften. Im Mittelpunkt stehen hier der Schutz der abhängigen Gesellschaft, ihrer Aktionäre und Gläubiger sowie der Schutz der Gesellschafter der herrschenden Gesellschaft[20], ferner eine Ausgleichs- und damit Stabilisierungsfunktion[21]. Von daher wird zum Teil einer weiten Interpretation das Wort geredet[22], was jedoch durchaus mißverständlich ist, da mit „weiter Interpretation“ die Erfüllung einer größeren Anzahl von Bedingungen und damit eine Heraufsetzung der Beherrschungsschwelle ebenso gemeint sein kann wie eine möglichst umfassende Berücksichtigung denkbarer Abhängigkeitsverhältnisse, was einer Herabsetzung der Beherrschungsschwelle entspräche.

Biedenkopf/Koppensteiner[23] plädieren für eine funktionale Interpretation, die sich nach dem Zweck der Folgenormen, für die der Abhängigkeitsbegriff von Bedeutung ist, richtet. Dies führt zu einer differenzierenden Auslegung. Vom unterschiedlichen Zweck der einzelnen in Gruppen zusammengefaßten Normen ausgehend, wird eine Auslegung, die möglichst viele Einflußmöglichkeiten umfaßt, vertreten. Eine Ausnahme wird für die §§ 302 Abs. 2 und 311 ff. gemacht. Gleichwohl wird der Aspekt der Rechtssicherheit und die dadurch erforderliche restriktive Interpretation betont[24]. Immer gilt jedoch, daß die Beherrschungsmöglichkeit genereller Natur sein und das beherrschte Unternehmen als Ganzes erfassen müsse[25].

Neben diesem funktionalen, differenzierenden Ansatz wird in der konzernrechtlichen Literatur der beherrschende Einfluß überwiegend beschrieben als Möglichkeit des herrschenden Unternehmens, die Geschäftspolitik oder wenigstens die Personal- und damit mittelbar die

---

18 *Geßler* in Geßler/Hefermehl/Eckardt/Kropff § 17 Rdnr. 19; *Biedenkopf/Koppensteiner* in KK § 17 Rdnr. 7; *Dierdorf*, Herrschaft und Abhängigkeit, S. 37; wie das RG aber noch *Würdinger* in Großkommentar § 17 Anm. 2; *derselbe*, WuW 73, 731, 739.

19 Vgl. grundlegend *Dierdorf*, Herrschaft und Abhängigkeit, S. 34 ff.; *H. S. Werner*, Abhängigkeitstatbestand, S. 88.

20 Vgl. nur *Emmerich/Sonnenschein*, Konzernrecht, S. 17.

21 *H. S. Werner*, Abhängigkeitstatbestand, S. 86 im Anschluß an *Lutter*, FS für Westermann, S. 347 f.

22 Z. B. *H. S. Werner*, JuS 77, 145 f.; *Dierdorf*, Herrschaft und Abhängigkeit, S. 40; *Peters/H. S. Werner*, Die AG 1978, 297, 303.

23 In KK § 17 Rdnr. 9 ff.

24 Kritisch hierzu *Dierdorf*, Herrschaft und Abhängigkeit, S. 40, Fn. 107 unter Hinweis auf BGHZ 62, 193, 197.

25 *Biedenkopf/Koppensteiner* in KK § 17 Rdnr. 4.

Geschäftspolitik, zu bestimmen[26]. Viel gewonnen ist mit dieser Beschreibung nicht; die Bestimmung der Personalpolitik bezeichnet nur — wegen § 84 Abs. 1 Satz 1 AktG — das Erfordernis organschaftlichen Einflusses, die Einwirkungsmöglichkeit auf die Geschäftspolitik den gegenständlichen Bereich. Die entscheidende Frage, welche Mittel zu einer Beherrschung führen, kann nur im Wege einer Einzelfalluntersuchung beantwortet werden[27].

Festgehalten zu werden verdient, daß das Konzernrecht keinen einheitlichen Begriff des beherrschenden Einflusses kennt. Der jeweilige Normzweck ist hier ebenso zu berücksichtigen wie das Mittel, auf dem im Einzelfall eine Beherrschung beruhen soll.

b) Übernahme der aktienrechtlichen Interpretation?

Die sprachliche Identität von § 17 Abs. 1 AktG und § 23 Abs. 2 Nr. 5 GWB in bezug auf das Tatbestandsmerkmal „beherrschender Einfluß“ legt eine Übernahme der konzernrechtlichen Interpretation in das Wettbewerbsrecht nahe. In der Tat war die Monopolkommission[28] zunächst der Ansicht, daß „der beherrschende Einfluß nach den Kriterien des Aktienrechts gemäß § 17 AktG ermittelt wird“[29] und daß § 23 Abs. 2 insgesamt „ausschließlich an gesellschaftsrechtliche Tatbestände (anknüpfe)“[30]. Für die entscheidenden Tatbestandsmerkmale in § 23 Abs. 2 Nr. 1 - 4 (z. B. Verschmelzung, Umwandlung, Anteile, stimmberechtigtes Kapital, Konzern etc.) mag diese Aussage richtig sein, ohne sie hier im einzelnen verifizieren zu wollen. Für die Nr. 5 des § 23 Abs. 2 muß sie bezweifelt werden. Einigkeit besteht heute darüber, daß gleichlautende Begriffe in verschiedenen Gesetzen einen unterschiedlichen Begriffsinhalt haben können; hat der Gesetzgeber keinen Willen nach Identität erkennen lassen, so kann dies bereits aus der teleologischen Auslegung folgen[31].

Die Tatsache, daß noch nicht einmal das aktienrechtliche Konzernrecht eine durchgängig einheitliche Auslegung des Begriffs „beherrschender Einfluß“ anzubieten hat, läßt eine Übernahme konzernrechtlicher Erkenntnisse in das Wettbewerbsrecht um so weniger zwingend

[26] *Geßler* in Geßler/Hefermehl/Eckardt/Kropff, § 17 Rdnr. 27; *Emmerich/Sonnenschein*, Konzernrecht, S. 49 f.; *Dierdorf*, Herrschaft und Abhängigkeit, S. 34 ff.; *H. S. Werner*, JuS 77, 141, 145; *derselbe* differenzierend allerdings in Abhängigkeitstatbestand, S. 90 ff.

[27] Vgl. hierzu *Dierdorf*, Herrschaft und Abhängigkeit, S. 97 - 221; *H. S. Werner*, Abhängigkeitstatbestand, S. 137 - 166, 190 ff.

[28] *MK* Hauptgutachten I 1973 - 75, Tz 906.

[29] Ebenda.

[30] Ebenda.

[31] *Larenz*, Methodenlehre, S. 322.

erscheinen[32]. Im Gegenteil muß dieser Begriff eine weitere *„gesamtwirtschaftsrechtliche* Differenzierung"[33] erfahren. Dies wiederum gelingt nur, wenn über die ratio der Vorschrift hinreichend Klarheit gewonnen und der Bedeutungsbereich des Tatbestandsmerkmals abgesteckt wird[34]. Allerdings gelingt bei gehöriger Abstraktion eine Berührung des Schutzzweckes des Konzernrechtes mit dem der Konzentrationskontrolle: sowohl Gläubiger als auch Aktionäre sind stets auch Verbraucher und Teilnehmer am allgemeinen Wirtschaftsleben. Sie haben deshalb ein Interesse an einer funktionsfähigen Wettbewerbsordnung, so daß eine effektive Fusionskontrolle in ihrem Interesse liegt. Für eine Erfassung der ratio legis ist eine derartige Abstraktion allerdings nicht brauchbar.

Auch der BGH erkennt an, für den Bereich der Fusionskontrolle gäbe es — gegenüber dem Konzernrecht — eigenständige Beherrschungstatbestände[35] (z. B. die Mehrmütterklausel § 23 Abs. 1 Satz 2 Halbs. 2). Ebenso ist die Monopolkommission inzwischen zu der Ansicht gelangt, das Wettbewerbsrecht im Rahmen der Fusionskontrolle könne dort, wo es an das Konzernrecht anknüpft, von diesem Ansatz gelöst werden; für die Verbundklausel verneint sie ausdrücklich das Erfordernis einheitlicher Leitung iSd § 18 AktG; der koordinierte Einsatz von Ressourcen sei insoweit das entscheidende Merkmal[36]. Dies schließt andererseits nicht aus, das Konzernrecht stets im Auge zu behalten. U. U. stellen konzernrechtliche Beherrschungsverhältnisse auch solche im Sinne der Zusammenschlußkontrolle dar[37].

2. ratio legis

a) „weite Auslegung"

aa) „Zweistufenargument"

Zur ratio des § 23 Abs. 2 Nr. 5 betonen Langen/Niederleithinger/Schmidt „unter den Voraussetzungen des § 24 Abs. 1" den Gedanken der „Aufrechterhaltung des Wettbewerbs zwischen Unternehmen"[38]

---

[32] *Langen/Niederleithinger/Schmidt,* § 23 Rdnr. 45.

[33] *H. S. Werner,* Abhängigkeitstatbestand, S. 99.

[34] *MK* Hauptgutachten I 1973 - 75, Tz 868 a. E.

[35] BGH WuW/E 1608, 1610 = BGH NJW 79, 2401, 2402, „Westdeutsche Allgemeine Zeitungsverlagsgesellschaft"; a. A. insoweit *Säcker* NJW 80, 801 ff.; wie der BGH jedoch *Steindorff* NJW 80, 1921, 1923.

[36] *MK* Hauptgutachten III 1978/79, Tz 566; vgl. auch noch unten D III 2 b.

[37] Vgl. bereits hier *Mestmäcker* in Immenga/Mestmäcker § 23 Rdnr. 222 m. w. N.

[38] *Langen/Niederleithinger/Schmidt* § 23 Rdnr. 25.

als Auslegungskriterium. Dies ist in der Tat *ein* Schlüssel, um Zugang zu Sinn und Zweck von Nr. 5 zu bekommen.

Allerdings muß dieser Ansatz noch erweitert werden. § 23 Abs. 2 ist gemeinsame Grundlage sehr verschiedenartiger Tatbestände, mit denen unterschiedliche Zwecke verfolgt werden. Rittner[39] und ihm folgend Doorn[40] haben die Zweistufigkeit der Kernvorschriften der Konzentrationskontrolle herausgearbeitet. Die Zusammenschlußtatbestände des § 23 Abs. 2 sind die Grundlage der Anzeigepflicht nach § 23 Abs. 1, der Anmeldepflicht nach § 24 a, der materiellen Fusionskontrolle nach § 24 und der hierfür geltenden Vermutungen des § 23 a. Ergänzend läßt sich hinzufügen: auch die Entflechtungsregelung nach § 24 Abs. 6, die Möglichkeit der Androhung von Zwangsmaßnahmen (§ 24 Abs. 7 Nr. 1) und Bußgeldsanktionen (§ 38 Abs. 1 Nr. 7 iVm § 24 Abs. 2 Satz 1 sowie § 39 Abs. 1 Nr. 2 iVm § 23 Abs. 1 - 5) knüpfen an den Tatbestand eines Zusammenschlusses an.

Diese Trennung einer Umschreibung dessen, was ein „Zusammenschluß im Sinne dieses Gesetzes“ ist und der Aufstellung weiterer spezieller Tatbestandsmerkmale in den Folgenormen ist also zu beachten[41].

Hält man sich die Trennung vor Augen, so wird aber auch klar, daß § 23 Abs. 2 als Definitionsnorm lediglich eine dienende Funktion hat. Über die dienende Funktion darf auch der — im Vergleich zu anderen Definitionsnormen (z. B. §§ 90 - 92 BGB) — erhebliche Umfang des § 23 Abs. 2 nicht hinwegtäuschen: die aus dem Ziel der Gerechtigkeit abgeleitete, fortschreitende Differenzierung moderner Gesetze[42] ist hierfür ebenso Ursache wie das Streben nach Rechtssicherheit bei der Gesetzesanwendung. § 23 Abs. 2 beschreibt zunächst einmal nur eine „Konzentrationsmaterie“, mit der der für die Fusionskontrolle „relevante“ Bereich umrissen werden soll. Als „irrelevant“ in diesem Sinne ist dabei der gesamte Sektor einer Konzentration durch inneres Wachstum bei Verdrängung von Wettbewerbern einzustufen. Hier soll die Konzentrationskontrolle nach geltendem Recht nicht eingreifen[43]. Aus dem

[39] Wirtschaftsrecht S. 444; *derselbe* in DB 75, 581; DB 70, 717.

[40] Anwendungsbereich der Zusammenschlußkontrolle S. 54 ff. passim; vgl. ferner *Bechtold*, DB 74, 1945, 1949; *Würdinger*, WuW 1973, 731.

[41] Zu Versuchen, die Eingriffsschwelle der materiellen Fusionskontrolle bei § 24 Abs. 1 durch eine differenzierte Interpretation des Zusammenschlußbegriffes heraufzusetzen, vgl. *Ebel*, BB 74, 749 ff.; *G. Huber*, WuW 75, 371, 374 f.; hiergegen schon *Lanzenberger* in Schwerpunkte des Kartellrechts, 73/74, S. 39 ff. unter Hinweis u. a. auf den eindeutigen Gesetzeswortlaut; ferner *Langen/Niederleithinger/Schmidt*, § 24 Rdnr. 3 f.; *Mestmäcker* in Immenga/Mestmäcker § 23 Rdnr. 128, § 24 Rdnr. 4.

[42] Dazu *Esser*, Gesetzesrationalität, S. 38 ff.

[43] Zur Entflechtung intern gewachsener marktbeherrschender Stellungen und ihrer Problematik *MK* Hauptgutachten III 1978/79, Tz 702 ff., 715, 716;

Sektor der extern, also durch Zuwachs unternehmerischen Potentials von außen entstehenden Konzentration sollen nur die fusionskontrollrechtlich offenkundig unbedenklichen Fälle nicht erfaßt werden. Das sind die Fälle, bei denen von einer Verringerung der Anzahl selbständig anbietender Unternehmenseinheiten keine Rede sein kann. Mit der Auslegung, d. h. der Bejahung oder Verneinung eines Zusammenschlusses wird eine Vorentscheidung für die materielle Fusionskontrolle gefällt. Gerade weil dies so ist, darf die Gewichtung der einzelnen Stufen innerhalb der zweistufigen Normen nicht verschoben und schon gar nicht ins Gegenteil verkehrt werden. Der „Schwerpunkt" innerhalb aller dieser zweistufigen Normen liegt jeweils auf der zweiten Stufe, also bei den Folgenormen. Dort müssen die Auslegungsgrenzen abgesteckt werden, dort entscheidet sich — insbesondere — unter Berücksichtigung der weiteren Tatbestandsmerkmale, ob ein Zusammenschluß zu untersagen ist oder nicht. Eine enge Betrachtungsweise auf der ersten Stufe, also eine Auslegung, mittels derer der Begriff des beherrschenden Einflusses so gefaßt wird, daß weniger Konzentrationsvorgänge erfaßt werden als bei einer anderen Interpretation, würde eine deutliche Verschiebung der oben aufgezeigten Gewichtung bedeuten.

Eine Bestätigung findet dieser methodische Ansatz bei Emmerich/ Sonnenschein[44]. Aus konzernrechtlicher Sicht halten sie es für „sinnvoller"[45], zunächst von einem weiten Abhängigkeitsbegriff auszugehen und erst bei hierauf Bezug nehmenden Vorschriften aus deren Funktion eine möglicherweise abweichende Interpretation zu folgern[46].

Eine beispielhafte Betrachtung von „Folgenormen" nach Sinn und Zweck bringt eine Verdeutlichung. § 24 Absätze 1 und 2 schaffen die Befugnis, Verschlechterungen von Marktstrukturen zu begegnen. Dieses Ziel darf nicht durch eine Auslegung des Zusammenschlußbegriffes konterkariert werden, der es auch nur möglich erscheinen läßt, einen Konzentrationsvorgang, der eine Verschlechterung der Marktstruktur bedeutet, gleichwohl wegen einer „fehlerhaften" Interpretation der „Stufe darunter" nicht erfassen zu können.

Besonders deutlich wird dies auch bei einer Betrachtung von § 23 Abs. 1, der Anzeigepflicht. Die Anzeigepflicht dient — neben der Vorbereitung einer Durchführung der materiellen Fusionskontrolle — in erster Linie einer umfassenden Beobachtung der Konzentrationsent-

---

rechtsvergleichend *Schulte-Braucks*, Die Auflösung marktbeherrschender Stellungen, 1980, passim.

[44] Konzernrecht, S. 52.

[45] Konzernrecht, S. 52.

[46] Für eine „möglichst weite" Ausdehnung des Anwendungsbereiches von § 23 Abs. 2 auch *Böhlk*, Zusammenschlußbegriff, S. 26.

wicklung und — iVm § 10 Abs. 1 Nr. 5 sowie § 50 Abs. 1 Satz 3 — der Unterrichtung der Öffentlichkeit und hier insbesondere der Wettbewerber[47]. Zwar ist zu beachten, daß nicht alle Zusammenschlüsse im Sinne des § 23 Abs. 2 angezeigt werden müssen. Gleichwohl geht die Anzeigepflicht über die Eingriffsvoraussetzungen des § 24 Abs. 1 hinaus. Es sollen „auch alle sonstigen Zusammenschlüsse erfaßt (werden), bei denen auch nur die Gefahr einer bloßen Beeinträchtigung der Wettbewerbsfreiheit bestehen kann“[48]. Man wird noch einen Schritt weitergehen und sagen können, daß sogar für den Wettbewerb gänzlich irrelevante Konzentrationsvorgänge betroffen sein können[49]. Auch von daher ist es wichtig, Konzentrationsvorgänge nicht bereits durch eine nicht sachgerechte Interpretation auf der Ebene der Prüfung eines Zusammenschlusses aus der Kontrolle auszuscheiden. Die lückenlose Information der Öffentlichkeit über mögliche Strukturverschiebungen und die Erleichterung der Vorbereitung einer Prüfung nach § 24 haben insoweit als Ziele im Vordergrund zu stehen. Eine weite Auslegung ist deshalb ebenso geboten wie unschädlich.

bb) Widerstände gegen eine Beherrschung

Eine Berücksichtigung der Interessenlage der Beteiligten bestätigt diese Ansicht.

Ein Unternehmen, das in ein anderes Unternehmen zugunsten seiner selbst „hineinregieren“ will, hat mit Widerständen in dem betreffenden Unternehmen zu rechnen. Ein Weg, diese Widerstände zu überwinden, besteht in einem konsequenten Ausbau der Beherrschungsgrundlage, z. B. einer Aufstockung von Beteiligungsbesitz bis zu einem Grad, der reguläre gesellschaftsrechtliche Einflußmöglichkeiten eröffnet. Es kann davon ausgegangen werden, daß Widerstände, die Beeinflussungsversuchen eines anderen Unternehmens entgegengesetzt werden, unterschiedlich groß sind; dies wird von den Motiven des beeinflussenden Unternehmens abhängen[50]. Unternehmen wohnt die Tendenz inne, Wettbewerb zu beschränken. Auch die prinzipielle Anerkennung von Notwendigkeit und Vorteilen von Wettbewerb darf nicht über die bemerkenswerte Diskrepanz zu der Beurteilung von Notwendigkeit und Vorteilen eben dieses Wettbewerbs während des „täglichen Marktkampfes“ eines Unternehmens hinwegtäuschen[51]. Daraus folgt, daß die

[47] BGHZ 74, 359, 362; *Langen/Niederleithinger/Schmidt* § 23 Rdnr. 60.

[48] *Emmerich*, Die AG, 1980, 210 im Anschluß an BGH WuW/E 1613, 1615 = BGHZ 74, 322, 326 = Die AG 1979, 287, 288 „Organische Pigmente“.

[49] *MK* Hauptgutachten I 1973 - 75, Tz 866.

[50] Hierzu *Dierdorf*, Herrschaft und Abhängigkeit, S. 5 f. m. w. N.

[51] *Pfeiffer* in Schwerpunkte des Kartellrechts, 1978/79, S. 1, 5; vgl. ferner die deutlichen Äußerungen von *Klaue* in Wettbewerbsprobleme im Kreditgewerbe, S. 244.

oben skizzierten Widerstände gering sein werden, wenn erklärtes oder offenkundiges Ziel die Herabsetzung der Wettbewerbsintensität ist[52]. Langen/Niederleithinger/Schmidt[53] differenzieren deshalb folgerichtig zwischen verschiedenen „Einflußgraden“. Sie betonen, daß für eine Eingliederung fremder Ressourcen mit dem Ziel, Maßnahmen zu treffen, „die das beherrschte Unternehmen und damit seine sonstigen Anteilseigner zugunsten des herrschenden schädigen“[54] ein stärkerer Einfluß erforderlich ist als für einen koordinierten Einsatz von Ressourcen des herrschenden und des abhängigen Unternehmens.

Die GU-Klausel (§ 23 Abs. 2 Nr. 2 Satz 3) beruht letztlich ebenfalls auf dieser Erkenntnis[55].

Auch von daher erscheint eine weite Auslegung geboten.

Das Konzentrationsprivileg[56] wird hierdurch nicht berührt: immer bleibt die weitere Prüfung, ob der Konzentrationsvorgang eine marktbeherrschende Stellung entstehen läßt oder eine bereits bestehende verstärkt (§ 24 Abs. 1).

Der Befund, Widerstände gegen Beeinflussungsverbindungen seien gering, wenn Ziel die Verringerung des Wettbewerbs ist, läßt zum einen den Schluß zu, daß Beeinflussungsmöglichkeiten iSv „Zwang“ nicht erforderlich sind. Vielmehr sind wettbewerbsbeschränkende Verbindungen bereits auf einem bedeutend niedrigeren Niveau denkbar. Zum zweiten wird anerkannt, daß nicht unbedingt institutionelle Beeinflussungsstränge geschaffen werden müssen.

b) Die Einflußobjekte

Die im konzernrechtlichen Schrifttum geführte Debatte über den Beherrschungsgegenstand (Stichworte: „generelle Beherrschung“, „Erzwingung der Ausführung beliebiger Einzelmaßnahmen“, „sektorale Beherrschung“[57]) ist für das Recht der Fusionskontrolle nur begrenzt fruchtbar. Zu beachten bleibt die Gleichartigkeit des Problems. Es geht um die Überlegung (und Notwendigkeit), das Wesen von Beherrschung durch eine Beschreibung des Umfangs der Beherrschungsobjekte bzw.

---

[52] Hierzu *Dierdorf*, Herrschaft und Abhängigkeit, S. 6; *Wedell*, Minderheitenschutz, S. 76.

[53] § 23 Rdnr. 45.

[54] Ebenda.

[55] Zum „Gruppeneffekt“ vgl. nur *Emmerich*, Kartellrecht, S. 238; *Langen/Niederleithinger/Schmidt*, § 23 Rdnr. 27; *Kleinmann/Bechtold*, § 23 Rdnr. 87.

[56] Hierzu *Leube* ZHR 141 (1977), 313, 323.

[57] Vgl. zuletzt *Dierdorf*, Herrschaft und Abhängigkeit, S. 36 f.; ferner *H. S. Werner*, Abhängigkeitstatbestand, S. 124 ff.; *H. S. Werner/K. Peters*, BB 76, 393, 394.

-bereiche zu erfassen. Das Gesetz verlangt Einfluß auf ein *Unternehmen* (§ 23 Abs. 2 Ziffer 5 ebenso wie § 17 AktG) — eine Umschreibung, die wegen ihrer Unbestimmtheit nicht weiterhilft[58].

Für das Recht der Fusionskontrolle lassen spezifische Kriterien eine Beantwortung der Frage zu[59].

Grundgedanke der Fusionskontrolle ist die Erhaltung der wirtschafts- und gesellschaftspolitischen Funktionen des Wettbewerbs[60]. Der diesem Ziel entsprechende Zustand ist ein solcher ausgewogener Marktstrukturen. Ausgewogene Marktstrukturen werden bedroht durch die Aufhebung der Selbständigkeit wirtschaftender Einheiten. Ein derartiges Risiko realisiert sich vor allem in zweierlei Hinsicht:

— durch die Aufhebung der Trennung des Einsatzes unternehmerischer Ressourcen,

— durch die Aufhebung der Selbständigkeit des Marktverhaltens.

aa) Ressourcen

Im Rahmen der materiellen Zusammenschlußkontrolle hat sich die Erkenntnis durchgesetzt, daß die Entstehung oder Verstärkung einer marktbeherrschenden Stellung nicht immer durch Marktanteilsbetrachtungen (= unternehmensexternes Merkmal) oder -additionen erfaßt werden kann. Neben einer Marktmachterhöhung durch Marktanteilsvergrößerung sowie reiner Größenmacht ist die Möglichkeit, über fremde Ressourcen (= unternehmensinterne Merkmale) zu verfügen, als weiteres Instrument zur Veränderung der Marktstruktur erkannt worden[61]. Dies gilt für vertikale, insbesondere aber für konglomerate Zusammenschlüsse. Verwaltungspraxis und Rechtsprechung berücksichtigen dies zunehmend[62]. Die Beachtung von ressourcenorientierten Strukturmerkmalen ist durch die Einführung des Tatbestandsmerkmals „überragende Marktstellung“ in § 22 Abs. 1 Ziffer 2 im Rahmen der zweiten GWB-Novelle ermöglicht worden. Die „überragende Marktstellung“ wird beispielshalber („insbesondere“) durch die Kriterien

---

[58] Zu unbestimmt deshalb auch *K. Schmidt*, ZRP 79, 38, 43, der die „Herrschaftsmacht im Unternehmen“ als für die Zusammenschlußkontrolle entscheidend ansieht.

[59] Zu konzentrationspolitischen Bedürfnissen vgl. *Böhlk*, Zusammenschlußbegriff, S. 136 ff., 175 ff.

[60] Begründung zur 2. Novelle BT-Drucksache VI/2520, S. 14 ff.; *Emmerich*, Kartellrecht, S. 277.

[61] Grundlegend zum deutschen Recht *Veltrup*, Die wettbewerbspolitische Problematik konglomerater Fusionen, S. 81 ff.; *ders.* in Wettbewerb im Wandel, FS für Eberhard Günther, S. 207 ff.

[62] *BKartA* TB 78, 61 „Dynamit Nobel/Pegulan“; BGH WuW/E BGH 1501, 1510 „Kfz-Kupplungen“; 1711, 1717 „Mannesmann-Brueninghaus“; KG WuW/E OLG 1745 ff. „Sachs“; 1921 ff. „Thyssen-Hüller“.

Finanzkraft, Zugang zu Beschaffungs- oder Absatzmärkten, Verflechtungen mit anderen Unternehmen und Marktzutrittsschranken umschrieben. Der Wirtschaftsausschuß des Bundestages hat in den Beratungen ausdrücklich klargemacht, daß durch diese über die bloße Marktanteilsbetrachtung hinausgehenden Kriterien „eine umfassende Würdigung aller Ressourcen des Unternehmens"[63] gewährleistet ist. Es liegt nahe, die Berücksichtigung von Ressourcen bereits auf der vorgelagerten Stufe des Herausfilterns derjenigen Verbindungen zwischen Unternehmen, die eine Strukturbedrohung darstellen — eben der Zusammenschlüsse — fruchtbar zu machen. Die Generalklausel des § 23 Abs. 2 Nr. 5 ist der rechtstechnische Ansatzpunkt.

Die hier zu beantwortende Frage, wann die Herstellung einer Verbindung zwischen Unternehmen beherrschenden Einfluß vermittelt, führt aus einem „Ressourcenblickwinkel" zu der Überlegung, daß dies dann der Fall ist, wenn durch die Herstellung einer Verbindung einem Unternehmen die Möglichkeit verschafft wird, auf Ressourcen eines anderen Unternehmens Einfluß zu nehmen oder eigene und fremde Ressourcen zu koordinieren. Jedenfalls auch in diesen Fällen ist die Selbständigkeit an sich unabhängig wirtschaftender Einheiten bedroht. Damit droht eine Verschlechterung der Marktstruktur. Dies steht im Einklang mit der in ihrem dritten Hauptgutachten vertretenen Ansicht der Monopolkommission, „daß es für die Fusionskontrolle lediglich darauf ankommt, inwieweit ein Einfluß zu einem koordinierten Einsatz von Ressourcen führen könnte"[64].

Unter Ressourcen sollen dabei alle in einem Unternehmen eingesetzten Inputelemente angesehen werden. Der „Ressourcenpool" enthält nach der Beschreibung Veltrups[65] unternehmerische (z. B. Führungskräfte), technologische (z. B. Forschungsabteilungen), produktionstechnische (z. B. Arbeitskräfte, betriebliche Anlagen), absatzpolitische (z. B. Vertriebssysteme) und finanzielle Ressourcen. Letztere stehen in Rechtsprechung und Verwaltungspraxis eindeutig im Vordergrund der Betrachtung[66].

Das Merkmal „Einfluß auf Ressourcen" muß dahin präzisiert werden, daß zum einen die Möglichkeit, den *Einsatz* von Ressourcen zu beeinflussen, genügt. Ein Unternehmen, dem ein anderes Unternehmen vorschreiben kann, für welchen Zweck finanzielle Mittel eingesetzt oder welche Vertriebswege gewählt werden sollen, hat seine wettbewerbliche

---

[63] Unterrichtung des Ausschusses für Wirtschaft durch die Abgeordneten Frerichs und Jens, BT-Drucksache 7/765, S. 5.

[64] Hauptgutachten III 1978/79, Tz 566; vgl. jetzt auch *MK* Hauptgutachten IV 1980/81, Tz 539.

[65] Die wettbewerbspolitische Problematik konglomerater Fusionen, S. 92 ff.

[66] Vgl. die Nachweise Fn. 62.

Selbständigkeit verloren. Das gleiche gilt auch dann, wenn die *Entstehung (oder Erhaltung)* von Ressourcen beeinflußt werden kann. Wird z. B. die Forschungsabteilung eines Unternehmens mit der eines anderen größeren Unternehmens zusammengelegt und hat das eine Unternehmen keine gesicherten Möglichkeiten, an Forschungs- und Entwicklungsergebnisse heranzukommen, so ist die Möglichkeit gegeben, es auf diese Weise als selbständigen Marktteilnehmer auszuschalten.

Bei der Prüfung der Entstehung oder Verstärkung einer marktbeherrschenden Stellung wird in Verwaltungs- und Rechtsprechungspraxis — soweit ersichtlich — nur der zu erwartende Ressourcentransfer in der Richtung vom sich beteiligenden zum Beteiligungsunternehmen untersucht[67]. Dies muß auch als Hinweis auf das rechtstatsächliche Überwiegen dieser Alternative gewertet werden. Gleichwohl bleibt zu betonen, daß ein Ressourcentransfer auch in der entgegengesetzten Richtung denkbar ist. Das Gesetz ist in seiner Formulierung neutral und spricht nur von der Entstehung oder Verstärkung einer marktbeherrschenden Stellung, ohne diese beim Beteiligungsunternehmen zu verlangen[68]. Wird z. B. durch einen Zusammenschluß der „Zugang zu den Absatzmärkten“ (= Ressource!) für das „herrschende“ Unternehmen verbessert, so erschließt sich dieses Unternehmen neue Ressourcen.

Zu überlegen ist, ob nicht bereits die Schaffung der Möglichkeit, eigene Ressourcen bei einem anderen Unternehmen einzusetzen, ausreicht. Die Diskrepanz der Fragestellungen zwischen materieller und formeller Zusammenschlußkontrolle bei gleichem Bezugsobjekt legt dies nahe. Während bei der materiellen Prüfung gefragt wird, ob zu erwarten ist, daß durch Einsatz von Ressourcen des einen Unternehmens bei dem anderen Unternehmen eine marktbeherrschende Stellung entsteht oder verstärkt wird, kommt es bei der formellen Zusammenschlußprüfung auf die ganz andere Frage an, ob auf Ressourcen eines anderen Unternehmens Einfluß genommen werden kann, die Selbständigkeit zweier oder mehrerer Ressourcenpotentiale also gefährdet ist.

Die bloße Schaffung der Möglichkeit eines Ressourcenflusses kann aber im Ergebnis nicht genügen. Ein solcher Ressourcentransfer kann auch in schlichten Austauschverträgen erfolgen. Zu denken ist an jeden Darlehnsgeber, der durch seine Darlehnshingabe Ressourcen überträgt. Ein einfaches Kreditverhältnis führt jedoch nicht zu einer Veränderung der Marktstruktur. Offensichtlich außer Betracht zu bleiben hat die

[67] Vgl. nur BGH WuW/E BGH 1501 ff. „Kfz-Kupplungen“.

[68] Ausdrücklich z. B. *Kleinmann/Bechtold* § 24 Rdnr. 44: eine Ressourcenverlagerung finde meist vom Erwerber auf den Erworbenen statt, aber auch der umgekehrte Fall sei denkbar.

vom Kreditnehmer zu erbringende Gegenleistung, der Zins, sowie die Tilgung des Darlehns, da auch der finanzkräftige Mehrheitsaktionär, der dem kränkelnden Beteiligungsunternehmen einen Kredit gibt, dies in der Regel nicht zinslos tun wird. Die Schaffung der Möglichkeit zum Ressourcentransfer ist also von der Person des Kreditgebers unabhängig. Auf die Möglichkeit zum Ressourcenfluß allein kann es also nicht ankommen. Ob das Beteiligungsunternehmen seinen Kreditbedarf bei einem außenstehenden Kreditinstitut deckt oder bei dem mit Mehrheit beteiligten Unternehmen, ist für die Stellung des Unternehmens im Wettbewerb und für die Marktstruktur auch ganz unerheblich. Wandeln wir das Beispiel ab und fragen, wann dem Beteiligungsunternehmen ein zinsloser Kredit gewährt wird, so wird hierfür ganz sicher das außenstehende Kreditinstitut ausscheiden. Das Mehrheitsunternehmen wird sich hierzu bereiterklären, wenn es, wie die Monopolkommission[69] betont, Möglichkeiten hat, Einfluß zu nehmen (wobei die unmittelbare oder mittelbare Beeinflussung des Einsatzes der bereitgestellten Ressourcen relevant sein dürfte), und erwarten kann, daß der Einsatz der Finanzkraft sich lohnt. Der Einfluß dürfte im Vordergrund stehen, denn lohnen tut sich der Finanzeinsatz auch — wie dargelegt — in einem schlichten Darlehnsvertrag mit Zinsvereinbarung. Das Unternehmen ohne finanzkräftigen Mehrheitsaktionär wäre wegen der aufzubringenden Kapitalkosten in einer ungünstigeren wettbewerblichen Situation.

Aus diesen Überlegungen wird deutlich, daß die Schaffung der Möglichkeit zum Ressourcentransfer keine Rolle spielen kann für die Untersuchung einer Verbindung auf ihren Charakter als u. U. strukturverändernder Zusammenschluß. Art und Intensität der Einfluß schaffenden Verbindung rücken damit in den Vordergrund und werden weiter unten noch zu untersuchen sein.

bb) Marktverhalten

Eine bestehende Marktstruktur kann zum anderen dann verändert werden, wenn ein Unternehmen in der Lage ist, das Marktverhalten eines anderen Unternehmens zu determinieren. Koordination des Marktverhaltens führt unmittelbar zu einer Verringerung der Anzahl selbständig handelnder Marktteilnehmer und damit zu einer Veränderung (regelmäßig Verschlechterung) der Marktstruktur. Die Möglichkeit einer Beeinträchtigung der Selbständigkeit von Marktverhaltensentscheidungen ist somit der zweite Gegenstand, bei dessen Vorliegen von beherrschendem Einfluß iSv § 23 Abs. 2 Nr. 5 ausgegangen werden kann. In diesem Sinne sind wohl auch die Äußerungen in der Literatur

[69] Hauptgutachten III 1978/79, Tz 502.

zu verstehen, wonach es für beherrschenden Einfluß ausreichen soll, „daß das herrschende Unternehmen dem abhängigen Unternehmen den Spielraum seiner wettbewerblichen Aktivitäten tatsächlich zuweisen kann“[70].

Hierbei bleibt freilich zu beachten, daß auch Umfang und Einsatz von Ressourcen das Marktverhalten beeinflussen: z. B. hat die mit Hilfe von Finanzmitteln des sich beteiligenden Unternehmens betriebene Diversifikation eines Unternehmens unmittelbare Änderungen des Marktverhaltens zur Folge.

Der Einfluß auf das Marktverhalten muß aber nicht zwingend auf diese Weise vermittelt werden.

Im übrigen ist auch der umgekehrte Fall denkbar: eine „Vergemeinschaftung“ oder präziser: eine Einflußnahme (auf) bisher selbständige Verhaltensentscheidungen kann den koordinierten Einsatz von Ressourcen bewirken[71].

Die so entwickelte Interpretation des § 23 Abs. 2 Nr. 5 weicht hinsichtlich des gegenständlichen Einflußbereiches von der konzernrechtlich herrschenden Definition[72] deutlich ab. Dort steht der Einfluß auf die Geschäfts- und Unternehmenspolitik im Vordergrund[73]. Das bedeutet die Erfassung der Ebene des Unternehmens, auf der grundsätzliche Entscheidungen getroffen werden, z. B. die Entwicklung einer langfristigen Strategie, um den Herausforderungen des Wettbewerbs zu begegnen[74]. Auch die Personalpolitik gehört hierher. Betrachtet man die langfristigen und damit strukturellen Wirkungen, die von der Einflußnahme auf derart zentrale Unternehmensbereiche ausgehen können, so wird deutlich, daß hier auch Beherrschungen im Sinne der Fusionskontrolle gegeben sein können.

Marktverhaltensentscheidungen z. B. brauchen nur Ausschnitte der gesamten Geschäftspolitik zu betreffen. Diese Abweichung von der konzernrechtlichen Interpretation, die zugleich eine Erweiterung des gegenständlichen Einflußbereiches darstellt, ist auch sachgerecht, da im Konzernrecht der Einfluß auf den Unternehmensträger eine Rolle

---

[70] *Langen/Niederleithinger/Schmidt* § 23 Rdnr. 25; *Mestmäcker* in Immenga/Mestmäcker § 23 Rdnr. 12, 41, 222; vgl. jetzt auch *MK* Hauptgutachten IV 1980/81, Tz 539.

[71] Skeptisch gegenüber einer klaren Abgrenzung von Marktstruktur- und Verhaltenskriterien *Schütz* WuW 79, 5, 10.

[72] Vgl. oben D III 1 a).

[73] *Dierdorf*, Herrschaft und Abhängigkeit, S. 31, 36 f.; *Emmerich/Sonnenschein*, Konzernrecht, S. 49; *Geßler* in Geßler/Hefermehl/Eckardt/Kropff, § 17 Rdnr. 13; *H. S. Werner*, JuS 77, 141, 145.

[74] Vgl. z. B. *Recktenwald*, Wörterbuch der Wirtschaft, Stichwort „Unternehmenspolitik“.

spielt, während im Recht der Fusionskontrolle Strukturverschiebungen in dem eher engen Ausschnitt eines Marktes betrachtet werden.

c) *Art und Intensität der Verbindung*

aa) Das Insolvenzargument

Gegen die Möglichkeit der Begründung beherrschenden Einflusses durch Determination des Marktverhaltens hat Martens[75] in jüngster Zeit Einwände erhoben. Der Verlust autonomen Marktverhaltens reiche nicht aus, da das „abhängige“ Unternehmen nicht notwendigerweise seine Fähigkeit verlieren würde, wieder als selbständiger Marktteilnehmer aufzutreten; das „abhängige“ Unternehmen bleibe in Wahrheit potentieller Marktteilnehmer, was die Abhängigkeit ausschließe. Die Möglichkeit, das autonome Marktverhalten eines anderen Unternehmens zu beeinträchtigen, verändert also nach dieser Ansicht die Marktstruktur noch nicht so nachhaltig, als daß nicht Veränderungen im „abhängigen“ Unternehmen dieses die Unabhängigkeit des Marktverhaltens zurückgewinnen lassen könnten.

Damit ist eine Kernfrage aller Interpretationsversuche des Beherrschungstatbestandes angesprochen. Es geht hier in Wirklichkeit nicht um die Frage, ob durch Fremdbestimmung des Marktverhaltens Beherrschung begründet werden kann, sondern einzig darum, welchen Umfang, welche Intensität bzw. welchen Verdichtungsgrad eine Verbindung erreicht haben muß, um sie als Beherrschungsgrundlage qualifizieren zu können. Damit ist auch die Frage nach dem § 23 Abs. 2 Nr. 5 zugrunde liegenden Verbindungsbegriff gestellt.

Ein erster Schritt zur Lösung des Problems liegt darin, sich klarzumachen, welcher Art die Verbindungen sind, die als Grundlagen für eine Fremdsteuerung des Marktverhaltens in Betracht kommen. Während die Einwirkung auf die unternehmensinternen Ressourcen in der Regel einen auch unternehmensintern wirkenden Einfluß voraussetzt, wird das unternehmensexterne Marktverhalten entscheidend durch das Geflecht von Außenbeziehungen bestimmt, in das ein Unternehmen eingewoben ist. Diese Außenbeziehungen sind die Austauschverträge eines Unternehmens mit anderen Unternehmen. Es ist abermals zu betonen, daß diese Zuordnungen nicht ausschließlich in der dargestellten Weise vorliegen. Der Abnahmevertrag mit einem starken Nachfrager ist sicher geeignet, das Marktverhalten des absetzenden Unternehmens zu beeinflussen, der Beschaffungsvertrag mit einem potenten Anbieter wirkt sich eher auf den Umfang der zur Verfügung stehenden Ressourcen und nur mittelbar auf das Marktverhalten auf dem Absatzmarkt aus.

[75] Die existentielle Wirtschaftsabhängigkeit, S. 130.

Gleichwohl wird deutlich, daß es auf die Beantwortung der Frage ankommt, ob *Austauschverträge* geeignet sind, beherrschenden Einfluß zu begründen bzw. welchen Intensitätsgrad eine Austauschbeziehung erreichen muß, um so qualifiziert werden zu können.

In der Literatur überwiegt zwar die Meinung, daß Leistungsaustauschverträge als Grundlage eines beherrschenden Einflusses in Frage kommen. Die Äußerungen sind jedoch von Unsicherheit bzw. Vorsicht gekennzeichnet. Z. B. wird ausgeführt, die Grundlage des Einflusses sei ohne Bedeutung, ein Kreditgeber oder Lieferant z. B. könne allerdings nur in seltenen Fällen beherrschenden Einfluß ausüben[76]. Kleinmann/Bechtold[77] halten Leistungsaustauschverträge grundsätzlich für geeignet, beherrschenden Einfluß zu begründen. Der gleichen Ansicht sind Ebel[78], Westrick/Loewenheim[79] und Röhling[80]. Kleinmann/Bechtold verlangen allerdings das Anlegen strenger Maßstäbe bei der Feststellung der Beherrschung. Nach Meinung Müller/Giesslers[81] können Rohstoffabhängigkeit, Darlehnsverträge oder langfristige Lieferverträge eine Beherrschungsmöglichkeit begründen. Hingegen vertritt der Frankfurter Kommentar[82] — soweit ersichtlich allein — in Anlehnung an die von Würdinger zum Aktienrecht vertretene „Knebelungsthese"[83] die Ansicht, daß Leistungsaustauschverträge grundsätzlich nicht zur Begründung von Herrschaftsmacht geeignet seien. Interpretativ nicht unmittelbar verwertbar, gleichwohl interessant, ist ein Blick in den EG-Fusionskontrollentwurf[84]. Die für das Aufgreifen eines Zusammenschlusses wesentliche „Kontrolle über ein oder mehrere Unternehmen" (Art. 2 Ziffer 1) kann gem. Art. 2 Ziffer 2 Nr. 5 „insbesondere durch Verträge mit einem Unternehmen über die Gesamtheit oder einen erheblichen Teil seines Bedarfs oder Absatzes (begründet werden), wenn diese Verträge nach Menge oder Laufzeit das Maß der handelsüblichen Beschaffungs- oder Absatzverträge überschreiten".

Es kann festgestellt werden, daß in praktisch allen Literaturäußerungen und auch im Fusionskontrollentwurf der EG Skepsis mit-

[76] *Langen/Niederleithinger/Schmidt* § 23 Rdnr. 25.

[77] § 23 Rdnr. 137.

[78] § 23 Rdnr. 59.

[79] § 23 Tz 75.

[80] DB 73, 1585, 1586.

[81] § 23 Rdnr. 30.

[82] § 23 Rdnr. 74.

[83] *Würdinger* in Großkommentar zum AktG § 17 Anm. 8; dagegen ausdrücklich *Mestmäcker* in Immenga/Mestmäcker § 23 Rdnr. 44.

[84] Vorschlag der Kommission für eine „Verordnung (EWG) des Rates über die Kontrolle von Unternehmenszusammenschlüssen" v. 20. 7. 73 (ABl. C 92/1 ff. v. 31. 10. 73), abgedruckt bei *Kleinmann/Bechtold*, Anhang VIII, S. 473 ff.

schwingt, Leistungsaustauschverträgen ohne weiteres die Eigenschaft als Grundlage beherrschenden Einflusses zuzubilligen. Diese Skepsis ist — auch nach dem, was bereits oben[85] zur Schaffung der Möglichkeit eines Ressourcenflusses durch Leistungsaustauschverträge gesagt worden ist — begründet. Austauschverträge — und insofern ist Martens Recht zu geben — verbauen den Vertragspartnern grundsätzlich nicht die Möglichkeit, die Vertragsbeziehung zu beenden und nach anderen Partnern Ausschau zu halten. Dieses vorläufige Resumee zeigt gleichzeitig die Richtung weiterer Gedankengänge auf. Kann, so ist zu fragen, diese Feststellung noch aufrechterhalten bleiben, wenn ein Austauschvertrag z. B. einmal nicht mehr die Möglichkeit des Wechsels bietet? Hängt dies u. U. vom tatsächlichen Umfang der Vertragsbeziehungen ab oder ist die Dimension der Bonität des beeinflußten Unternehmens einzuführen?

Den wohl ersten Versuch, über eine Herausarbeitung der Charakteristika des Konzentrationsbegriffes die Bedingungen zu formulieren, die eine beherrschenden Einfluß vermittelnde Verbindung erfüllen muß, hat Böhlk[86] unternommen. Nach seiner Ansicht ist die relative Invarianz der Verbindung durch exogene Faktoren aus der Sicht des Beherrschers das entscheidende Merkmal. Für die Beschreibung der Beherrschung hilft dieses Erfordernis offenkundig nicht weiter: auch die Verbindung des eine Aktie besitzenden Aktionärs mit dem Unternehmen ist relativ invariant. Im übrigen enthält diese These ebenfalls den Hinweis auf die in Austauschverträgen grundsätzlich gegebene Möglichkeit, sich aus der Beziehung zu lösen. Für die Beschreibung der Intensität einer Verbindung reicht das Merkmal — jedenfalls allein — jedoch nicht aus. Die zeitliche Befristung oder die Kündigungsmöglichkeit dürfte ein — im Sinne Böhlks — die relative Invarianz ausschließender exogener Faktor sein. Der Grenzfall des Einproduktunternehmens, das durch einen sehr langfristigen, jedoch nicht sittenwidrigen Vertrag den wichtigen und nur schwer erhältlichen Rohstoff bezieht, würde nach der Konzeption Böhlks deshalb nicht Grundlage beherrschenden Einflusses sein können, obgleich die Abhängigkeit des Unternehmens von seinem Lieferanten während der Laufzeit des Vertrages offensichtlich Einflußmöglichkeiten eröffnet, die die wettbewerbliche Selbständigkeit des Unternehmens in Frage stellen[87]. Der Ansatz Böhlks ist mithin ungeeignet, die sich hier stellenden Probleme zu lösen.

---

85 Kap. D III 2 b) aa).

86 Zusammenschlußbegriff, S. 102.

87 Vgl. das Beispiel bei *Müller/Giessler* § 23 Rdnr. 30; ferner *Mestmäcker* in Immenga/Mestmäcker § 23 Rdnr. 44.

Greifen wir also den oben geäußerten Gedanken nach dem Austauschvertrag, der nicht mehr die Möglichkeit des Wechsels bietet, wieder auf. Nicht gemeint sind damit *vertraglich vereinbarte* Ausschlüsse oder Erschwernisse von Kündigungsrechten. Eine jederzeitige Lösung kann hier jedenfalls durch Kündigung aus wichtigem Grund und durch Vertragsbruch erfolgen, dessen Wahrscheinlichkeit allenfalls von der Höhe einer eventuell vereinbarten Vertragsstrafe abhängt. Dieser rechtliche Aspekt führt also nicht zu einer Verdichtung innerhalb einer Austauschbeziehung derart, daß Einflußmöglichkeiten im oben beschriebenen Sinne eröffnet würden. Etwas anderes kann jedoch gelten, wenn *rein tatsächlich* keine Möglichkeiten des Wechsels mehr bestehen. Dies ist dann der Fall, wenn die Kündigung eines Vertrages das wirtschaftliche Ende eines Vertragsbeteiligten bedeuten würde. Ein eindrucksvolles Beispiel ist der bei Huffschmid[88] berichtete Fall der „Tänzers Original Grudeofen GmbH“. Diese Firma verlor auf einen Schlag ihre Absatzmöglichkeiten an die Neckermann-Versand KG, an die sie zuletzt 60 % ihrer Tischkühlschränke geliefert hatte. Der Konkurs war unausweichlich. Ein Unternehmen, das sich bei vernünftiger wirtschaftlicher Betrachtungsweise nur unter Eingehung der Insolvenzgefahr aus einer vertraglichen Bindung lösen kann, verliert seine wirtschaftliche Selbständigkeit. Dem anderen Unternehmen werden entsprechende Einflußmöglichkeiten eröffnet, die es ihm jedenfalls gestatten, das Wettbewerbsverhalten des abhängigen Unternehmens zu bestimmen. Damit haben wir einen ersten Maßstab gewonnen, an Hand dessen eine Verbindung auf beherrschenden Einfluß hin untersucht werden kann.

Diese Ansicht steht im Einklang mit einigen oben referierten Einschränkungen des Grundsatzes, Austauschverträge als Basis beherrschenden Einflusses genügen zu lassen. Kleinmann/Bechtold[89] sehen ein Anzeichen für Abhängigkeit z. B. darin, daß die Kündigung eines Darlehns „das Ende der wirtschaftlichen Existenz des Darlehnsnehmers bedeutet“. Gerade dieser Fall wird im weiteren Verlauf der Arbeit[90] noch eine Rolle spielen. Schon an dieser Stelle sei die Formulierung einer gewissen Skepsis gegenüber der Annahme gestattet, Geschäftsverbindungen einer Bank mit einer Nichtbank könnten der Bank beherrschenden Einfluß in dem hier entwickelten Sinne ermöglichen; die Vielzahl von Geschäftsbeziehungen wird es einem notleidenden Unternehmen jedenfalls i. d. R. erlauben, Abhängigkeiten zu vermeiden. Jedoch soll damit einer genaueren Untersuchung nicht vorgegriffen

---

[88] Die Politik des Kapitals, S. 71; vgl. ferner *Martens*, Die existentielle Wirtschaftsabhängigkeit, S. 9.

[89] § 23 Rdnr. 139 a. E.

[90] Vgl. unten E IV 4 d).

werden. Auch das im EG-Fusionskontrollentwurf[91] genannte „Überschreiten des Handelsüblichen“ wird von Kleinmann/Bechtold im Sinne der Nichtexistenz jederzeit realisierbarer Ausweichmöglichkeiten interpretiert[92].

Damit können wir auch die oben zitierten Einwände Martens beantworten. In den Fällen, in denen Austauschverträge zu einer — im Sinne Martens[93] — „existentiellen Wirtschaftsabhängigkeit“ führen, verliert das abhängige Unternehmen eben doch die Autonomie seines Marktverhaltens. Die Potentialität seiner Marktstellung schrumpft gegen Null. Die Marktstruktur ist in hohem Maße gefährdet. Im übrigen berücksichtigt Martens nicht genügend, daß lediglich die Möglichkeit beherrschenden Einflusses verlangt wird. Für das Bestehen einer Möglichkeit ist es gerade typisch, daß über das tatsächliche Verhalten in der Zukunft noch nichts gesagt ist. Die Gefahr eines Autonomieverlustes hinsichtlich des Marktverhaltens kann also nicht aufgewogen werden durch eine u. U. bestehende Bereitschaft des „herrschenden“ Unternehmens, das „abhängige“ Unternehmen mit dem Ziel zu stärken, es als selbständigen Marktteilnehmer wieder in den Wettbewerb zu „entlassen“. Diese Annahme widerspräche jeder wirtschaftlichen Erfahrung. Im übrigen beschreibt Martens selbst[94] ausführlich eine Reihe von Faktoren, die zu einer Möglichkeit, Verhaltensautonomieverlust zu verursachen, hinzukommen können, was kumulativ dann sicher zur Beherrschung führe. Er nennt in diesem Zusammenhang u. a. die wirtschaftliche Vormachtstellung des einen Unternehmens an sich, einen dadurch entstehenden faktischen Entscheidungsfluß, ferner die „freiwillige“ Ausrichtung des abhängigen auf die Vorstellungen des herrschenden Unternehmens, Liquiditätsprobleme etc. Es bedarf keiner regen Phantasie, sich vorzustellen, daß die von Martens beschriebenen Umstände in der einen oder anderen Form regelmäßig vorliegen werden. Vor allem wird aber auch die Möglichkeit, Verhaltensautonomieverlust herbeizuführen, durch das Vorliegen dieser Umstände gerade indiziert.

Eine hiervon zu unterscheidende Frage ist die, ob als Beherrschungsgrundlagen auch faktische Verbindungen in Betracht kommen, oder ob diese stets rechtlicher (gesellschaftsrechtlicher oder vertragsrechtlicher) Natur sein müssen. Böhlk[95] vertritt die Auffassung, faktische Beziehungen seien ständig erosionsbedroht. Da er — wie bereits oben gezeigt wurde — nur „relativ invariante“ Verbindungen als Beherrschungs-

---

[91] Vgl. oben D III 2 c) aa).
[92] *Kleinmann/Bechtold* § 23 Rdnr. 137.
[93] Die existentielle Wirtschaftsabhängigkeit, S. 10, 54 ff.
[94] Die existentielle Wirtschaftsabhängigkeit, S. 132 f.
[95] *Böhlk, Zusammenschlußbegriff*, S. 101 ff.

grundlagen in Betracht kommen läßt, kann aus einem nur faktischen Einfluß seiner Meinung nach Beherrschung nicht erwachsen.

Dieser Ansicht kann nicht gefolgt werden: Die Prämisse ist bereits falsch. Faktische Beziehungen sind nicht erosionsbedrohter als rechtliche. Sicher läßt sich die Feststellung treffen, daß justizielle Bindungen in der Regel auf Dauer angelegt sind. Die zeitliche Dimension kann aber keine Rolle spielen. Ein *sicheres* Urteil über die Dauer einer Verbindung läßt sich grundsätzlich erst im Nachhinein, d. h. nach Ablauf einer Zeiteinheit bzw. nach Beendigung der Beziehung fällen. Jedoch erfordert die Beantwortung der Frage, ob bestimmte festgestellte Tatsachen einen beherrschenden Einfluß begründen oder nicht, ein sofortiges Urteil, das in jedem Fall nur ein Wahrscheinlichkeitsurteil sein könnte. Es ist hinsichtlich justizieller Bindungen mit ebensolchen Unsicherheiten befrachtet wie hinsichtlich faktischer. Von daher erscheint die für den konzernrechtlichen Tatbestand der Abhängigkeit vertretene Ansicht, auf die Dauer des beherrschenden Einflusses käme es nicht an, richtig[96] und auf das Wettbewerbsrecht übertragbar. Das Gesetz selbst verlangt nicht nur keine Mindestzeit, sondern gibt im Gegenteil einen Hinweis auf die Richtigkeit der hier vertretenen Ansicht: aus § 23 Abs. 3 Satz 2 (Bankenklausel) folgt, daß auch Zusammenschlüsse von unter einem Jahr Dauer grundsätzlich als solche behandelt werden müssen — mit den dort beschriebenen Ausnahmen. Ein Grund für eine Ungleichbehandlung von faktischen und rechtlichen Bindungen ist insofern jedoch nicht ersichtlich. Im übrigen hat zuletzt Dierdorf[97] zu Recht daran erinnert, daß (sog.) justizielle Abhängigkeiten in Wirklichkeit faktische Abhängigkeiten sind: die Eigenverantwortlichkeit des Vorstandes (§§ 76 Abs. 1, 119 Abs. 2 AktG), die auch durch Mehrheitsherrschaft nicht unmittelbar berührt wird, verliert durch das Streben nach Wiederberufung an Wert.

Somit bleibt festzuhalten, daß es unerheblich ist, ob der beherrschende Einfluß bei § 23 Abs. 2 Nr. 5 auf tatsächlichen oder rechtlichen Umständen beruht[98].

bb) Systematische Überlegungen: die 25 %-Schwelle als Auslegungskriterium

Aus systematischen Erwägungen ergibt sich, daß ein beherrschender Einfluß sicher nicht erst bei einer Intensität, die der einer Mehrheits-

---

[96] *H. S. Werner*, Abhängigkeitstatbestand, S. 119 ff.; *derselbe*, JuS 1977, 141, 145 jeweils m. w. N.; *Biedenkopf/Koppensteiner* in KK § 17 Rdnr. 5.

[97] *Dierdorf*, Herrschaft und Abhängigkeit, S. 273; ferner *K. Peters/H. S. Werner*, Die AG 1978, 297, 303.

[98] So auch *Langen/Niederleithinger/Schmidt* § 23 Rdnr. 25; *v. Gamm* § 23 Rdnr. 21; *K. Peters/H. S. Werner*, Die AG 78, 297, 303.

beteiligung (50 % + 1 Stimme) entspricht, angenommen werden kann. Aus der oben gewonnenen Erkenntnis, § 23 Abs. 2 Nr. 5 stelle eine echte Generalklausel dar, folgt, daß Nr. 5 keine weitergehenden, einengenden Voraussetzungen aufstellen kann, als diese sich aus den Nrn. 1 - 4 ergeben. § 23 Abs. 2 Nr. 2 lit. a) und b) postulieren aber das Aufgreifen von Konzentrationsvorgängen auf einem level, der knapp bzw. deutlich unter dem eines Mehrheitserwerbs liegt. Beherrschenden Einfluß also erst anzunehmen, wenn die Verbindung eine Intensität erreicht hat, die es dem einen Unternehmen ermöglicht, seinen Willen bei dem anderen durchzusetzen[99], entspricht gleichsam nur dem Stand des „Thega-Urteils“[100] und stellt deshalb eine deutlich zu enge Betrachtungsweise dar. Deshalb kann auch die Schwelle der Vermutung des § 17 Abs. 2 AktG hier keine Orientierung bieten.

Aus der einheitlichen Interpretation von § 23 Abs. 2 und der hierdurch bedingten Berücksichtigung der Nrn. 1 - 4 ergibt sich, daß Konzentrationsvorgänge bereits dann aufgegriffen werden sollen, wenn das sich beteiligende Unternehmen eine Stellung erlangt, die der eines mit 25 % Stimmrechten ausgestatteten Aktionärs entspricht. Deshalb erübrigt sich der (vom BKartA[101] aufgegriffene) Vorschlag der Monopolkommission, § 23 Abs. 2 Ziffer 5 mit dem Ziel umzuformulieren, konzentrative Bindungen zu erfassen, durch die ein Einfluß vermittelt wird, der dem der Tatbestände der Ziffern 1 - 4 wirtschaftlich gleichsteht[102]. Bereits das Erreichen der beschriebenen Schwelle läßt eine wettbewerbsbeschränkende Ressourcenzusammenfassung als möglich erscheinen[103]. Das bedeutet nicht eine Aussage im Sinne der Feststellung, ein 25 %-Stimmrechtsinhaber würde seine Ressourcen dem Unternehmen zur Verfügung stellen[104], sondern lediglich das Anerkenntnis der Möglichkeit einer langfristig drohenden und damit strukturellen Gefährdung einer strikten Trennung der Ressourcen der am Zusammenschluß beteiligten Unternehmen. Dieser Gedanke gilt für die Herstellung sonstiger Verbindungen gem. Ziffer 5 ebenso wie für den Anteilserwerb der Ziffer 2. Schon an dieser Stelle kann deshalb auch gesagt werden, daß die „Abkopplung“[105] der materiellen von der formellen Fusionskontrolle durch den BGH im „Erdgas-

---

99 In diesem Sinne wohl *Emmerich*, Die AG 78, 86, 97.

100 RGZ 167, 40, 49.

101 TB 76, S. 19.

102 Vgl. Hauptgutachten I 1973 - 75, Tz 884; anders jetzt Hauptgutachten IV 1980/81, Tz 539.

103 Vgl. auch *Langen/Niederleithinger/Schmidt* § 24 Rdnr. 3.

104 Dagegen auch *BKartA* WuW/E 1625, 1628 — „GKN/Sachs“; ihm folgend *Bechtold* WuW 78, 741, 747.

105 So *Bechtold* NJW 80, 1265, 1267.

Schwaben“-Beschluß[106] jedenfalls nicht über den dort relevanten Anwendungsbereich der Zusammenschlußfiktion auf Grund der GU-Klausel (§ 23 Abs. 2 Nr. 2 Satz 3) hinaus Bedeutung erlangen kann. Die vom BGH zusätzlich verlangte Feststellung einer „wettbewerblichen Einheit“ wird gerade durch eine Erfüllung der Zusammenschlußtatbestandsmerkmale vermutet. Es handelt sich dabei gerade nicht um einen konstitutiven Bestandteil des Zusammenschlußbegriffes[107].

Zu beachten bleibt, daß § 23 Abs. 2 Ziffer 2 Einfluß per Anteils- und Stimmrechten erfaßt, so daß insoweit für Ziffer 5 nur andere Einfluß- oder — um in der Diktion der Ziffer 5 zu bleiben — Beherrschungsmittel in Betracht kommen. Die Herstellung einer Verbindung zweier Unternehmen, die nicht *lediglich* auf Anteilserwerb und nicht *lediglich*[108] auf Stimmrechtserwerb[109] beruht und die dem einen Unternehmen eine Stellung verschafft, die der in Ziffer 2 beschriebenen entspricht, muß m. a. W. als konzentrationsrechtlich relevant aufgegriffen werden.

Immenga[110] betont in diesem Zusammenhang, das Gesetz würde nach Einfügung der Sätze 4 und 5 durch die vierte Novelle konsequent tatsächliche Einflußmacht unabhängig von ihrer rechtlichen Qualifikation als maßgeblich ansehen. Anzufügen ist, daß dies nur gilt, wenn die Einflußstränge rechtlich in Stimmrechtsmacht oder Anteilsbesitz verankert sind. Die Begründung zum Entwurf der vierten Novelle[111] spricht deshalb auch beispielshalber von *vertraglichen Stimmrechtsbindungen* als Anwendungsfall der neuen Bestimmungen. Andere Einflußmittel, die zum gleichen Ziel führen, dürften nur über Ziffer 5 zu erfassen sein.

Gewisse Schwierigkeiten bereitet die unsichere, jedenfalls aber nicht durchgängig einheitliche Ausformung der Ziffer 2-Schwelle. Während einerseits beim Erwerb stimmberechtigten Kapitals 25,00 % ausreichen, muß der „aktionärsgleiche“ Erwerber es auf eine Stellung bringen, die dem Besitz von 25,00 % plus einer Aktie entspricht. Die Auflistung der Zusammenschlußtatbestände durch die zweite Novelle, die — wie es

---

106 BGH WuW/E BGH 1533, 1538.

107 So ausdrücklich auch *Böhlk*, Zusammenschlußbegriff, S. 30; ferner *Lanzenberger* in Schwerpunkte des Kartellrechts 1978/79, S. 23, 29; *Mestmäcker* in Immenga/Mestmäcker § 23 Rdnr. 128; zu den möglichen Konsequenzen der BGH-Ansicht für die Zusammenschlußkontrolle im übrigen *MK* Hauptgutachten III 1978/79, Tz 529.

108 Zur Streitfrage, ob in Nr. 1 - 4 genannte Herrschaftsmittel für Nr. 5 grundsätzlich außer Betracht zu bleiben haben, ausführlich *Mestmäcker* in Immenga/Mestmäcker § 23 Rdnr. 219.

109 Zur bloßen Stimmbindung *Immenga* NJW 80, 1417, 1419; *K. Schmidt* ZRP 79, 38, 43.

110 NJW 80, 1417, 1418.

111 BT-Drucksache 8/2136, S. 19.

in der Begründung[112] ausdrücklich heißt — „unter Berücksichtigung der konzernrechtlichen Bestimmungen des neuen Aktiengesetzes gestaltet“ wurde, hat wenigstens in der durch die vierte Novelle eingefügten Ergänzung eine (unfreiwillige?) Korrektur erfahren, die gerade unter dem Gesichtspunkt einer Anlehnung an das Konzernrecht auch sachgerecht ist. Die im Aktienrecht Sperrechte verleihende Schwelle liegt nicht bei 25 %, sondern bei über 25 % (des bei der Beschlußfassung vertretenen Grundkapitals bzw. der abgegebenen Stimmen). Dies hat auch für Ziffer 5 zu gelten.

Damit können wir einen zweiten Maßstab für die Erfassung des Tatbestandsmerkmals „beherrschender Einfluß“ iSv § 23 Abs. 2 Nr. 5 formulieren: eine Verbindung vermittelt einen so qualifizierten Einfluß dann, wenn sie dem Erwerber eine Stellung verschafft, die der eines Aktionärs mit über 25 % Stimmrechtsbesitz entspricht; dies gilt wegen des Vorrangs der Spezialnorm Ziffer 2 nicht, soweit die Stellung ausschließlich auf Anteilsbesitz oder ausschließlich auf Stimmrechtsbesitz beruht.

Diese Richtschnur tritt alternativ neben das oben gewonnene Ergebnis, daß ein Unternehmen, das sich bei vernünftiger wirtschaftlicher Betrachtungsweise nur unter Eingehung der Insolvenzgefahr aus einer vertraglichen Bindung lösen kann, der Möglichkeit beherrschenden Einflusses durch das andere Unternehmen ausgesetzt ist.

d) Beeinträchtigung der Rechtssicherheit?

Ein Einwand könnte an dieser Stelle erhoben werden: mit den aufgezeigten Einflußobjekten (Ressourcen, Marktverhalten) und mit den entwickelten Maßstäben (Insolvenzgefahr, Stellung eines 25 % Aktionärs) würde ein hoher Unsicherheitsfaktor geschaffen, der eine sichere Prognose, wann von beherrschendem Einfluß gesprochen werden könne und wann nicht, ausschließe.

aa) Die Systematik des § 23 Abs. 2

Dieser Einwand greift im Ergebnis nicht. Eine Betrachtung des Definitionssystems des § 23 Abs. 2 ergibt zum einen, daß die Nummern 1 - 5 *rechtliche* Verbindungen erfassen sollen, wobei durch Nrn. 4 und 5 *zusätzlich faktische* Verbindungen aufgegriffen werden können[113]. Aus einem anderen Blickwinkel stellt sich die Systematik so dar: Mit den Nrn. 1 - 4 sollen Konzentrationsformen aufgegriffen werden können, die *besonders häufig* sind, was Grund genug ist, sie gesondert

---

[112] BT-Drucksache VI/2520, S. 26.

[113] Zur faktischen Personengleichheit bei Nr. 4 *Doorn*, Anwendungsbereich der Zusammenschlußkontrolle, S. 183.

auszuweisen. Neben der besonderen Häufigkeit steht zum zweiten die *klare Erfaßbarkeit* der dort genannten Zusammenschlußschwellen im Vordergrund, wodurch die Rechtssicherheit erhöht wird. Wichtig ist weiter, daß die Nummern 1 - 4 ganz verschiedene Konzentrationsgrade erfassen, was besonders bei Nr. 2 lit. a), b) und c) deutlich wird. Nr. 5 stellt demgegenüber zum einen eine *stufenlose* Erfassung faktischer Abhängigkeitsverbindungen, zum zweiten aber — in Übereinstimmung mit Nrn. 1 - 4 — eine Beschreibung ganz unterschiedlicher Konzentrationsgrade dar, die gesetzlich nicht als Schwelle ausgestaltet sind. Es darf nicht übersehen werden, daß Abhängigkeit nicht nur mit einem Mal — quasi „schlagartig“ (Erwerb einer Beteiligung, Abschluß eines Unternehmensvertrages) — begründen werden, sondern Ergebnis eines langdauernden Entwicklungsprozesses[114] sein kann. Diese Unterscheidung ist nicht identisch mit einer Differenzierung zwischen faktischer und rechtlicher Abhängigkeit. Zwar wird eine Entwicklung zur Abhängigkeit in der Regel bei faktischen Beherrschungsmitteln eine Rolle spielen — zwingend ist dies nicht. Auch eine rechtliche Beziehung kann sich zur Abhängigkeit „verdichten“, z. B. durch Abschluß mehrerer Verträge. Die Unmöglichkeit, von vornherein eine bestimmte Konzentrationsintensität zu formulieren, ist also im Gesetz angelegt. Schwierigkeiten, im Einzelfall zu bestimmen, wann Konzentration die Intensität beherrschenden Einflusses erreicht hat, bleiben bestehen.

bb) Berücksichtigung aller Umstände

Sie werden nur überwunden werden können, wenn man sich zu einer umfassenden Betrachtungsweise entschließt. Dies bedeutet im Einzelfall eine Gewichtung aller bestehenden Unternehmensverbindungen, die als Einflußgrundlagen in Betracht kommen, vorzunehmen[115]. Der Vorzug dieses Ansatzes liegt in der flexiblen, aber auch umfassenden Berücksichtigung der in der ökonomischen Wirklichkeit vielfältigen Einflußmöglichkeiten. Man wende nicht ein, die Fusionskontrolle werde auf diese Weise unpraktikabel und kompliziert; nach wie vor bleiben die Nrn. 1 - 4 des § 23 Abs. 2, über deren klar formulierte „Schwellen“ der Großteil der Konzentrationsvorgänge wird erfaßt werden können. Daß ein Rest verbleibt, bei dem die Einordnung als Zusammenschluß iSd GWB schwieriger ist, muß hingenommen werden. Zu Recht hat der BGH darauf hingewiesen, daß „sich das Bestehen eines Abhängigkeitsverhältnisses nicht nach der Leichtigkeit seiner Feststellung richten (kann)“[116].

---

[114] *Martens*, Die existentielle Wirtschaftsabhängigkeit, S. 127.

[115] Für eine wirtschaftliche Gesamtbetrachtung auch *BKartA* TB 73, 70 „AEG-Zanussi“; *Rittner*, Wirtschaftsrecht S. 453; *Kleinmann/Bechtold* § 23 Rdnr. 138.

Auch auf einen weiteren Vorteil einer umfassenden Betrachtung soll hingewiesen werden: Sie ermöglicht eine wertende Erfassung iS einer Abwägung gegenläufiger Einflüsse. Verbindungen zwischen Unternehmen müssen nicht nur Einflußmöglichkeiten in einer Richtung schaffen. Es ist denkbar, daß (z. B. bei diversifizierten Unternehmen) beide Unternehmen in unterschiedlichen Teilbereichen jeweils von dem anderen „abhängig" sind. Bei Entstehung einer derartigen Konstellation läuft nicht unbedingt ein Konzentrationsvorgang iS einer Verringerung der Anzahl selbständig handelnder Marktteilnehmer ab. Es ist vielmehr denkbar, daß sich die Einflüsse gegeneinander aufheben, so daß kein Zusammenschluß iSd GWB vorliegt. Die funktionale Gegenläufigkeit des Handelns (u. U. sogar nur in Unternehmensteilbereichen) unterscheidet diesen Fall von einer Konstellation des aufeinander Angewiesenseins, wie sie z. B. im „Brost und Funke-Urteil" des BGH[117] vorlag. Denkbar ist aber auch ein Überwiegen von Einflußmöglichkeiten der einen über die andere Seite. Diese Gestaltungen sind nur mit einer umfassenden Betrachtungsweise in den Griff zu bekommen. Materiell-rechtlich tritt keine Problemverlagerung ein: die Abwägungsklausel des § 24 Abs. 1 bezieht sich auf Verbesserungen der *Wettbewerbsbedingungen*, die durch den Zusammenschluß eintreten und die die Nachteile der *Marktbeherrschung* überwiegen müssen. Die Prüfung des Vorliegens eines Zusammenschlusses hat weder „Wettbewerbsbedingungen" noch Fragen der „Marktbeherrschung" zu berücksichtigen.

3. Zwischenergebnis

Als Zwischenergebnis können wir festhalten

— § 23 Abs. 2 hat als Definitionsnorm lediglich eine dienende Funktion; sie resultiert aus dem „Zweistufenaufbau" der Folgenormen sowie aus der Erkenntnis, daß dem Hineinregieren in ein Unternehmen mit dem Ziel der Herabsetzung der Wettbewerbsintensität geringere Widerstände entgegengesetzt werden als einer Ausbeutung zu eigenem Nutzen;

— „beherrschender Einfluß" kann einmal dann angenommen werden, wenn durch die Herstellung einer Verbindung einem Unternehmen die Möglichkeit verschafft wird, auf Ressourcen eines anderen Unternehmens Einfluß zu nehmen oder eigene und fremde Ressourcen zu koordinieren;

---

[116] BGHZ 62, 193, 197 „Seitz"; auch *Dierdorf*, Herrschaft und Abhängigkeit, S. 40 macht darauf aufmerksam, daß es aus Gründen der Rechtssicherheit nicht erforderlich sei, den Begriff des beherrschenden Einflusses von vornherein restriktiv zu interpretieren; ferner *Mestmäcker* in Immenga/Mestmäcker § 23 Rdnr. 219.

[117] BGHZ 74, 359 ff.; dazu ausführlich K. *Schmidt* ZGR 1980, 277, 284.

— die bloße Schaffung der Möglichkeit, eigene Ressourcen bei einem anderen Unternehmen einzusetzen, reicht nicht;

— „beherrschender Einfluß“ kann ferner dann angenommen werden, wenn die Möglichkeit einer Beeinträchtigung von Marktverhaltensentscheidungen eines anderen Unternehmens besteht;

— Leistungsaustauschverträge kommen als Grundlagen beherrschenden Einflusses grundsätzlich in Betracht; jedoch muß sich die Beziehung derart verdichtet haben, daß eine Lösung für ein Unternehmen bei vernünftiger wirtschaftlicher Betrachtungsweise nur unter Eingehung der Insolvenzgefahr möglich ist;

— für § 23 Abs. 2 Nr. 5 ist es unerheblich, ob der beherrschende Einfluß auf tatsächlichen oder rechtlichen Umständen beruht;

— Konzentrationsvorgänge iSd Ziffer 5 müssen im übrigen dann aufgegriffen werden, wenn der „Beherrscher“ eine Stellung erlangt, die der eines mit über 25 % Stimmrechten ausgestatteten Aktionärs entspricht;

— alle bestehenden Unternehmensverbindungen müssen in einer Gesamtschau gewichtet werden;

— Abhängigkeit muß nicht schlagartig begründet werden, sondern kann sich verdichten;

— die im Konzernrecht für die Annahme beherrschenden Einflusses geforderte Beeinflußbarkeit der gesamten Unternehmens- und Geschäftspolitik genügt für Nr. 5 auch;

— auch faktische Beherrschungsgrundlagen kommen in Betracht.

E. Die Zusammenschlußtatbestände im einzelnen

I. Vermögenserwerb (§ 23 Abs. 2 Nr.1)

1. Probleme

Der Erwerb eines anderen Unternehmens als Ganzes oder zu einem wesentlichen Teil spielt im Unternehmensbereich der Banken vor allem bei der Verschmelzung mit anderen Banken bzw. Spezialbankinstituten (near-banking Bereich) eine Rolle. Zu erwähnen ist die große Anzahl von Einzelkaufleuten, die es nach wie vor unter Privatbankiers gibt. Die Beurteilung des Erwerbs von Personengesellschaften richtet sich nach § 23 Abs. 2 Nr. 2[1], soweit ein stimmberechtigtes Kapital besteht, also i. d. R. bei kapitalistisch ausgestalteten Personengesellschaften. Zu beachten sind auch § 23 Abs. 2 Sätze 4 und 5. Der Erwerbsgrund ist unerheblich[2].

Nach ganz h. M. stellt die Zusammenlegung oder Übertragung öffentlich-rechtlicher Kreditinstitute einen Erwerb in sonstiger Weise dar[3]. Zusammenschlüsse zwischen öffentlich-rechtlichen Kreditinstituten sind unter den Voraussetzungen des § 23 Abs. 1 Satz 1 Nr. 1 und 2 anzeigepflichtig; ob sie immer anmeldepflichtig sind (§ 24 a Abs. 1 Satz 2 Nr. 3) ist eine andere Frage. Die Grenzen der Präventivkontrolle sollen in diesem Zusammenhang abgesteckt werden.

Ein anderes bankspezifisches Problem ist die Frage, ob die Bestellung von Sicherheiten u. U. einen „Erwerb in sonstiger Weise“ darstellen kann.

Bankpraktisch ist die Frage bedeutend, ob die Übernahme einer Filiale einer Bank durch eine andere Bank einen Vermögenserwerb zu einem „wesentlichen Teil“ darstellt.

---

[1] Ganz h. M.: *Langen/Niederleithinger/Schmidt*, § 23 Rdnr. 11: *Kleinmann/Bechtold* § 23 Rdnr. 53; *FK* § 23 Rdnr. 46.

[2] *Würdinger* WuW 73, 731, 736.

[3] Vgl. nur *Kleinmann/Bechtold* § 23 Rdnr. 29; *Langen/Niederleithinger/Schmidt* § 23 Rdnr. 9.

2. Die Übertragung von Anteilen zur Sicherung — ein Zusammenschluß iSv § 23 Abs. 2?

Bei der Bestellung von Sicherheiten wird selten ein ganzes Unternehmen als Sicherungsobjekt dienen; schon der Bestimmtheitsgrundsatz steht dem regelmäßig entgegen. Allenfalls Teile des Unternehmens kommen in Betracht. Hinsichtlich Ziffer 1 in § 23 Abs. 2 ist deshalb stets zu beachten, daß es sich wenigstens um den Erwerb des Vermögens „zu einem wesentlichen Teil" handelt.

Soweit also überhaupt das Vermögen zu einem wesentlichen Teil als Sicherheit eingesetzt wird, ist die Sicherungsabrede regelmäßig als „Treuhand" einzuordnen[4]. Hierhin gehört die Sicherungsübereignung von Sachen, z. B. die sicherungsmäßige Übereignung (sämtlicher) Maschinen.

Die Beantwortung der Frage, ob die Hingabe von Gesellschaftsanteilen als Kreditsicherheit[5] einen Zusammenschluß darstellt, richtet sich nach § 23 Abs. 2 *Ziffer 2*. Die Erörterung im vorliegenden Zusammenhang ist deshalb nicht zwingend. Der Erwerb von Gesellschaftsanteilen durch Sicherungsübereignung bzw. Sicherungsabtretung wird nicht durch die „Bankenklausel" (§ 23 Abs. 3 Satz 2) privilegiert. Diese setzt eine Veräußerungsabsicht voraus. Die Bank übernimmt die Anteile hingegen zu Sicherungszwecken und hat damit gerade keine Veräußerungsabsicht[6]. Zu untersuchen ist die Beziehung zwischen *Treuhänder und Treugut* auf ihren Zusammenschlußcharakter hin[7]. Auszuscheiden sind die Fälle des Erwerbs eines Unternehmens oder von Teilen eines Unternehmens durch einen Treuhänder für den Treugeber, bei denen es um einen Zusammenschluß zwischen Treu*geber* und Treugut geht.

Charakteristikum jeder Treuhand ist die Übertragung des Vollrechts bei gleichzeitiger Bindung im Innenverhältnis. Der — u. U. nur formelle — Vollrechtserwerb läßt die Gesellschaftsanteile jedenfalls auch dem Treu*händer* „gehören"[8]. Die Intensität der Bindung nach innen unterscheidet die verschiedenen Formen der Treuhand. Bei Hingabe

[4] *Palandt/Bassenge* vor § 929 Anm. 7.

[5] Zu den Vor- und Nachteilen von Gesellschaftsanteilen als Kreditunterlage vgl. *Rümker* und *Franke* in Hadding/Schneider, Gesellschaftsanteile als Kreditsicherheit, S. 16 - 18; die praktische Bedeutung dieser Form der Kreditsicherung wird von ihnen als gering angesehen; a. A. jedoch *Jährig/Schuck*, Handbuch des Kreditgeschäfts, S. 265.

[6] Übereinstimmend *Rümker/Franke*, S. 36.

[7] *FK* § 23 Rdnr. 123.

[8] *Geßler* in Geßler/Hefermehl/Eckardt/Kropff, § 16 Rdnr. 18; *Biedenkopf/Koppensteiner* in KK § 16 Rdnr. 9 gegen *Zilias*, Die Wirtschaftsprüfung 67, 465 ff.

von Gesellschaftsanteilen als Kreditsicherheit dürfte es sich regelmäßig um eine „fiduziarische Treuhand“ handeln. Die Beantwortung der Frage ergibt sich dann aus folgenden Wertungsgesichtspunkten.

Jedenfalls soweit die Übertragung der Mehrheit der Anteile fusionskontrollrechtlich in Frage steht, geschieht deren Berechnung nach § 16 AktG — § 23 Abs. 2 Nr. 2 Satz 1 lit. c) spricht von „Mehrheitsbeteiligung im Sinne des § 16 Abs. 1 des Aktiengesetzes“. Die Vorschrift ist auch auf Unternehmen anderer Rechtsform anwendbar, soweit nur Kapitalmehrheit oder Stimmenmehrheit denkbar sind[9]. Die Bezugnahme auf das AktG erfaßt nach einhelliger Meinung auch § 16 Absätze 2 - 4 AktG, da erst durch sie eine Konkretisierung des Begriffs „Mehrheitsbeteiligung“ erfolgt[10]. § 16 Abs. 2 AktG bestimmt als Bezugsgröße des Bestehens oder Nichtbestehens einer Mehrheit das Nennkapital abzüglich eigener Anteile. Eigenen Anteilen sind Anteile, die einem anderen für Rechnung des Unternehmens (= des Beteiligungsunternehmens) gehören, gleichgestellt. Denselben Gedanken enthält § 16 Abs. 4 AktG. Nach einer für das Aktienrecht vertretenen Ansicht[11] zählen treuhänderisch gehaltene Anteile hierzu. Die fiduziarisch abgetretenen Anteile werden also dem Treugeber zugerechnet. Diese Wertung gilt jedenfalls dann, wenn die Treuhandabrede vorschreibt, daß der Sicherungsnehmer nicht ohne Zustimmung des Sicherungsgebers über das Sicherungsgut verfügen darf. Formelle Eigentümerpositionen spielen keine Rolle, entscheidend ist die wirtschaftliche Machtstellung. Die weiteren, in solchen Fällen vereinbarten Abreden schließen auch einen wettbewerbsmäßigen Einsatz der formell hinzugewachsenen Ressourcen aus. Der typischerweise durch Rückzahlung der Schuld auflösend bedingte und damit nur vorübergehende Charakter der Übereignung bestätigt diese Ansicht. Sie entspricht auch der in der kartellrechtlichen Kommentarliteratur überwiegend vertretenen Meinung, daß es darauf ankomme, wer nach Installation des Treuhandverhältnisses die Entscheidungsbefugnis habe[12]. Ob die der Sicherungsabrede zugrunde liegende Kreditbeziehung möglicherweise einen Zusammenschluß begründet, ist eine hiervon zu unterscheidende Frage, deren Beantwortung sich nach § 23 Abs. 2 Nr. 5 richtet. Das Gleiche gilt für Einflußmöglichkeiten anderer Sicherungsunterlagen.

---

9 Vgl. nur *Kleinmann/Bechtold*, § 23 Rdnr. 73.

10 Vgl. nur *Langen/Niederleithinger/Schmidt*, § 23 Rdnr. 18.

11 *Biedenkopf/Koppensteiner* in KK § 16 Rdnr. 12; wohl auch *Geßler* in Geßler/Hefermehl/Eckardt/Kropff § 16 Rdnr. 29.

12 *Kleinmann/Bechtold*, § 23 Rdnr. 245; *Langen/Niederleithinger/Schmidt* § 23 Rdnr. 13; differenzierend auch *FK* § 23 Rdnr. 123; *H. S. Werner*, Abhängigkeitstatbestand, S. 208 ff.; abweichend *Mestmäcker* in Immenga/Mestmäcker § 23 Rdnr. 230.

Aus den Darlegungen ergibt sich bereits, daß ein anderes Ergebnis, nämlich die Bejahung eines Zusammenschlusses zwischen Treuhänder und Sicherungsgut anzunehmen ist, wenn die Bindungen im Innenverhältnis fehlen, der Treuhänder also der eigentliche Entscheidungsträger ist[13].

3. Exkurs: Der Zusammenschluß öffentlich-rechtlicher Banken

Der Bankenbereich der öffentlich-rechtlichen Kreditinstitute unterliegt ohne Einschränkungen der Fusionskontrolle[14]. Bei einer Zusammenlegung zweier oder mehrerer Institute oder der Übertragung (z. B. einer bestimmten Anzahl von Zweigstellen einer Sparkasse auf eine andere im Gefolge von Gebietsreformen) kommt als Zusammenschlußform ein „Erwerb in sonstiger Weise" iSd § 23 Abs. 2 Nr. 1 in Betracht. Derartige Zusammenschlüsse erfolgen regelmäßig in öffentlich-rechtlichen Handlungsformen. Die Kontrolle auch dieser Zusammenschlüsse durch das BKartA beschwört die Gefahr sich widersprechender hoheitlicher Maßnahmen herauf. Der Gesetzgeber hat diese Gefahr erkannt. § 24 a Abs. 1 Satz 2 Nr. 3 schreibt für Zusammenschlüsse, die nach Landesrecht durch Gesetz oder sonstigen Hoheitsakt bewirkt werden sollen, eine präventive Kontrolle, mithin also eine Anmeldung vor.

Die Grenzen dieser Präventivkontrolle sind in verschiedener Hinsicht strittig.

a) Anzeige-, Anmeldepflicht

Die h. M.[15] legt die Vorschrift in dem Sinne einengend aus, daß nur Zusammenschlüsse anmeldepflichtig sind, die — privatrechtlich gedacht — anzeigepflichtig wären. Diese Ansicht begegnet dogmatischen Bedenken. Nicht jeder Zusammenschluß iSd GWB (§ 23 Abs. 2) ist anzeigepflichtig; die materielle Fusionskontrolle nach § 24 Abs. 1 kann sich m. a. W. auch auf nicht anzeigepflichtige Konzentrationsvorgänge beziehen. Insofern kann von den Grenzen der Anzeigepflicht nicht auf die der Anmeldepflicht geschlossen werden. Hinzu kommt der unterschiedliche Zweck von Anzeige- und Anmeldepflicht (bezogen auf § 24 a Abs. 1 Satz 2 *Nr. 3*): die Anzeige dient der Vorbereitung der Fusionskontrolle, der Beobachtung der Konzentrationsentwicklung sowie der Information von Öffentlichkeit und Wettbewerbern, die Anmeldepflicht der Vermeidung sich widersprechender hoheitlicher Maßnahmen.

---

[13] Zu anderen Lösungsmöglichkeiten, insbesondere Treugeber und -händer als wirtschaftliche Einheit zu begreifen, vgl. *Böhlk*, Zusammenschlußbegriff, S. 70 f.

[14] s. o. C III.

[15] *Brinckhoff* WuW 78, 615, 616; *Langen/Niederleithinger/Schmidt*, § 24 a Rdnr. 9; *Kleinmann/Bechtold*, § 24 a Rdnr. 29.

Gleichwohl sollte das Problem nicht dramatisiert werden: Aus einem Vergleich der Größenmerkmale des § 24 Abs. 8 Satz 1, Ziffern 1 - 3 mit denen der Anzeigepflicht nach § 23 Abs. 1 wird klar, daß ein nicht anzeigepflichtiger Konzentrationsvorgang auch nicht untersagt werden kann. Insofern ist praktisch kein Fall eines nicht anzeige- aber anmeldepflichtigen Zusammenschlusses denkbar, der der Fusionskontrolle „entgehen" könnte.

b) Hoheitsakte

Werden Sparkassen oder Landesbanken *unmittelbar* durch ein Gesetz oder *unmittelbar* durch einen Hoheitsakt zusammengeschlossen, so ist dieser Vorgang anmeldepflichtig; dies ergibt sich ohne weiteres aus dem Gesetz.

Schließen die Beteiligten hingegen einen öffentlich-rechtlichen Vertrag, so ist die Anmeldepflichtigkeit umstritten.

Richtigerweise muß differenziert werden.

Handelt es sich um einen öffentlich-rechtlichen Vertrag, der einer zusätzlichen Genehmigung bedarf (z. B. eine Vereinbarung nach § 3 Abs. 1 und 2 des „Sparkassen Neugliederungsgesetzes" Nds[16] über eine Zweigstellenübertragung), so ist diese zusätzliche Genehmigung das entscheidende Wirksamkeitserfordernis. Die Genehmigung ist ein Hoheitsakt[17], so daß auch der Zusammenschluß durch Hoheitsakt bewirkt, mithin anzumelden ist[18].

Bedarf ein Zusammenschluß durch öffentlich-rechtlichen Vertrag keiner zusätzlichen Genehmigung, so gilt folgendes: die ohnehin nicht letztgültig zu beantwortende Frage, ob ein öffentlich-rechtlicher Vertrag ein Hoheitsakt ist oder nicht[19], sollte dahingestellt bleiben. Geht man davon aus, dies sei der Fall, so besteht die Pflicht zur Anmeldung. Verneint man den Charakter als Hoheitsakt, so kommt es zu einer nachträglichen Kontrolle. Einer Untersagung des Zusammenschlusses steht nichts im Wege. Anmeldpflicht und Präventivkontrolle haben nicht die Aufgabe, ein Vorrangverhältnis Bundesrecht vor Landesrecht zu begründen. Dies richtet sich ausschließlich nach grundgesetz-

[16] = Gesetz über die Auswirkungen der Verwaltungs- und Gebietsreform in Niedersachsen auf die Sparkassen v. 14. Juli 1972, Nds. Gesetz- und Verordnungsblatt, S. 389.

[17] Versuch einer Umschreibung des — dem Verwaltungsrecht unbekannten — Hoheitsaktes bei *Kleinmann/Bechtold* § 24 a Rdnr. 25.

[18] *Brinckhoff* WuW 78, 615, 618; *BKartA* TB 1973, S. 73 „Girokasse Stuttgart — Württembergische Landessparkasse"; a. A. *Kleinmann/Bechtold,* § 24 a Rdnr. 27; *Bosse* BB 80, 808, 809.

[19] Was wohl zu bejahen ist, wenn „hoheitlich" mit „öffentlich-rechtlich" gleichgesetzt wird, vgl. *Stelkens/Bonk/Leonhardt,* VwVfG, § 35 Rdnr. 59.

lichem System. Entscheidend ist hier nur, daß „hoheitliche Maßnahmen" sich nicht widersprechen. Das ist aber ausgeschlossen, weil nach dieser Denkalternative der öffentlich-rechtliche Vertrag keine hoheitliche Maßnahme ist[20].

Das Ergebnis, also die nachträgliche Prüfung eines auf einem öffentlich-rechtlichen Vertrag beruhenden Zusammenschlusses auf seine wettbewerblichen Wirkungen hin, kann auch ohne weiteres akzeptiert werden. Die Überlegung von Brinckhoff[21], die unmittelbare Erfüllung gesetzlich begründeter öffentlicher Zwecke durch Sparkassen[22] könnten eine fusionskontrollrechtliche Prüfung ausschließen, überzeugt nicht; denkbare Kollisionen zwischen Erfüllung öffentlicher Zwecke und Wettbewerb sind gerade zugunsten der Erhaltung funktionsfähigen Wettbewerbs gelöst worden.

4. Zweigstellenübertragungen

In der Bankpraxis spielen Zweigstellenübertragungen eine große Rolle; dies gilt nicht nur für den öffentlich-rechtlichen Sektor. Fraglich ist, ob die Übernahme einer Bankfiliale durch ein anderes Kreditinstitut einen Vermögenserwerb zu einem wesentlichen Teil darstellt[23]. Nach der Rechtsprechung des BGH liegt ein wesentlicher Teil zunächst dann vor, wenn er im Verhältnis zum Gesamtvermögen des Veräußerers ausreichend hoch ist[24], zum anderen dann, wenn er qualitativ eine eigene Bedeutung hat[25]. Was die „ausreichende Höhe" betrifft, so sind generelle Aussagen kaum zu treffen, die Rechtstatsachen differieren zu stark. Eine qualitativ eigene Bedeutung (z. B. betrieblich-organisatorische selbständige Teileinheit) wird man Filialen jedenfalls im Regelfall nicht zusprechen können: eine Bankfiliale ist ohne ihre Mutter — überspitzt ausgedrückt — „nichts". Das BKartA läßt im übrigen die weitaus überwiegende Zahl von Zweigstellenübertragungen bereits deshalb passieren, weil eine marktbeherrschende Stellung offensichtlich weder entsteht noch verstärkt wird[26].

---

[20] So im Ergebnis auch *Bosse*, BB 80, 808.

[21] WuW 78, 615, 620.

[22] Dazu *Stern/Nierhaus*, Rechtsfragen der Neuordnung des Sparkassenwesens, S. 18.

[23] Zur Kollision zwischen Zweigstellenübertragungen als Durchsetzung des Regionalprinzips und Fusionskontrolle instruktiv *Kirchner* BLICK DURCH DIE WIRTSCHAFT v. 24. 11. 79, S. 1 ff.; *derselbe* Die AG 1980, 129 ff.

[24] BGH WuW/E BGH 1377 „Zementmahlanlage" = BGHZ 65, 269, 272.

[25] BGH WuW/E BGH 1655 „Zementmahlanlage II".

[26] Mündliche Auskunft eines Beamten des BKartA.

II. Anteilserwerb

1. Bezugsgrößen

Anteilserwerb wird auf drei Stufen als Zusammenschluß angesehen: bei 25 %, 50 % und bei Erreichen einer Mehrheit. Dabei wird an drei unterschiedliche *Bezugsgrößen* angeknüpft: bei 25 und 50 % an das „stimmberechtigte Kapital" eines Unternehmens, beim Mehrheitserwerb (über § 16 Abs. 1 AktG) an die „Kapital"- oder „Stimmenmehrheit". Die durch Anknüpfung an den Begriff „stimmberechtigtes Kapital" entstandenen Probleme der Erfüllung *zweier* Voraussetzungen (25 % Stimmanteil und ein entsprechender Kapitalanteil)[27] sind durch die im Rahmen der vierten GWB-Novelle eingefügten Sätze 4 und 5 in § 23 Abs. 2 entschärft worden; im Mittelpunkt der Betrachtung steht in Zukunft konsequent der entscheidende Stimmrechtserwerb[28]. Der Unterschied zwischen § 23 Abs. 2 Satz 1 lit. a) und b) einerseits und lit. c) andererseits bleibt weiterhin zu beachten: für lit. c) genügt der Erwerb von Kapitalanteilen, was für lit. a) und b) jeweils nicht ausreicht.

Für den Bereich der Banken ist darauf hinzuweisen, daß bei Beteiligungen an Privatinstituten, die zu einem großen Teil Personengesellschaften sind, § 23 Abs. 2 Sätze 4 und 5 eine besondere Rolle spielen können, da hier Höhe der Kapitalbeteiligung und Stimmrechtseinfluß ohne weiteres auseinanderfallen können. Hier wird nur durch eine umfassende Einzelfallbetrachtung festgestellt werden können, ob der Erwerber eine Stellung erreicht, die der eines aktienrechtlichen Schachtelbesitzers entspricht[29].

Für den Sektor der öffentlich-rechtlichen Kreditinstitute, insbesondere der Landesbanken, ergeben sich keine besonderen Probleme: auch hier existiert ein Stammkapital, an dem Beteiligungen möglich sind. Der Beteiligungserwerb geschieht im übrigen weitgehend durch die Girozentralen und Landesbanken, da Sparkassen dieses Geschäft aus satzungsmäßigen und gesetzlichen Gründen weitgehend unmöglich ist.

2. Bedeutung

Zusammenschlüsse zwischen Banken sowie von Banken mit Nichtbanken vollziehen sich in den weitaus überwiegenden Fällen als „Anteilserwerb".

[27] Vgl. *BKartA* TB 73, S. 70 „AEG-Zanussi"; *Böhlk*, Zusammenschlußbegriff, S. 78; *MK* Hauptgutachten I 1973 - 75, Tz 880 ff.

[28] Begründung des Entwurfs der Vierten Novelle, BT-Drucksache 8/2136, S. 19 linke Spalte.

[29] *Immenga*, NJW 80, 1417, 1418.

Banken haben sich in den Jahren 1973 - 1980 insgesamt 137mal *untereinander* zusammengeschlossen (iSd GWB). Von den 84 in die Jahre 1973 - 1977 fallenden Zusammenschlüssen waren 73 (= 87 %) Anteilserwerbungen. Dabei wurde 43mal eine Minderheitsbeteiligung (25,00 - 50,00 %) erworben. In 30 Fällen wurde eine Mehrheit erreicht bzw. eine Minderheitsbeteiligung zu einer Mehrheit ausgebaut[30].

Beim Zusammenschluß mit *Nichtbankunternehmen* (zwischen 1973 und 1980 insgesamt 243 Fälle) sieht es ähnlich aus: 164 von insgesamt 185 zwischen 1973 und 1977 aufgegriffenen Konzentrationsvorgängen waren Anteilserwerbungen (= 88 %). Inländische Kreditinstitute waren 232mal auf der Erwerberseite beteiligt[31]. Im August 1975 hielten Kreditinstitute insgesamt 949 Beteiligungen von 10 % oder mehr an *Nichtbankunternehmen* unabhängig von deren Rechtsform[32]. Bereits oben[33] wurde auf die Erhebungen der Bankenstrukturkommission hingewiesen, denen zufolge Kreditinstitute Ende 1974 *an* anderen *Kreditinstituten* 402 Beteiligungen von 10 % oder mehr hielten. Unabhängig von der Beteiligungshöhe erhöht sich diese Zahl für 1975 auf 671[34]. Die Zahlen machen das enorme Ausmaß der anteilsmäßigen Verflechtung von Banken untereinander und mit Unternehmen anderer Branchen deutlich.

Die Bedeutung einer Anknüpfung an durch die Kartellbehörden aufgegriffene Konzentrationsvorgänge bedarf einer Einschränkung. Die Frage, welche Konzentrationsvorgänge von den Kartellbehörden aufgegriffen werden, richtet sich nach dem Gesetz. Es bedarf kaum einer Erwähnung, daß auch das Kartellgesetz Auslegungsmöglichkeiten eröffnet. Bereits oben ist der ausführliche Versuch einer Auslegung des Tatbestandsmerkmals „beherrschender Einfluß" im § 23 Abs. 2 Nr. 5 gemacht worden. Es ist denkbar, daß die Kartellbehörden insofern von einer Interpretation ausgehen, die Konzentrationsvorgänge, welche nach der hier vertretenen Ansicht Zusammenschlüsse iSd GWB darstellen, nicht als solche erfaßt. Dieses Problem wird im Verlauf der Arbeit geklärt werden können. Im Ergebnis ist eine Verschiebung der Statistik iS einer Verringerung der Bedeutung von Anteilserwerbungen gegenüber anderen Erwerbsvorgängen nicht ausgeschlossen.

---

30 Zahlen aus: *MK* Hauptgutachten I 1973 - 75, Tz 524 - 526; Hauptgutachten II 1976/77, Tz 560 ff.; *BKartA* TB 78, Tabelle 4, S. 118 f.; TB 79/80, Tabellen 5 a, b, S. 142 ff.

31 Zahlen aus: *MK* Hauptgutachten I 1973 - 75, Tz 531 f.; Hauptgutachten II 1976/77, Tz 563 f.; *BKartA* TB 78, 79/80 ebenda.

32 *MK* Hauptgutachten I 1973 - 75, Tabellen 42 - 44.

33 Vgl. oben B II 1.

34 *MK* Hauptgutachten I 1973 - 75, Tabelle 45.

3. Bilanzierung

Bereits im zweiten Teil der Arbeit ist klargestellt worden, daß der Begriff der „Beteiligungen" in der vorliegenden Abhandlung auch Anteilsbesitz an Nichtbankunternehmen erfaßt. So strittig die bilanzrechtlich richtige Einordnung des Beteiligungsbesitzes der Banken ist, so einig sind sich Wissenschaft, kartellbehördliche und Bankenpraxis darin, daß der Erwerb von „Wertpapieren" (in der Bankterminologie) von § 23 Abs. 2 Nr. 2 erfaßt wird.

4. Anlagekredite und Vollmachtstimmrecht im Rahmen von § 23 Abs. 2 Nr. 2

Es ist zu überlegen, ob der „Anteilsbegriff" wegen der über eine bloße Beteiligung oft hinausgehenden Beziehung einer Bank zu einem Unternehmen für Banken eine Erweiterung erfahren muß. In erster Linie ist an *langfristige Kredite* (Anlagekredite) zu denken, die zu einer intensiven Bindung einer Bank an ein Unternehmen führen können[35]. Da jedoch für einen Zusammenschluß iSd § 23 Abs. 2 Nr. 2 in jedem Falle formale gesellschaftsrechtliche Kriterien erfüllt sein müssen, scheidet eine — auch enge und mit effektivem Einfluß verbundene — Kreditbeziehung als Zusammenschlußtatbestand jedenfalls im Rahmen dieser Vorschrift aus.

Die geringe Hauptversammlungspräsenz der Aktionäre, die große Bedeutung der Bevollmächtigung von Banken und deren souveräne Art, die eigenen — häufig in Abstimmung mit der Verwaltung erarbeiteten — Stimmvorschläge durchzusetzen, wirft die Frage auf, das *Vollmachtstimmrecht* den Kreditinstituten zuzurechnen. Der denkbare Weg, dies im Rahmen des § 23 Abs. 2 Nr. 2 zu tun, liegt in einer Erfassung der Stimmen aus Fremdbesitz durch den Begriff „Stimmrechte" in § 16 Abs. 1 AktG. Gravierende dogmatische Einwände lassen diesen Gedankengang im Ergebnis jedoch scheitern. Zunächst liegt es nahe, die Verweisung in § 23 Abs. 2 Nr. 2 lit. c) auf § 16 Abs. 1 AktG auch auf die aktienrechtliche Differenzierung zwischen „Stimmrechten aus eigenen Anteilen" und „Stimmrechten auf Grund Bevollmächtigung" (§ 135 AktG) zu erstrecken. Hinzu kommt, daß § 16 Abs. 3 AktG als Berechnungsgröße die Zahl der Stimmrechte eines Unternehmens, die es aus ihm gehörenden Anteilen ausüben kann, postuliert. Zwar ist dies nach h. L. nicht so zu verstehen, daß einem Stimmenbetrag stets ein gleicher Kapitalanteil zu entsprechen hätte[36], doch muß die Verbindung der

---

[35] *Kalveram/Günther*, Bankbetriebslehre, S. 48; *Rauschenbach* BB 78, 1425, 1428.

[36] *Geßler* in Geßler/Hefermehl/Eckardt/Kropff, § 16 Rdnr. 11.

Stimmrechte zu Kapitalanteilen gegeben sein. Beim Vollmachtstimmrecht fehlt eine derartige Verbindung aber gerade. Geßler[37] ist deshalb zuzustimmen, wenn er unter Stimmrecht iSd § 16 AktG die Stimmen versteht, „die die Gesellschafter oder Mitglieder des Unternehmens (...) haben". Allenfalls könnte an eine Parallele zum treuhänderischen Erwerb gedacht werden[38]. Der Grund, die Erfassung treuhänderischen Erwerbs als Zusammenschluß zu erwägen, liegt darin, daß der Erwerb für einen Dritten, den Treugeber, häufig wirtschaftlich diesem zugerechnet werden kann, obgleich Vollrechtsinhaber der Treuhänder ist. Eine Parallele zum Vollmachtstimmrecht herstellen zu wollen, würde bedeuten, den Aktienerwerb des Kleinaktionärs dem Bankinstitut als „Treugeber", der es häufig erst noch werden muß, zuzurechnen — eine lebensfremde Konstruktion, ganz abgesehen davon, daß der „Anteilserwerb" nicht durch den Wertpapierkauf des Kleinaktionärs (= „Treuhänder") erfolgt, sondern sich erst aus der Kumulierung einer Vielzahl von Bevollmächtigungen für ein gleiches Papier ergibt.

Auf die Einbußen an Operabilität, die § 23 Abs. 2 Nr. 2 gerade auszeichnet, soll nur ergänzend hingewiesen werden.

5. Die Verbundklausel

Durch die Verweisungen von § 23 Abs. 2 Nr. 2 Satz 2 auf § 23 Abs. 1 Satz 2 (Verbundklausel) und damit weiter auf § 17 AktG stellt sich auch hier die Frage einer sachgerechten Interpretation des terminus „beherrschender Einfluß"; diesen muß das erwerbende Unternehmen auf ein drittes Unternehmen haben, damit dessen Anteile an dem zu erwerbenden Unternehmen dem Erwerber zugerechnet werden können. Es fragt sich, welche Anforderungen insoweit an den beherrschenden Einfluß zu stellen sind. Unter dem Gesichtspunkt einer einheitlichen Interpretation des Beherrschungstatbestandes liegt eine Auslegung nahe, die der bei § 23 Abs. 2 Nr. 5 gefundenen entspricht. Dies würde Einzelfalluntersuchungen der Frage, ob eine Verbindung besteht, die es erlaubt, Marktverhaltensentscheidungen eines Unternehmens zu beeinflussen oder Ressourcen zu koordinieren, bedeuten; sämtliche Gesichtspunkte wären dabei jeweils zu berücksichtigen.

Das Gesetz spricht allerdings von abhängigen oder herrschenden Unternehmen *iSd Aktiengesetzes.* Dies kann als Anweisung zum Rückgriff auf eine dem Wettbewerbsrecht durch das Recht der verbundenen Unternehmen vorgegebenen Wertung einer Zurechnung verstanden werden. Der Formalismus dieses Einwandes liegt auf der

[37] In Geßler/Hefermehl/Eckardt/Kropff, § 16 Rdnr. 15.

[38] *Böhlk,* Zusammenschlußbegriff, S. 80.

Hand. Im Ergebnis scheint dabei auch nicht viel gewonnen zu sein. Es läßt sich nämlich der Hinweis entgegenhalten, das Konzernrecht kenne selbst keinen einheitlichen Beherrschungsbegriff[39]. Die Meinungen differieren durchaus und von Teilen der Wissenschaft wird sogar eine funktional-differenzierende Auslegung verlangt[40]; ein derart funktional-differenzierender Ansatz würde allerdings für die Beantwortung der vorliegenden Frage noch keine spezifisch wettbewerbsrechtliche Interpretation erzwingen.

Ein Blick auf die Folgen liefert die schließlich entscheidenden Argumente. Ein speziell wettbewerbsrechtlicher Ansatz bei der Auslegung des Beherrschungstatbestandes in § 23 Abs. 2 Nr. 2 Satz 2 iVm § 23 Abs. 1 Satz 2 iVm § 17 AktG führt zu nicht haltbaren Konsequenzen. Gehen wir von dem im letzten Kapitel[41] für § 23 Abs. 2 Nr. 5 gewonnenen Ergebnis aus, der Beherrschungstatbestand könne eine besondere wettbewerbsrechtliche Ausprägung erfahren, so ist es ohne weiteres denkbar, daß eine Unternehmensbeziehung, die im *konzernrechtlichen* Sinne bisher nicht als Abhängigkeits-Herrschaftsbeziehung galt, *wettbewerbsrechtlich* als solche angesehen werden muß. Um es an einem Beispiel zu illustrieren: Die Bank A erwirbt 15 % der Anteile am Nichtbankunternehmen B. A steht mit C, das seinerseits 15 % der Anteile von B hält, in einer Verbindung, die es A ermöglicht, grundlegende Marktverhaltensentscheidungen von C zu beeinflussen, ohne daß von einer Abhängigkeit C von A im konzernrechtlichen Sinne gesprochen werden könnte. Der Anteilserwerb A an B ist nur dann als Zusammenschluß iSd GWB zu werten, wenn die Anteile, die C an B hält, A zugerechnet werden können (§ 23 Abs. 2 Nr. 2 Satz 2). Dies wiederum ist nur möglich, wenn A und C verbundene Unternehmen iSd § 23 Abs. 1 Satz 2 GWB iVm § 17 AktG sind. Da § 23 Abs. 1 Satz 2 aber auf § 17 AktG abstellt (Beherrschung „im Sinne des § 17 AktG"), würde die Feststellung einer „wettbewerbsrechtlichen Abhängigkeit" zugleich — zwingend — die Feststellung einer Beherrschung iSd Konzernrechtes umfassen. Der zwingende Verweis auf § 17 AktG stellt den entscheidenden Unterschied zu § 23 Abs. 2 Nr. 5 dar. Dort wird nur der terminus beherrschender Einfluß verwendet, der in einer speziell fusionskontrollrechtlichen Weise ausgelegt werden kann, ohne konzernrechtliche Folgen auszulösen. Die Rechtsfolgen des konzernrechtlichen Abhängigkeitstatbestandes sind — für den hier interessierenden faktischen Konzern — die Ausgleichspflicht nach § 311 AktG und die Pflicht zur Erstellung eines Abhängigkeitsberichtes nach § 312 AktG. Diese Rechtspflichten aber in dem Augenblick zur Entstehung gelangen

[39] Vgl. oben D II.

[40] *Biedenkopf/Koppensteiner* in KK, § 17 Rdnr. 9 ff.

[41] Vgl. oben D III 2.

zu lassen, in dem das „herrschende Unternehmen" (im Beispiel A) mit einem dritten (!) Unternehmen, das von der in Frage stehenden Abhängigkeitsbeziehung gar nicht involviert ist (im Beispiel B) in fusionskontrollrechtlich u. U. relevanter Weise in Beziehung tritt, kann kaum richtig sein. Die aufgezeigten Rechtspflichten entstehen in dem Moment, in dem die Möglichkeit der Durchsetzung nachteiliger Maßnahmen gegeben ist.

Schließlich sollte auch hier der Gesichtspunkt der Operabilität der Norm nicht außer acht gelassen werden: Es wurde bereits oben[42] darauf verwiesen, daß bei § 23 Abs. 2 Nrn. 1 - 4 wesentlich auch die klare Erfaßbarkeit eines Konzentrationsvorganges als Zusammenschlußtatbestand im Vordergrund steht. Im Kontext mit dem hier zu behandelnden Problem heißt dies, daß bei der Frage, ob Anteilsbesitz eines anderen Unternehmens dem Erwerber zugerechnet werden kann, auf konzernrechtlich vorgegebene Strukturen zurückgegriffen werden können muß.

Auch die „Vermittlung" des Einflusses, um die es lediglich geht, muß berücksichtigt werden. Zweck der Aufnahme der Verbundklausel in § 23 Abs. 1 Satz 2 war die Behandlung von „Unternehmensgruppen, die wegen gegenseitiger Verflechtungen in der Regel eine wettbewerbliche Einheit bilden"[43], als Einheit. Bei der Zurechnung von Anteilen, die ein von dem Erwerber abhängiges Unternehmen an dem anderen Unternehmen hält, geht es um den Einfluß auf das andere Unternehmen, der durch die Kumulation mit Anteilen des abhängigen Unternehmens dem Beherrscher vermittelt wird. Dieser mittelbare Einfluß existiert nicht bei einem wettbewerblichen beherrschenden Einfluß, der lediglich die Koordination des Marktverhaltens ermöglicht.

Als Ergebnis bleibt festzuhalten, daß es nicht angezeigt ist, bei der Frage der Zurechnung von Anteilen verbundener Unternehmen im Rahmen von § 23 Abs. 2 Nr. 2 Satz 2 wettbewerbliche Maßstäbe anzulegen.

III. Herbeiführung von Personengleichheit

Die Herbeiführung einer mindestens hälftigen Personengleichheit in Geschäftsführungs- oder Kontrollgremien mehrerer Unternehmen (§ 23 Abs. 2 Nr. 4) spielt als Zusammenschlußart eine untergeordnete Rolle. Von den zwischen 1973 und 1978 insgesamt angezeigten 2338 Unternehmenszusammenschlüssen sind nur vier auf Grund Personengleichheit herbeigeführt worden[44]. Regelmäßig dürfte einer personellen Ver-

---

[42] Vgl. oben D III 2 d) aa).

[43] Begründung zur zweiten GWB-Novelle, BT-Drucksache VI/2520, S. 26.

[44] *BKartA* TB 1978, Tabelle 13, S. 128.

flechtung bereits eine anteilsmäßige Verquickung vorausgegangen sein[45]. Die geringe Bedeutung des Tatbestandes gilt insbesondere auch für Konzentrationsvorgänge, an denen Banken beteiligt sind. So stellt die Monopolkommission in ihrem zweiten Hauptgutachten fest, daß in keinem Fall Vertreter einer Bank mehr als zwei Mandate im Aufsichtsrat eines Unternehmens innehatten[46]. Berücksichtigt man, daß 1979 von den 100 größten Industrieunternehmen[47] 80 dem Mitbestimmungsgesetz von 1976[48] bzw. dem Montanmitbestimmungsgesetz[49] von 1951 unterlagen[50], die beide eine Aufsichtsratsmitgliederzahl von 11 (§ 4 Abs. 1 MontanmitbestG) bzw. mindestens 12 (§ 7 MitbestG 1976) vorschreiben, so wird besonders deutlich, daß Zusammenschlüsse mit Banken durch hälftige Identität der Leitungs- bzw. Aufsichtsgremien keine Rolle spielen (können). Zwar sind die personellen Verflechtungen zwischen Banken und insbesondere mit Nichtbankenunternehmen erheblich[51], jedoch ist die Schwelle der Erfassung solcher Verflechtungen als Zusammenschluß sehr hoch. Eine Rechtfertigung für die Höhe dieser Barriere liegt in der schematischen Einordnung[52] personeller Verbindungen als Zusammenschlußtatbestände: erfaßt werden Konzentrationsvorgänge, bei denen eine Beeinträchtigung des Wettbewerbs und seiner Strukturen sehr wahrscheinlich ist.

Damit ist noch nicht die Frage beantwortet, wieweit eine personelle Vertretung in einem Unternehmen, die nicht die Hälfte der Mitglieder eines Gremiums erreicht, nicht doch zu einem entscheidenden Einfluß werden kann, wenn weitere Einflußfaktoren hinzukommen. Stichworte sind insoweit das Vollmachtstimmrecht und Kreditbeziehungen. Ob insoweit besondere Einflußmöglichkeiten bestehen und wie diese fusionskontrollrechtlich zu behandeln sind, wird im folgenden Kapitel zu prüfen sein.

---

45 Übereinstimmend *Rittner*, Wirtschaftsrecht, S. 452; *Emmerich*, Kartellrecht, S. 241.

46 *MK* Hauptgutachten II 1976/77, Tz 535.

47 Ohne Handel und Banken.

48 Gesetz über die Mitbestimmung der Arbeitnehmer vom 4. Mai 1976 (BGBl I S. 1153).

49 Gesetz über die Mitbestimmung der Arbeitnehmer in den Aufsichtsräten und Vorständen der Unternehmen des Bergbaus und der Eisen und Stahl erzeugenden Industrie v. 21. Mai 1951 (BGBl I S. 347), zuletzt geändert durch das Einführungsgesetz zum AktG v. 6. 9. 65 (BGBl I S. 1185).

50 Eigene Berechnungen; Basis „Die 100 größten Industrie-Unternehmen in der Bundesrepublik", DIE ZEIT Nr. 36 v. 29. 8. 80, S. 20.

51 Vgl. z. B. *MK* Hauptgutachten II 1976/77, Tabelle IV. 1, S. 560.

52 *Kleinmann/Bechtold* § 23 Rdnr. 115.

IV. Die Generalklausel § 23 Abs. 2 Nr. 5

1. Einführung

Es hat sich herausgestellt, daß die speziell Banken vorbehaltenen Mittel, in anderen Unternehmen zu wirken, über die bisher angewandten Aufgreifkriterien nur zum Teil erfaßt werden können. Dies gilt für den Anteilsbesitz, der bei Erreichen der in § 23 Abs. 2 Nr. 2 postulierten Stufen zu einem Zusammenschluß iSd GWB wird sowie hinsichtlich der Mitgliedschaft in Kontroll- oder Geschäftsführungsgremien, die bei hälftiger Identität zu einem Zusammenschluß gem. § 23 Abs. 2 Nr. 4 führen. Es wird nun zu untersuchen sein, ob der Einsatz anderer, Banken zur Verfügung stehender Instrumente einen Zusammenschluß begründen kann. Konkret geht es insoweit um Vollmachtstimmrechte und Kreditbeziehungen. Eine Betrachtung dieser Möglichkeiten allein würde jedoch der wirtschaftlichen Realität nicht gerecht werden; diese zeichnet sich gerade durch eine — in unterschiedlichem Maße anzutreffende — Kumulation verschiedener und weiterer Mittel aus. Die Kombinationen sind geläufig: ein Kreditinstitut hält Anteilsbesitz und vertritt in den Hauptversammlungen des gleichen Unternehmens Vollmachtstimmen; u. U. wirkt es darüber hinaus in größerem Umfang als Gläubigerin des Unternehmens. Denkbar ist auch die Vertretung im Aufsichtsrat als weiteres Bindeglied zwischen Bank und Unternehmen (oder Bank). Diese verschiedenen Kumulationsmöglichkeiten sind jeweils im Wege einer Gesamtschau auf ihren Charakter als „beherrschender Einfluß" hin zu untersuchen. Dabei wäre es wenig sinnvoll, schematisch alle denkbaren Fallgruppen abzuhandeln. Signifikante Häufigkeit und ein damit korrespondierendes Bestreben, lediglich denkbare, praktisch aber nicht vorkommende oder wenigstens rechtstatsächlich seltene Mittelkumulationen außer Betracht zu lassen, begründen die Beschränkung auf eine Auswahl.

Deshalb sollen zunächst *Vollmachtstimmrecht* und *Kreditbeziehungen* jeweils gesondert auf ihren Charakter als beherrschender Einfluß hin untersucht werden. In diesem Zusammenhang wird die Frage, welche Qualität sog. *Hausbankverbindungen* zukommt, angesprochen werden. Als erste Kumulationsmöglichkeit soll das Zusammentreffen von *Eigenbesitz mit Vollmachtstimmen* untersucht werden. Schließlich soll in einer Erweiterung geprüft werden, wie eine Konstellation zu beurteilen ist, bei der *Eigenbesitz, Vollmachtstimmrechte, Vertretung im Aufsichtsrat* und eine *Kredit-(Hausbankfunktion)* zusammenfallen.

Aus dieser Übersicht wird bereits deutlich, daß die Arbeit selbst ein „Kumulationsproblem" enthält. Anteilsbesitz wird fusionskontrollrechtlich an sich über die spezielle Norm des § 23 Abs. 2 Nr. 2 aufgegriffen. Es fragt sich deshalb, ob Eigenbesitz ein weiteres Mal im Rahmen der Nr. 5 berücksichtigt werden darf. Soweit ersichtlich, besteht zu Recht Einigkeit darüber, daß dies möglich ist, wenn die Anteilsstufen der Nr. 2 lit. a) - c) nicht erreicht werden, aber zusammen mit weiteren Faktoren ein beherrschender Einfluß begründet wird[53]. Schon ein Umgehungsverbot macht dies erforderlich[54].

Schließlich sei noch folgender Hinweis gestattet. Die in diesem Kapitel zu behandelnden Probleme sind partiell schon an anderer Stelle untersucht worden. Hinzuweisen ist vor allem auf das Gutachten der Bankenstrukturkommission von 1979. Die vorliegende Untersuchung unterscheidet sich von Erörterungen des Themas an anderer Stelle durch eine deutlich zugespitzte Fragestellung. Dies gilt auch wieder vor allem gegenüber dem Bericht der Strukturkommission. Die Probleme werden dort unter die Leitbegriffe „Machtanhäufungen und Machtmißbrauch in der Kreditwirtschaft“[55] rubriziert. Gerade die Mißbrauchsfragestellung interessiert für eine fusionskontrollrechtliche Arbeit nicht, was sich unmittelbar aus dem dogmatischen Gefüge des GWB ergibt. Ähnlich verhält es sich mit bankaufsichtsrechtlichen Aspekten, unter denen sich Anteilsbesitz problematisieren läßt[56]. Auch ihnen kommt in der vorliegenden Arbeit keine ins Gewicht fallende Rolle zu.

2. Vollmachtstimmrecht

a) Gesetzliche Ausgestaltung

Die Möglichkeit der Bevollmächtigung eines Kreditinstitutes zur Abgabe des aktienrechtlichen Stimmrechts ist die dem Aktiengesetzgeber von 1965[57] adäquat erscheinende Antwort[58] auf die Interesselosigkeit[59], die fehlende Sachkompetenz[60] und die Unmöglichkeit der per-

[53] *Kleinmann/Bechtold,* § 23 Rdnr. 129; *Langen/Niederleithinger/Schmidt* § 23 Rdnr. 24; *Müller/Giessler,* § 23 Rdnr. 30; *Westrick/Loewenheim,* § 23 Tz 74.

[54] Vgl. insoweit *BKartA* TB 73, 70 „AEG-Zanussi“, *FK* § 23 Rdnr. 73 sowie *MK* Hauptgutachten I 1973 - 75, Tz 880 ff., die allerdings von einem abweichenden Beherrschungsbegriff aus hier unnötig Schwierigkeiten sehen.

[55] *Bankenstrukturkommission* S. 74 ff.

[56] *Bankenstrukturkommission* Rdnr. 1233 ff.

[57] Zur Geschichte des Vollmachtstimmrechts vgl. *Püttner,* Depotstimmrecht S. 15 ff.; *Eckardt* in Geßler/Hefermehl/Eckardt/Kropff, § 135 Rdnrn. 5 bis 14.

[58] Zu Alternativen beispielhaft *Dirk Schmidt,* ZfgK 1970, 177 ff.; *Wiethölter,* Interessen und Organisation der Aktiengesellschaft, S. 334 ff.

[59] Was zunächst nur als Befund gemeint ist; vgl. aber auch *Frizen* DB 81, 277, 279.

[60] Vgl. nur *Immenga,* Aktiengesellschaft, Aktionärsinteressen und institutionelle Anleger, S. 8 f.

sönlichen Stimmabgabe[61] durch (alle) Kleinaktionäre einer Publikumsaktiengesellschaft. Der Aktionär kann ein Kreditinstitut[62] für längstens 15 Monate — bei Möglichkeit jederzeitigen Widerrufes — bevollmächtigen, sein Stimmrecht in den Hauptversammlungen der in Frage kommenden Aktiengesellschaften auszuüben. Eine Pflicht des Instituts zur Stimmausübung korrespondiert mit der Bevollmächtigung nur unter den Voraussetzungen des § 135 Abs. 10 AktG (Aktienverwahrung und Anerbietung der Stimmrechtsausübung). Will das Institut tätig werden, so hat es dem Aktionär Tagesordnung, Anträge und Wahlvorschläge von Aktionären, die es selbst von der Unternehmensverwaltung erhalten bzw. angefordert hat, zuzusenden (§§ 128 Abs. 1, 125 Abs. 1 AktG). Gleichzeitig muß es Abstimmungsvorschläge machen, an die es grundsätzlich in der Hauptversammlung gebunden ist, es sei denn, der Aktionär erteilt eine Weisung, abweichend abzustimmen oder es entwickelt sich in der Hauptversammlung eine neue Lage, die auch den Aktionär selbst anders hätte abstimmen lassen.

Hinzuweisen ist auf die abweichenden Vorschriften über die Stimmvertretung in der eigenen Hauptversammlung des Kreditinstituts. Die Bevollmächtigung des Instituts reicht hier nicht aus. Ausdrückliche Weisungen zu den einzelnen Gegenständen der Tagesordnung müssen von seiten des Aktionärs hinzukommen (§ 135 Abs. 1 Satz 2 AktG).

Die Kumulierung von Vollmachtstimmen bei Kreditinstituten ist eine wesentliche Ursache ihrer Problematik. Ihre Bedeutung wird daher vorweg zu skizzieren sein. Die Problemstellung des Kapitels führt anschließend zu der Frage, ob Vollmachtstimmen einem Kreditinstitut zu einem beherrschenden Einfluß im Sinne des § 23 Abs. 2 Nr. 5 verhelfen können.

b) Bedeutung

Die Bedeutung des Vollmachtstimmrechtes wird deutlich, wenn es in zwei Richtungen ausgelotet wird. Zum einen ist die Verteilung der Depotposten und der in ihnen enthaltenen Nominalwerte auf die verschiedenen Banken bzw. Bankengruppen aufschlußreich. Von besonderem Interesse ist daneben das Verhältnis von Vollmachtstimmen zu Nominal- bzw. vertretenem Grundkapital.

Werfen wir zunächst einen Blick auf die Wertpapierkundendepots und deren Umfang. Die Deutsche Bundesbank hat — im Auftrag der Bankenstrukturkommission — ermittelt, daß Ende 1977 in der Bundesrepublik 6,35 Mio. Wertpapierkundendepots[63] bestanden[64]. Diese Zahl

[61] Vgl. nur *Püttner*, Depotstimmrecht, S. 84.

[62] Oder eine Aktionärsvereinigung etc., vgl. § 135 Abs. 9 Satz 1.

dürfte sich inzwischen weiter vergrößert haben. Von 3,98 Mio. Depots Ende 1967 stieg die Gesamtzahl über 5,80 Mio. Ende 1975[65] auf die eben angegebenen 6,35 Mio. Ende 1977. Beschränkt man die Betrachtung auf die 5,88 Mio. Kundendepots, die bei Geschäftsbanken liegen, so verteilen sich diese auf die einzelnen Bankengruppen wie folgt[66]:

— Sparkassen und Girozentralen	2,11 Mio. Depots oder	35,8 %
— Großbanken	1,85 Mio. Depots oder	31,4 %
— Regional- und sonstige Kreditbanken	0,85 Mio. Depots oder	14,5 %
— Genossenschaftsbanken	0,96 Mio. Depots oder	16,2 %
— Privatbankiers	0,10 Mio. Depots oder	1,6 %
	5,87 Mio. Depots	99,5 %

Diese quantitative Verteilung der Wertpapierkundendepots korreliert nicht mit dem „qualitativen Gewicht“. Betrachtet man die Institutsgruppen danach, wieviel *Aktiennominalwerte inländischer Emittenten* in den Kundendepots insgesamt liegen, so ergibt sich folgendes Bild[67]:

In den Wertpapierkundendepots der	liegen Aktien inländischer Emittenten im Nominalwert von:		in % der Bankengruppen
Großbanken	17,93 Mrd. DM	=	48,6 %
Regional- und sonstigen Kreditbanken	8,12 Mrd. DM	=	22,2 %
Sparkassen und Girozentralen	7,01 Mrd. DM	=	19,0 %
Privatbankiers	2,70 Mrd. DM	=	7,2 %
Genossenschaftsbanken	1,19 Mrd. DM	=	3,0 %
	36,9 Mrd. DM		100,0 %

[63] Alle Bankengruppen zusammengenommen, also Groß-, Regional- und sonstige Kreditbanken, Zweigstellen ausländischer Banken, Privatbankiers, Girozentralen und Sparkassen, Genossenschaftliche Zentralbanken und Kreditgenossenschaften, ferner bei Realkreditinstituten, Teilzahlungskreditinstituten, Kreditinstituten mit Sonderaufgaben, Postscheck- und Postsparkassenämtern sowie bei Kapitalanlagegesellschaften.

[64] *Bankenstrukturkommission*, Tabelle 9, S. 434/435.

[65] *Peters*, Wertpapierfreies Effektensystem, Tabelle 11, S. 57.

[66] Eigene Berechnungen nach: Bankenstrukturkommission, Tabelle 9, S. 434/435 (Ungenauigkeiten durch Runden der Zahlen).

[67] *Bankenstrukturkommission*, Tabelle 9, S. 434/435 (Ungenauigkeiten durch Runden der Zahlen).

Das Gewicht der Großbanken sticht hervor. In den knapp 2 Mio. Wertpapierkundendepots dieser drei Institute liegen knapp die Hälfte der Aktienwerte, die überhaupt in Wertpapierdepots liegen. Der Befund wird nicht dadurch geschmälert, daß diese Aktienwerte insgesamt (36,9 Mrd. DM) nur ca. 61 % des 60,804 Mrd. DM umfassenden Grundkapitals aller in Deutschland existierenden Aktiengesellschaften darstellen. Es ist zu berücksichtigen, daß ein Großteil von Unternehmen 100 %ige Tochtergesellschaften sind. Deren Grundkapital befindet sich vollständig in der Hand der Mütter. Wenigstens der institutionelle Großanleger wird seinen Paketbesitz auch selbst verwalten, so daß dieser Teil der Stimmrechte bei einer Betrachtung der Vollmachtstimmrechte außer acht gelassen werden kann, ohne das Ergebnis zu verfälschen. Etwas anderes gilt etwa dann, wenn eine Wichtung aller Stimmrechte erforderlich ist.

Für die hier zu behandelnde Fragestellung wichtiger ist die Betrachtung der Anteile an Vollmachtstimmen, die von den Banken in Hauptversammlungen vertreten werden. Monopolkommission und Bankenstrukturkommission stellen insoweit aufschlußreiches Zahlenmaterial zur Verfügung.

Die Strukturkommission hat in ihrer Untersuchung der „Stimmrechtsvertretung durch Kreditinstitute 1974" ermittelt, daß die *Großbanken* in insgesamt *57 Fällen* Vollmachtstimmen von *25 % oder mehr*[68] verwalten, in 120 Fällen 10 % oder mehr[69]. Die *48* einbezogenen *Regionalbanken* verwalten hingegen lediglich *32* Mal Kundenbesitz von *> 25 %*, wobei allein 15 Fälle auf die Bank für Gemeinwirtschaft, die Bayrische Vereinsbank und die Bayrische Hypotheken- und Wechselbank entfallen. Bei den *44* untersuchten *Privatbankiers* waren es *17* Fälle, bei den *57* berichtenden *Sparkassen und Girozentralen* 7 Fälle. Das oben gezeigte erhebliche Gewicht der Großbankkundendepots findet seine Entsprechung in einer starken Vertretung von Vollmachtstimmen auf der einzelnen Hauptversammlung.

Die Bedeutung der Großbanken schält sich weiter heraus bei einer Betrachtung der Stimmrechtsvertretungen bei *Großunternehmen* in der Rechtsform der Aktiengesellschaft. Die Bankenstrukturkommission hat insoweit *74 Großunternehmen* (davon 66 Nichtbanken) mit einem Nominalkapital von mindestens 50 Mio. DM herangezogen. Die Eingrenzung des Untersuchungsgegenstandes ist gerechtfertigt, wenn man berücksichtigt, daß die 74 Großunternehmen unter Einbeziehung

---

[68] Die Kommission legt die Bezugsgröße nicht eindeutig dar; offenbar handelt es sich um das auf der Hauptversammlung vertretene Grundkapital.

[69] *Bankenstrukturkommission*, Tabelle 2.2.1., S. 561; diese Zahlen dürften nach unten zu korrigieren sein, da die Kommission 6 berichtende Institute, offenbar also die drei Großbanken und ihre Berliner Töchter, anführt.

der von ihnen abhängigen Tochtergesellschaften rd. 84 % des an deutschen Börsen notierten Grundkapitals auf sich vereinigen[70].

Nach Erhebungen der Bankenstrukturkommission[71] ermöglichten *Vollmachtstimmen allein* in insgesamt *42 Fällen* eine Hauptversammlungspräsenz von über 10 % durch die drei Großbanken. In *8 Fällen* verfügte eine der Großbanken sogar über eine Präsenz von *über 25 % allein auf Grund von Vollmachtstimmen.* Addiert man die Vollmachtstimmanteile der drei Institute auf den einzelnen Hauptversammlungen, so ergeben sich 21 Fälle, in denen die drei Banken mittels Kundenbesitzes über mehr als 25 % des bei der Hauptversammlung vertretenen Grundkapitals verfügten. Bei diesem letzten Wert sollte allerdings der Vorbehalt angemeldet werden, daß nicht ohne weiteres von einem „Abstimmblock" der Großbanken ausgegangen werden kann; nur dies könnte eine Addition rechtfertigen. — Die Zahlen für sämtliche anderen Bankengruppen liegen deutlich darunter[72].

Die Monopolkommission hat in ihrer Untersuchung „Banken und Konzentration"[73] den Vollmachtstimmanteil der drei Großbanken auf den Hauptversammlungen der 100 größten deutschen Aktiengesellschaften ermittelt. Diese Zahlen geben weitere Hinweise auf die Bedeutung des Vollmachtstimmrechts bei den Großbanken. Erklärt man sich mit einer weiteren Restriktion auf die 51 Aktiengesellschaften (der 100 größten), bei denen eine Kombination von Stimmrechtsausübung und Wahrnehmung von Aufsichtsratsmandaten vorlag, einverstanden, so sind folgende Zahlen erwähnenswert[74]. Die *Deutsche Bank* vertrat im Schnitt *11,34 %* des anwesenden Kapitals als Bevollmächtigte, die *Dresdner Bank 5,82 %* und die *Commerzbank 3,56 %*[75]. Dabei dürften diese Zahlen eher nach oben zu korrigieren sein, da auch bei den Banktöchtern, die 100 %ig zum Einflußbereich der Großbanken gehören, Kundendepots liegen, aus denen Vollmachtstimmrechte resultieren. Eine weitere Korrektur nach oben muß bei Berücksichtigung der Stimmen geschehen, die bei Investmentfonds liegen. Wenigstens die bedeutenderen Banken verfügen über Fonds, die ihrem Einflußbereich zuzurechnen sind. Zu beachten bleibt insoweit allerdings § 8 Abs. 4 KAGG, der den Erwerb von Wertpapieren desselben Aus-

---

70 *Bankenstrukturkommission*, S. 167, Fn. 1.

71 Vgl. Tabelle 10, Seite 436.

72 *Bankenstrukturkommission*, ebenda.

73 *MK* Hauptgutachten II 1976/77, Tz 8 ff., 101 ff., 495 ff.; vgl. bereits Hauptgutachten I 1973 - 75, Tz 7, 64 ff., 351 ff.

74 *MK* Hauptgutachten II 1976/77, Tabelle IV. 7, S. 574 ff.

75 Hieraus wird deutlich, welch geringe Aussagekraft die von *Dirk Schmidt*, BB 67, 818, 822 vorgetragene Zahl hat, die Mehrzahl der Kreditinstitute verfüge im Durchschnitt über nicht mehr als 50 eine Gesellschaft betreffende Depotposten.

stellers auf 5 % des Nennwertes des Ausstellers beschränkt, und § 10 Abs. 1 KAGG, der eine Pflicht zur Wahrung der Interessen der Anteilinhaber begründet. Die Großbanken insgesamt hielten pro Gesellschaft im Schnitt 20,42 % des anwesenden Kapitals als Vollmachtstimmen. Interessant ist schließlich eine Betrachtung nach Größenklassen. Lenkt man zunächst den Blick auf die Stimmanteile von $\geqq$ 10 %, so ergibt sich, daß die *Deutsche Bank* in *19 Fällen* Vollmachtstimmbesitz in dieser Größenordnung vertreten hat; die *Dresdner Bank* konnte in den Hauptversammlungen von *13* Unternehmen auf einen Vollmachtstimmbesitz in dieser Größenklasse zurückgreifen und die *Commerzbank* in *2* Fällen. *Über 25 %* Vollmachtstimmen vertrat eine der Großbanken lediglich in *6* Hauptversammlungen (5 × die Deutsche Bank, 1 × die Commerzbank).

Hieraus wird hinreichend deutlich, daß in einer Vielzahl von Hauptversammlungen bedeutender Unternehmen „Stimmrechtspakete" über eine Bevollmächtigung der Großbanken entstehen. Diese „Stimmrechtspakete" stellen schon deshalb einen Einflußfaktor dar, weil die Stimmausübung in mehrfacher Hinsicht homogen ist. Zum einen sind die Vorschläge der Depotbanken, die diese ihren Kunden gegenüber machen, untereinander weitgehend identisch. Diese Übereinstimmung resultiert aus einem Gleichklang der Bankenvorschläge mit den Vorstellungen der Verwaltung des Unternehmens. Darüber hinaus ist zu beachten, daß nur ca. 2 - 3 % der Depotkunden einer Bank eigene Weisungen erteilen, die von den Vorschlägen ihrer Bank abweichen[76]. Vollmachtstimmen haben also bei den Abstimmungen in der Hauptversammlung ein besonderes Gewicht.

Wem der Einsatz dieses Gewichtes zugerechnet werden kann, wird im folgenden sorgfältig zu prüfen sein. Vorher ist kurz die Instrumentalfunktion des Vollmachtstimmrechtes zu skizzieren. Dabei geht es um die Beantwortung der Frage, was mit Vollmachtstimmen in der Organisation Aktiengesellschaft „gemacht" werden kann.

c) Instrument Vollmachtstimmrecht

Vollmachtstimmen unterscheiden sich bei Beschlüssen der Hauptversammlung nicht von Stimmen, die Anteilseigner selbst abgeben. Die Einflußmöglichkeiten durch Vollmachtstimmen bzw. deren Bündelung sind also dem Katalog der Hauptversammlungs-Kompetenzen einerseits und den im Einzelfall vorgeschriebenen Quoren andererseits zu entnehmen.

Die Kompetenz der Hauptversammlung betrifft vor allem den Bereich der Entscheidungen über die Grundlagen der Gesellschaft. Hier-

---

[76] Vgl. die Übersicht bei *Roth* in Festschrift für Paulick, S. 81, 96.

hin gehören Satzungsänderungen, Maßnahmen der Kapitalbeschaffung und -herabsetzung (Finanzstärke) und die Auflösung der Gesellschaft (§ 119 Abs. 1 Nr. 5, 6, 8), ferner der Abschluß von Unternehmensverträgen, die aktienrechtliche Verschmelzung, die Vermögensübertragung sowie die Umwandlung. Weiterhin wählt die Hauptversammlung die Aktionärsvertreter für den AR (§ 119 Abs. 1 Nr. 1). Auch über deren Abberufung entscheidet sie. Die Wahl der Abschlußprüfer schließlich gehört ebenso zu ihrer Kompetenz wie die Entlastung der Vorstands- und AR-Mitglieder sowie die Entscheidung über die Verwendung des Bilanzgewinns.

Trotz der heute gegenüber dem früheren Zustand eher beschränkten Zuständigkeit der Hauptversammlung — sie kann insbesondere keine weiteren Entscheidungen an sich ziehen — wird deutlich, daß die Hauptversammlung über die gesellschaftsrechtlichen Grundlagen des Unternehmens, aber auch über die grundlegende Richtung, in der die werbende Gesellschaft tätig werden soll, entscheidet. Wer also in der Hauptversammlung das Sagen hat, kann die Gesellschaft nach seinem Willen beeinflussen: Ressourceneinsatz und grundsätzliche Marktverhaltensentscheidungen unterliegen seinem Einfluß.

Wann jemand in der Hauptversammlung maßgeblich etwas zu bestimmen hat, ist die sich anschließende Frage. Ihre Beantwortung hängt von dem für die einzelne Entscheidung vorgesehenen Quorum ab. Gem. § 133 Abs. 1 AktG bedürfen Beschlüsse der Hauptversammlung grundsätzlich der Mehrheit der abgegebenen Stimmen (einfache Stimmenmehrheit). Gesetz oder Satzung können eine größere Mehrheit vorsehen.

Bezieht man einmal in eine Betrachtung der Aktionärsrechte auch die außerhalb der Hauptversammlung gegebenen Rechte ein, so blickt man auf ein fein abgestuftes System von Prozentsätzen[77], deren stimmenmäßige Erreichung das Recht verleihen; 5 %, 10 %, über 10 %, über 25 % und 75 % sind insoweit die Schwellen. Bezugsgrößen sind entweder das Grundkapital oder das bei der Beschlußfassung vertretene Grundkapital oder die abgegebenen Stimmen. Die oben als wesentlich dargestellten Rechte der Hauptversammlung, nämlich die Abberufung von Aufsichtsrats-Mitgliedern[78], Satzungsänderungen, Kapitalerhöhungen, Kapitalherabsetzungen, das Zustimmungserfordernis zu Unternehmensverträgen, zur Eingliederung und zur Verschmelzung bedürfen für ihre Geltendmachung einer Mehrheit von 75 % des bei der Beschlußfassung vertretenen Grundkapitals. Derjenige, der über 25 %

---

[77] Vgl. die Übersicht von *Zankl*, BB 78, 1755 f.

[78] Gewählt werden die Aktionärs-Vertreter mit der einfachen Stimmenmehrheit (§ 101 Abs. 1 Satz 1 iVm § 133 Abs. 1 AktG).

(25 % + 1 Aktie) des bei der Beschlußfassung vertretenen Grundkapitals hält, kann also die wesentliche Fragen der Gesellschaft betreffenden Beschlüsse verhindern. Insbesondere ist es ihm möglich, über den Einsatz von Ressourcen mitzubestimmen. Steht die Änderung des Gegenstandes des Unternehmens oder eine Erweiterung in Frage (z. B. bei Diversifikation), so werden damit wichtige Entscheidungen über Ressourcen und deren Einsatz getroffen. Auch wenn der Sperraktionär nicht positiv entscheiden kann, in welcher Richtung ein Einsatz erfolgen soll, so kann er immerhin negativ bestimmen, wo er nicht erfolgen soll. In der unternehmerischen Wirklichkeit dürfte im übrigen ohnehin manche Entscheidungsfindung nicht in derart schroffen Gegensätzen ablaufen, als daß nicht auch mittels eines Stimmpaketes von (knapp) über 25 % wesentliche Entscheidungen gelenkt werden könnten.

Die von Peters und Werner initiierte Debatte „Herrschaft durch Negation“[79] soll an dieser Stelle nicht aufgenommen werden. Diese im Konzernrecht diskutierte brisante Frage kann nach den zur Auslegung von § 23 Abs. 2 Nr. 5 GWB gewonnenen Ergebnissen aus fusionskontrollrechtlicher Sicht wegen der Verschiedenheit der Herrschaftsobjekte als beantwortet angesehen werden[80].

Bezogen auf das Vollmachtstimmrecht und anknüpfend an die oben[81] gewonnene Feststellung, „beherrschender Einfluß“ iSd § 23 Abs. 2 Nr. 5 liege dann vor, wenn ein Unternehmen eine Stellung habe, die der eines mit über 25 % beteiligten Aktionärs entspreche, läßt sich sagen, daß derjenige[82], der über 25 % Vollmachtstimmen nach eigenen Vorstellungen einsetzen kann, fusionsrechtlich beherrschenden Einfluß ausübt. Handelt es sich bei dem die Vollmachtstimmen Ausübenden um eine Bank, so folgt daraus ein Zusammenschluß zwischen Bank und Unternehmen. Logisches Zwischenglied dieser simplen Subsumtion ist die Bedingung, die Vollmachtstimmrechte nach eigenen Vorstellungen und nicht nach dem Willen des Vollmachtgebers einsetzen zu können.

---

[79] *H. S. Werner/K. Peters* BB 76, 393 ff. mit Erwiderung von *Rasch*, BB 77, 412; *dieselben*, Die AG 78, 297 ff. mit Erwiderung von *Rasch*, Die AG 79, 49 ff.; ferner *Rauschenbach* BB 78, 1425, 1428.

[80] Interessant ist in diesem Zusammenhang der Vorschlag einer zweiten Hauptversammlung bei zu geringer Präsenz der ersten Hauptversammlung, den die Strukturkommission (Rdnr. 950) erörtert. Abgelehnt wird diese Idee mit dem Hinweis auf die Lähmung der Gesellschaft in der Zwischenzeit. Maßnahmen, die aus der Sicht der Verwaltung nötig sind und im Interesse der Gesellschaft liegen, werden bei Ausspielung der Sperrminorität — ebenfalls — nicht ergriffen. Wenn man also bereits einen Aufschub nicht akzeptieren zu können glaubt, weil die Gesellschaft handlungsunfähig wird, so erst recht nicht eine Ablehnung erforderlicher Maßnahmen.

[81] Vgl. oben D III 2 c) bb).

[82] § 23 Abs. 1 Satz 10 („Flick-Klausel“) gilt nur für die Mehrheitsbeteiligung.

Diese Bedingung zu verifizieren oder zu falsifizieren, ist Aufgabe des folgenden Kapitels. Gelangen wir zu dem Ergebnis, in den Vollmachtstimmrechten dokumentiere sich ureigener Wille der Aktionäre, der — aus welchen Gründen auch immer — zwischen ihnen identisch sei, so ist dieser Einfluß dem einzelnen Aktionär zuzurechnen. Fusionskontrollrechtlich wäre Irrelevanz zu konstatieren. Kommen wir hingegen zu dem Schluß, die realisierten Abstimmungsvorschläge der Depotbanken spiegelten die Interessen und Vorstellungen der Banken wieder, so läge es nahe, das aus Vollmachten resultierende Stimmrechtspotential den Kreditinstituten zuzurechnen.

d) Aktionärswille oder Depotbankeinfluß?

Der prima facie-Befund läßt die Banken als die eigentlichen Einflußträger des Vollmachtstimmrechtes erscheinen. Sie sind es, die die Vorschläge unterbreiten, welche im Ergebnis auch Beschluß werden. Der Aktionär — so sieht es aus — äußert lediglich formal Wünsche; sachlich handelt es sich um die Willensbildung der Bank, die der Aktionär nur „ratifiziert"[83]. Dies gilt lediglich für die 2 - 3 % der Aktionäre, die Weisungen erteilen, nicht. Sie werden stets aus der Betrachtung der Einflußmöglichkeiten durch Vollmachtstimmrechte auszusondern sein.

Dieser Befund ist allerdings erstellt ohne Berücksichtigung der Rechtsbeziehung Bank — Kunde. Unter diesem Gesichtspunkt ließe sich immerhin einwenden, die Banken würden nur als Bevollmächtigte handeln, so daß Vollmachtstimmrechtseinflüsse nur den Aktionären zugerechnet werden könnten. In der Tat hat sich Geßler[84] ausdrücklich in diesem Sinne geäußert. Wegen der Weisungsabhängigkeit der Depotbank verneint er den Charakter des Vollmachtstimmrechts als zusätzliches Beherrschungsmittel. Geßler übersieht, daß es für das Vorliegen eines beherrschenden Einflusses nur auf die tatsächlichen Beziehungen zwischen den Unternehmen ankommen kann. Wenn von der rechtlichen Ausgestaltung dieser Beziehungen abgesehen werden kann, kann folglich auch nicht die Vollmachtnatur des Stimmrechtes entscheiden[85].

Als wichtiger Maßstab des hier zu beantwortenden Zurechnungsproblems kann die Verpflichtung der Depotbanken auf das Aktionärsinteresse angesehen werden. Für die die Hauptversammlungs-Abstimmungen antizipierenden Vorschläge, die das Kreditinstitut seinen

[83] So *Wiethölter*, Interessen und Organisation der Aktiengesellschaft, S. 328, zum Regierungsentwurf eines Aktiengesetzes, BT-Drucksache IV/171.

[84] In Geßler/Hefermehl/Eckardt/Kropff, § 17 Rdnr. 49.

[85] Vgl. auch *H. S. Werner/K. Peters*, Die AG 78, 297, 303.

Depotaktionären macht, bestimmt § 128 Abs. 2 Satz 2 AktG, das Kreditinstitut habe sich „vom Interesse des Aktionärs“ leiten zu lassen. Gelänge es, das hier angesprochene „Aktionärsinteresse“ hinreichend deutlich zu beschreiben und ließe sich außerdem feststellen, daß die Banken diese Verpflichtungen auf das Aktionärsinteresse ernst nehmen, so wären es im Ergebnis die Aktionäre, die das Werkzeug Stimmrecht auch bei Beauftragung einer Bank nicht aus der Hand gäben.

aa) Das Aktionärsinteresse

Wenden wir uns zunächst dem Aktionärsinteresse zu. Zu der Frage, was das Aktionärsinteresse sei, ob es vielleicht divergierende Interessen gibt oder ob es unmöglich ist, ein derartiges Interesse zu umschreiben, gibt es eine Vielzahl zum Teil leidenschaftlicher Stellungnahmen.

Auf der einen Seite des Spektrums möglicher Antworten finden sich diejenigen, die unter Berufung auf eine diffuse Interessenidentität aller die Existenz eines (oder mehrerer verschiedener) eigenen Aktionärsinteressen leugnen. Im günstigen Falle wird eine Interessenidentität sämtlicher Aktionäre behauptet, im weniger günstigen Falle ein allgemeines Unternehmens- oder Gesellschaftsinteresse, dem alle verpflichtet seien. Dieser letzteren Ansicht ist z. B. Ponto[86], der von einer „alles in allem“ vorhandenen Identität der Interessen spricht. Für den Fall des gleichzeitigen Eigenbesitzes des Kreditinstitutes ist auch Rauschenbach[87] der Meinung, die Belange der Aktionäre würden sich mit denen des Instituts decken. Auch Christians[88] ist der Ansicht, wenigstens „in den meisten Fällen“ decke sich die Verwaltungsmeinung mit der des Aktionärs.

Die Annahme eines umfassenden Interesses, auf das alle am Unternehmen Mitwirkenden verpflichtet sind, muß größter Skepsis begegnen[89]. In einem solchen Fall ließe sich die Funktion der Aktionäre auf die von Kapitalgebern und Dividendenempfängern reduzieren. Das Stimmrecht wäre in den Händen der Verwaltung, die nach dieser Ansicht identische Interessen vertreten würde, am besten aufgehoben. Diskussionswürdig ist ein derartiges proxy-Stimmrecht allemal[90] — die Situation de lege lata läßt hingegen nur die Annahme divergierender Interessen sinnhaft erscheinen[91]. Gravierender noch erscheint die Ge-

---

[86] Bank-Betrieb 1/72, 2, 5.

[87] BB 78, 1425, 1427.

[88] In: Die Banken in der Welt von morgen, S. 83, 88.

[89] Zum *Gesellschafts*interesse als Teil des Aktionärsinteresses vgl. *Zöllner* in KK § 128 Rdnr. 15.

[90] Vgl. nur *Wiethölter*, Interessen und Organisation der Aktiengesellschaft, passim.

[91] Skeptisch auch *Immenga*, Aktiengesellschaft, Aktionärsinteressen und institutionelle Anleger, S. 14.

fahr der Beliebigkeit, zu der ein entsprechender Grad von Abstraktheit jede „Interessenidentitätsformel“ gerinnen läßt. Die Formulierung der Bankenstrukturkommission mag insoweit als Beispiel dienen. Nach Ansicht der Kommission „stimmt das Interesse der Unternehmensverwaltung, der Kreditinstitute und der Mehrzahl der Kleinaktionäre auf lange Sicht grundsätzlich überein, weil alle ein gesundes, zukunftsträchtiges Unternehmen wünschen“[92]. Mit den gleichen Worten („gesund“ und „zukunftsträchtig“) ließen sich auch die Interessengegensätze zwischen anderen Gruppen (z. B. Arbeitgeber und Gewerkschaft) harmonisieren. Es würde hier wie dort übersehen werden, daß gerade die Vorstellungen sowohl über den Weg, ein bestimmtes Ziel zu erreichen, wie auch über die Ziele im einzelnen, stark divergieren können[93]. So sind Meinungsverschiedenheiten über die Frage denkbar, ob eine Autarkie des Unternehmens der Einbringung in einen Konzern vorzuziehen sei, ebenso über die Frage, ob eine Attraktivitätsverbesserung der Aktie durch Thesaurierung oder höhere Ausschüttung zu erreichen sei. Die Aufzählung ließe sich beliebig fortsetzen[94]. Büschgen schreibt deshalb zu Recht[95]: „Zur Frage, was das Interesse des Aktionärs sei, gibt es keine Antwort in dem Sinne, daß die Zielsetzung aller am Unternehmen Beteiligten gleich wäre oder daß die Erwartungen in die Eigenschaften des Anlageobjektes Aktie gleich sind. Selbst wenn die Zielsetzungen gleichlautend artikuliert werden, bleibt das Entscheidungsproblem, das aus mangelnder Prognosefähigkeit der Wirkungen einer getroffenen Entscheidung resultiert, über die gestritten werden kann.“

Hinzu kommt das Interesse der Unternehmensverwaltung an der Maximierung des eigenen Nutzens, das von dem Interesse der Anteilseigner an der Maximierung des Gewinns pro Anteil durchaus abweichen kann.

Mit der Behauptung einer Interessenidentität aller am Unternehmen Beteiligten ist also bei unserer Suche nach dem Aktionärsinteresse nicht weiterzukommen.

Schreiten wir in die entgegengesetzte Richtung. Das bedeutet, den Versuch zu machen, eine Definition „des“ Aktionärsinteresses zu finden. Bereits nach einer kurzen Wegstrecke beginnen jedoch die Schwierigkeiten. Von den denkbaren Interessenunterschieden zwischen Stamm- und Vorzugsaktionär soll hier einmal abgesehen werden. Auch der

[92] *Bankenstrukturkommission* Rdnr. 366.

[93] Vorsichtig eigene Bedenken äußernd: *Bankenstrukturkommission* Rdnr. 367.

[94] Zu divergierenden Anteilseignerinteressen ausführlich *Raisch* in FS für Hefermehl, S. 347, 348 ff.

[95] Universalbanken, Bd. II, S. 701.

Großaktionär kann aus unserer Betrachtung ausgeschieden werden, da er üblicherweise seinen Aktienbesitz auf Hauptversammlungen selbst vertritt. Des weiteren sind jedoch bedeutende Interessenkonflikte denkbar zwischen dem Anlage- und dem Spekulationsaktionär. Letzterer hat ein primäres Interesse an hohen und schnellen Kurssteigerungen, um das Papier alsbald und mit Gewinn verkaufen zu können. Zu denken ist ferner an Konstellationen, in denen der Aktionär dem Unternehmen in weiteren Funktionen gegenübersteht[96]. Hier treten durchaus Sonderinteressen zutage. Auch der traditionelle Vorwurf, das Interesse vieler Kleinaktionäre gehe auf eine kurzfristige Dividendenmaximierung zu Lasten langfristiger Investitionsinteressen impliziert den Hinweis auf einen Interessenunterschied. Der Typ des so skizzierten Kleinaktionärs wird dem des unternehmerisch denkenden gegenübergestellt[97]. Mögliche Interessenunterschiede werden darüber hinaus deutlich, wenn man einmal gedanklich die Aktionärsrechte aufspaltet. Schüller[98] hat jüngst in einem bemerkenswerten Aufsatz aus der Sicht der Property-Rights-Theorie versucht, Kontroll- und damit Allokationsvorteile nachzuweisen, die bei einer separaten Stimmrechtsnutzung zu erwarten seien[99]. Was hier interessiert, ist der Hinweis auf sich hinter dem — nach geltendem Recht untrennbaren einheitlichen — Aktionärsrecht verbergende sehr unterschiedliche Interessen. Damit ist zur Genüge deutlich geworden, daß auch auf diesem Wege nicht weiterzukommen ist[100]. Die Beschwörung des „vernünftigen, wirtschaftlich und gesellschaftsgerecht denkenden Aktionärs"[101] gleicht der Orientierung an einem nicht existenten homunculus.

bb) Widerspruch und Abwanderung

Bevor wir den Versuch ganz aufgeben, sollte noch in einer dritten Richtung geforscht werden. Bei aller Unmöglichkeit der exakten Umschreibung *des* Aktionärsinteresses erscheint es immerhin denkbar, daß

---

[96] Vgl. dazu Lenel, Ursachen der Konzentration, S. 376.

[97] Hinter „langfristigen Investitionsinteressen" können sich im übrigen Fehlleitungen des Kapitals durch immobile Unternehmensleiter verbergen, vgl. *Schüller*, Ordo Bd. 30, 325, 332; der eine entsprechende Entscheidung per Vollmachtstimmen unterstützende Bankier kann damit eine Kapitalfehlleitung größten Ausmaßes unterstützen; vgl. bereits *Linhardt*, Die AG 58, 169, 171.

[98] A. a. O.

[99] A. a. O., S. 334 f. Die Idee ist übrigens nicht neu; *Püttner*, Depotstimmrecht, S. 82, weist darauf hin, daß bis 1884 die Vermietung von Stimmen erlaubt war, was bei Kleinaktionären wegen der günstigen Nebeneinnahmen beliebt war.

[100] Wie hier bereits *Mestmäcker*, Verwaltung, Konzerngewalt und Rechte der Aktionäre, S. 243.

[101] *Johansson* BB 67, 1315, 1318.

es den Kreditinstituten auf Grund ihres täglichen Kontaktes mit tausenden von Kunden und Aktionären gelingt, die Wünsche und Vorstellungen dieser Personen zu ermitteln und mit einem hohen Näherungswert in den konkreten Abstimmungsvorschlägen zu berücksichtigen. Diese Überlegung kann verifiziert bzw. falsifiziert werden, wenn die Situation des Nichtgelingens einer solchen hohen Annäherung untersucht wird. Wenn es insoweit Mittel geben sollte, eine Unzufriedenheit kundzutun und diese Mittel auch genützt würden, ließe sich ermitteln, in welchen Situationen das Interesse der Aktionäre getroffen, in welchen es verfehlt wurde. Allein die Existenz solcher Mittel würde die strikte Berücksichtigung der Aktionärsinteressen gewährleisten.

Eine Unzufriedenheit kann grundsätzlich auf zweierlei Wegen kundgetan werden: durch *Widerspruch* oder *Abwanderung*[102].

aaa) Widerspruch

Wenden wir uns zunächst der Frage zu, ob es Möglichkeiten des *Widerspruchs* gibt. Dabei wird immer der Aspekt zu berücksichtigen sein, ob die eventuell existierenden Widerspruchsmöglichkeiten auch realistisch wirksam eingesetzt werden können.

§ 135 Abs. 5 AktG schreibt den Depotinstituten vor, in der Hauptversammlung im Sinne der den Aktionären gemachten Vorschläge abzustimmen. Nur wenn anzunehmen ist, die Aktionäre würden eine abweichende Stimmrechtsausübung billigen, darf das Institut geänderten Verhältnissen Rechnung tragen. Hieraus wird deutlich, daß sich das Kreditinstitut im Abweichungsfalle ebenso von den Interessen des Aktionärs zu leiten lassen hat, wie dies § 128 Abs. 2 Satz 2 für die Abstimmungsvorschläge ausdrücklich vorschreibt. Hält sich das Kreditinstitut hieran nicht, trägt es also dem mutmaßlichen Interesse des Aktionärs nicht Rechnung, ist die Stimmabgabe gleichwohl wirksam, § 135 Abs. 6 AktG. Entsteht einem Aktionär durch Mißachtung von § 135 Abs. 5 AktG, also z. B. durch Mißachtung des mutmaßlichen Aktionärswillens, ein Schaden, so kann er diesen gem. § 135 Abs. 11 AktG ersetzt verlangen. Die Schwierigkeiten eines Schadensnachweises und des Nachweises der Kausalität zwischen Interessenverletzung und Schaden sind derart groß, daß der Anspruch aus § 135 Abs. 11 AktG nicht als realistische Widerspruchsmöglichkeit angesehen werden kann. Rechtsprechung zu diesem Anspruch ist deshalb bisher auch unbekannt. Eckardt[103] ist darin zuzustimmen, diesen Umstand nicht als Beweis da-

---

[102] Vgl. zur Diktion im folgenden die sehr lesenswerte Studie von *Albert O. Hirschman,* Abwanderung und Widerspruch-Reaktionen auf Leistungsabfall bei Unternehmungen, Organisationen und Staaten.

[103] In Geßler/Hefermehl/Eckardt/Kropff § 135 Rdnr. 131 f.

für anzusehen, daß die Vorschriften über das Bankenstimmrecht stets befolgt würden, sondern eher für die Wirkungslosigkeit der Sanktion Schadensersatzanspruch.

Die gleichen Erwägungen gelten für einen theoretisch denkbaren Schadensersatzanspruch aus einer pVV des Depotvertrages wegen Verletzung der Pflicht auf Interessenwahrung nach § 128 Abs. 2 Satz 2 AktG bzw. aus § 823 Abs. 2 BGB iVm § 128 Abs. 2 Satz 2 AktG (als Schutzgesetz). Auch hier haben die Schwierigkeiten eine geradezu prohibitive Wirkung.

Was die Möglichkeit der Anfechtung eines Hauptversammlungsbeschlusses angeht, so bestimmt § 243 Abs. 3 AktG ausdrücklich, daß ein solches Rechtsmittel nicht auf die Verletzung des § 128 AktG gestützt werden kann. Die Nichterzwingbarkeit der Erfüllung der aus § 128 AktG resultierenden Pflichten durch die Gesellschaft ist der Grund für die Aufnahme dieser Vorschrift in das AktG 1965[104].

Im Zusammenhang mit der Sanktion Anfechtung ist zu überlegen, ob die Möglichkeit besteht, die Wahl von Bankenvertretern, die regelmäßig unter „zu Hilfenahme" der Vollmachtstimmen erfolgt, gem. § 251 AktG anzufechten. Materiellrechtlich erscheint dies nur dann denkbar, wenn erhebliche Zweifel an der Fähigkeit bzw. Bereitschaft des Gewählten, die Interessen der Aktionäre wahrzunehmen[105], bestehen. Auch dieses Schwert dürfte im Ergebnis also stumpf sein.

Eine weitere Möglichkeit der Kontrolle, die wenigstens mittelbar auch als Widerspruch eingestuft werden kann, könnte in der Depotprüfung gesehen werden. § 30 KWG bestimmt, daß das Effekten- und Depotgeschäft der Kreditinstitute i. d. R. einmal jährlich zu prüfen ist. Dabei hat sich die Prüfung, wie es in § 30 Abs. 1 Satz 2 ausdrücklich heißt, „auch auf die Einhaltung des § 128 AktG über die Mitteilungen durch Kreditinstitute und des § 135 AktG über die Ausübung des Stimmrechts durch Kreditinstitute zu erstrecken". Diese Depotprüfung bedingt wegen der Menge der zu prüfenden Vorgänge[106] ein formalisiertes Verfahren. Die Prüfer (Wirtschaftsprüfer, Wirtschaftsprüfungsgesellschaften sowie die Prüfungsstellen der Verbände[107] beschränken sich ebenfalls — auch und gerade was die §§ 128 und 135 AktG angeht — auf die Kontrolle der Einhaltung von Form und Verfahren. Dies wird insbesondere auch bei einem Blick in die detaillierten

---

[104] Vgl. *Kropff*, Aktiengesetz 1965 mit Materialien, S. 330.

[105] Hierzu *Rasch* NJW 76, 501 ff.

[106] Wobei allerdings i. d. R. Stichproben genügen, vgl. Nr. 8 der Richtlinien für die Depotprüfung, abgedruckt bei *Reischauer/Kleinhans*, KWG Bd. II Nr. 490.

[107] Vgl. Nr. 4 der Richtlinien für die Depotprüfung, ebenda.

„Richtlinien für die Depotprüfung"[108], die das BAKred auf Grund von § 30 Abs. 2 Satz 1 erlassen hat, deutlich. Ein Depotinstitut ist der hier interessierenden Verpflichtung aus § 128 Abs. 2 Satz 2, sich von den Interessen der Aktionäre leiten zu lassen, im Sinne der Depotprüfung dann nachgekommen, wenn es „alle für eine sachgerechte Beurteilung und Meinungsbildung erforderlichen Unterlagen, insbesondere den Geschäftsbericht (herangezogen) und die Erwägungen, die zu den den Aktionären unterbreiteten Vorschlägen geführt haben, aktenkundig (gemacht hat)". Das Mandat der Depotprüfer festzustellen, „ob die zum Schutz der Kunden getroffenen gesetzlichen Vorschriften eingehalten werden"[109], würde eine Prüfung der materiellen Frage, was denn nun eigentlich dem Interesse des Aktionärs entspricht, nicht mehr decken. Auch die Depotprüfung stellt also keine für die Lösung unseres Problems ernsthaft in Betracht zu ziehende Widerspruchsmöglichkeit dar.

Aus der Facette der denkbaren Widerspruchsmöglichkeiten bleibt zum Schluß noch die rein tatsächliche Kritik der Aktionäre, die diese ihrem jeweiligen Depotinstitut gegenüber äußern können. Sicher geschieht dies auch bisweilen. Allerdings dürften gerade diese sich kritisch äußernden Aktionäre ihre Vorstellungen in Form von vorherigen Weisungen einbringen. Diese Weisungen sollten übrigens in gewissem Umfang als Anhaltspunkte für die Depotinstitute angesehen werden, das Interesse der Aktionäre richtig einzuschätzen. Trotzdem bleibt festzuhalten, daß die denkbare Kritik der Aktionäre — vorgebracht im täglichen Kontakt mit der Bank — keine irgendwie ins Gewicht fallende Widerspruchsmöglichkeit darstellt.

bbb) Abwanderung

Alternativ oder kumulativ zu den Widerspruchsmöglichkeiten existiert als Hebel, die Beachtung des Aktionärsinteresses zu erzwingen, die Möglichkeit der Abwanderung. Eine Organisation, eine Institution oder ein Marktteilnehmer, dem die Mitglieder oder Kunden davonlaufen, wird versuchen, die Ursachen der Abwanderung zu erforschen und sein Verhalten zu korrigieren. Jeder Wechsel von einem Produkt zu einem anderen wegen Preiserhöhung oder Qualitätsverschlechterung stellt eine Abwanderung dar. Voraussetzung für die Wirksamkeit dieses Mechanismus ist allerdings, daß nicht die Zahl der Abwandernden durch eine entsprechende Zahl Zuwandernder, die mit einem anderen Produkt oder einer Dienstleistung unzufrieden sind, kompensiert wird. Allein die Warnfunktion der Abwanderung setzt einen Verlust per

---

108 Abgedruckt bei *Reischauer/Kleinhans*, KWG Bd. II Nr. 490.

109 So treffend *Szagunn/Neumann/Wohlschieß*, § 30 KWG Anm. 2.

saldo voraus[110]. Die Abwanderung setzt vor allem aber einen sachverständigen, den Markt aktiv beobachtenden und entsprechend reagierenden Aktionär voraus. Und hier schließt sich der Kreis: Der Sinn der Einrichtung Vollmachtstimmrecht liegt ja gerade in der Erkenntnis der Nichtexistenz dieses Typs von Aktionär[111]. Folglich kann auch der Mechanismus Abwanderung in dem hier zu untersuchenden Bereich seine sonst so segensreiche Wirkung nicht entfalten.

Das Resultat unserer Suche ist eindeutig: es sind weder Widerspruchs- noch Abwanderungsmöglichkeiten erkennbar, die in den Händen der Kleinaktionäre ein wirksames Mittel verkörpern würden, die strikte Orientierung der Depotinstitute am Interesse der Aktionäre zu gewährleisten.

e) Ergebnis

Der prima facie-Befund, die Depotbanken als die eigentlichen Träger des Einflußmittels Vollmachtstimmrecht anzusehen, ist bestätigt worden. Die Gründe liegen zum einen in den — an Unmöglichkeit grenzenden — Schwierigkeiten, ein „Aktionärsinteresse" (§ 128 Abs. 2 Satz 2 AktG) zu beschreiben. Eine Maxime, deren Sinn nicht deutlich gemacht werden kann, verliert ihren Charakter als Richtlinie. Zum anderen besitzen Kleinaktionäre keine ernsthaft in Betracht zu ziehenden Möglichkeiten, eventuell vorhandene Vorstellungen (Interessen) durchzusetzen oder deren Nichtberücksichtigung durch das jeweilige Depotinstitut zu sanktionieren. Die Banken-Zuordnung des aus Vollmachtstimmen resultierenden Einflusses erfährt eine Ausnahme nur hinsichtlich des Anteils an Weisungen. Hier liegt die Willensbildung eindeutig bei dem die Weisung erteilenden Aktionär. Diese 2 - 3 % der Fälle sind also stets von der Gesamtzahl der einer Bank zur Verfügung stehenden Vollmachtstimmen abzusetzen.

Darüber hinaus ist zu überlegen, ob nicht aus weiteren Gründen Abschläge erforderlich sind. Die Anzahl der einem Institut zur Verfügung stehenden Vollmachtstimmen kann insbesondere aus zwei Gründen Schwankungen unterliegen: zum einen ist zu beachten, daß Depotbesitz einer gewissen natürlichen Fluktuation unterliegt. Auflösung oder Umschichtung von Depots, Tod von Kunden oder Kapitalveränderungen der Gesellschaften erzeugen diese Bewegung. Es ist wahrscheinlich, daß sich Zugang und Abgang bei der einzelnen Bank ausgleichen. Gleichwohl ist nicht auszuschließen, daß es — wenigstens zeitweise — per Saldo zu einem „Verlust" an Vollmachtstimmen kommt. Zum anderen ist Bezugsgröße für Anteilsberechnungen in den über-

---

[110] *Hirschman*, Abwanderung und Widerspruch, S. 21.

[111] Abweichend *Immenga*, Aktiengesellschaft, Aktionärsinteressen und institutionelle Anleger, S. 23.

wiegenden Fällen das bei der Beschlußfassung vertretene Grundkapital. Den Schwankungen dieser Größe entspricht eine relative Veränderung der „Anteilswerte“ eines Stimmenpaketes. Diese Schwankungen sollten allerdings nicht dramatisiert werden: die Präsenz auf den Hauptversammlungen deutscher Publikumsaktiengesellschaften ist auch über Jahre hinweg auffallend stabil. Trotzdem erfordert bereits das Gebot der Rechtssicherheit, Vorkehrungen dagegen zu treffen, daß eine zufällige Konstellation einen Zusammenschluß begründet. Deshalb ist zu verlangen, daß ein Kreditinstitut in mindestens zwei aufeinander folgenden Hauptversammlungen über Vollmachtstimmanteile von über 25 % verfügt. Dem Erfordernis der Stetigkeit wäre auf diese Weise Rechnung getragen. Die Gefahr einer Umgehung durch Stimmenverlagerung auf jeder zweiten Hauptversammlung droht nicht: § 135 Abs. 3 AktG verbietet grundsätzlich eine Unterbevollmächtigung. Der weiteren Gefahr einer nur partiellen Vertretung von Stimmrechten ist durch den Kontrahierungszwang des § 135 Abs. 10 AktG vorgebeugt[112]. Der Nachteil der hier vorgeschlagenen Lösung liegt darin, daß der beherrschende Einfluß über einen längeren Zeitraum hinweg gegeben sein muß, die Kartellbehörden also erst mit einer zeitlichen Verzögerung handeln können. Dieser Nachteil wiegt jedoch leicht gegenüber der so erreichten Erhöhung der Rechtssicherheit. Auch hinsichtlich des Tatbestandsmerkmals „Verbindung“ in § 23 Abs. 2 Nr. 5 GWB ergeben sich keine Subsumtionsprobleme. Definiert man das Merkmal „Verbindung“ als Herbeiführung oder Veränderung einer Unternehmensbeziehung[113], so vollendet sich diese Herbeiführung an sich in dem Augenblick, in dem eine Bank abzüglich des Weisungsanteils mehr als 25 % Vollmachtstimmen innehat, und nicht erst im Zeitpunkt der zweiten Hauptversammlung. Indes ist dem GWB eine Aufspaltung in Herbeiführung der Unternehmensbeziehung einerseits und Relevanz iSd Fusionskontrolle andererseits nicht fremd: die Bankenklausel (§ 23 Abs. 3 Satz 2) mit ihren „aufschiebenden Bedingungen“ ist hierfür ebenso ein Beispiel wie die Möglichkeit eines zeitlichen Auseinanderfallens der Entstehung der *vertikalen* Beziehung und der *horizontalen* Koordinierung[114] in § 23 Abs. 2 Nr. 5 selbst bei Beherrschung durch mehrere Unternehmen.

Die oben aufgeworfene Frage, ob nicht den Banken weitere Abschläge zugute kommen sollen, ist also zu verneinen. Die Bedingung einer *zweimaligen* Erreichung der Stimmrechtsschwelle „mehr als 25 %“ fängt die geäußerten Bedenken auf.

---

[112] Vgl. ausführlich *Zöllner* in KK zum AktG, § 135 Rdnr. 94 ff.; *Dirk Schmidt* BB 67, 818, 821 f.; abweichend *Johansson* BB 67, 1315, 1317.

[113] Z. B. *Kleinmann/Bechtold* § 23 Rdnr. 132.

[114] *Kleinmann/Bechtold* § 23 Rdnr. 152.

Das gewonnene Ergebnis läßt sich zu folgender Feststellung zuspitzen: Ein Kreditinstitut, das auf zwei Hauptversammlungen einer Aktiengesellschaft nacheinander nach Abzug des Weisungsanteils Vollmachtstimmen in einer Größenordnung von über 25 % des präsenten Kapitals vertritt, ist in der Lage, einen beherrschenden Einfluß iSv § 23 Abs. 2 Nr. 5 GWB auf die Gesellschaft auszuüben; damit liegt ein Zusammenschluß zwischen dem Kreditinstitut und der Gesellschaft iSd GWB vor.

Wenden wir dieses Ergebnis auf die oben dargelegten Zahlen[115] über die Bedeutung der Vollmachtstimmenvertretung durch die verschiedenen Großbanken an. Die *Großbanken* waren 1974 in ca. *23 Fällen*[116] auf Grund einer Einzelvertretung von über 25 % Vollmachtstimmen mit anderen Unternehmen zusammengeschlossen[117], *Regional- und sonstige Kreditbanken 32mal,* wobei die Bank für Gemeinwirtschaft, die Bayerische Vereinsbank sowie die Bayrische Hypotheken- und Wechselbank insgesamt 15mal involviert waren. Zusammenschlüsse zwischen *Privatbanken* und anderen Unternehmen lagen in *17 Fällen* vor, bei Sparkassen bzw. *Girozentralen* in *7 Fällen.*

Betrachtet man — wie es auch oben geschehen ist — mit der Bankenstrukturkommission nur die 74 größten Aktiengesellschaften[118], so ergaben sich *8* Zusammenschlüsse zwischen Unternehmen aus diesem Kreis und einer Großbank.

Noch anschaulicher werden die Konsequenzen der hier entwickelten Ansicht, wenn — mit der Monopolkommission — die 51 der 100 größten Aktiengesellschaften ausgewählt werden, bei denen eine Kombination von Stimmrechten und Aufsichtsratsmandaten vorlag. Es ergibt sich, daß Großbanken mit 6 Unternehmen dieser Gruppe auf Grund entsprechender Vollmachtstimmrechtspakete zusammengeschlossen waren, wobei unterstellt wird, daß die oben formulierte Bedingung des zweimaligen Überwindens der „über 25 %-Schwelle“ erfüllt wurde. Dabei handelt es sich um folgende Zusammenschlüsse (in Klammern die Vollmachtstimmenwerte auf der jeweiligen Hauptversammlung 1975)[119]:

[115] Vgl. oben E IV 2 b).

[116] Die von der Strukturkommission (Tabelle 2.1.1., S. 561) an sich ausgeworfene Zahl von 57 Fällen bezieht sich auf 6 Institute dieser Gruppe; da jede der Großbanken über ein Berliner Tochterinstitut verfügt, erscheint eine ungefähre Halbierung der Zahl gerechtfertigt.

[117] Aus dem zur Verfügung stehenden Zahlenmaterial ist nicht ersichtlich, ob sich auf diesem Wege auch Zusammenschlüsse zwischen Banken, u. U. sogar zwischen Großbanken, ergeben. Im übrigen ist hier noch einmal darauf hinzuweisen, daß die Quote an Weisungsstimmen (2 - 3 %) stets abzuziehen ist; eine Verringerung der Bedeutung des hier skizzierten Zusammenschlußbereiches ist daher nicht ausgeschlossen.

[118] Davon 66 Nichtbanken.

[119] Vgl. *MK* Hauptgutachten II 1976/77, Tabelle IV. 7, S. 574 ff.

Deutsche Bank AG mit
BASF AG (26,68 %)[120]
Mannesmann AG (26,65 %)[120]
Klöckner-Humboldt-Deutz AG (39,66 %)
Rütgerswerke AG (38,40 %)
Kali-Chemie AG (76,73 %),
Commerzbank AG mit
Beton- und Monierbau AG[121] (37,39 %).

Über die „bekannten" Zusammenschlüsse zwischen Banken und anderen Unternehmen hinaus sind also allein durch die Vertretung von Vollmachtstimmen eine nicht unerhebliche Zahl weiterer Unternehmensverbindungen als Zusammenschlüsse iSv § 23 Abs. 2 Nr. 5 GWB anzusehen.

3. Aufsichtsratsmandate

Die Spezialnorm der Ziffer 4 in § 23 Abs. 2 verbietet es, personelle Verflechtungen durch Mitgliedschaft von Bankvorständen in Aufsichtsratsgremien anderer Unternehmen oder umgekehrt daraufhin zu untersuchen, ob diese Verbindungen für sich genommen beherrschenden Einfluß begründen und dadurch zu einem Zusammenschluß iSv Ziffer 5 führen.

4. Kreditbeziehungen

a) Vorbemerkung

Die Problematisierung von Kreditbeziehungen als Einflußgrundlage wird durchaus kontrovers beurteilt. Das Spektrum reicht von der Einordnung aller Arten von Kreditsicherheiten in den unproblematischen Kreis banktypischer Sorgfalt, aus der keinerlei Einfluß resultiert, bis zu dem Vorhalt, Banken würden maßgeblich Einfluß auf Investitionsentscheidungen dadurch nehmen, daß sie über Art, Umfang und Konditionen von Krediten entschieden[122]. Hieraus dürfte der richtige Hinweis auf das Fehlen empirischer Untersuchungen zur Frage der Wirkungen der Kreditvergabe auf die Geschäftspolitik der Kreditnehmer zu entnehmen sein[123]. Dieses Manko kann hier nicht ausgeglichen werden. Gleichwohl ist über Zusammenhänge zwischen Kreditvergabe, Sicher-

---

[120] Der Anteil von — erfahrungsgemäß — 2 - 3 % Weisungsstimmen läßt diese Fälle allerdings unter die Schwelle von „über 25 %" sinken.

[121] Dieser Zusammenschluß hat sich inzwischen durch Konkurs von BuM erledigt.

[122] Vgl. Kritik und Gegenkritik, *Bankenstrukturkommission* Rdnr. 503 ff.

[123] Vgl. auch *Rauschenbach* BB 78, 1425, 1428; ähnlich *Hein/Flöter*, WSI-Mitteilungen 1975, S. 342, 350.

heitensystem und Geschäftspolitik des Kreditnehmers soviel — auch aus Bankermunde — bekannt, daß eine realitätsgerechte Problematisierung möglich erscheint. Sie soll in dreifacher Hinsicht erfolgen: erstens gilt es zu untersuchen, ob eine Kreditbeziehung an sich zu einer Abhängigkeit führen kann oder ob dies — zweitens — durch Kreditsicherheiten (Begleitabreden) möglich ist. Drittens wird die Frage nach einer Abhängigkeit durch die Möglichkeit der Kreditkündigung zu beantworten sein.

Bei diesen Überlegungen werden die oben zu der grundsätzlich behandelten Frage, ob Austauschbeziehungen beherrschenden Einfluß iSv Ziffer 5 begründen können, gewonnenen Erkenntnisse wichtige Hilfen sein.

Der Begriff des Kredits wird bankaufsichtsrechtlich weit gefaßt: § 19 Abs. 1 Ziffer 6 KWG erfaßt als Kredite im Sinne der §§ 13 - 18 KWG auch „Beteiligungen eines Kreditinstituts an dem Unternehmen eines Kreditnehmers", wobei die Beteiligung 25 % des Kapitals des Kreditnehmers erreichen muß. Die ratio dieser Gleichstellung liegt in dem gegenüber einem Kredit nicht geringeren Risiko einer Beteiligung[124] und der Verhinderung, Kreditgewährungen durch förmlichen Beteiligungsbesitz zu verschleiern[125]. Die Zwecke einer kartellrechtlichen Untersuchung machen eine Abweichung von dieser weiten Definition in Form einer Ausklammerung von Beteiligungen aus dem Kreditbegriff erforderlich.

b) Abhängigkeit durch eine Kreditbeziehung an sich?

aa) Gewöhnliche Kreditverträge

Der Darlehnsvertrag ist ein Leistungsaustauschvertrag. Im Gegenseitigkeitsverhältnis stehen als Pflicht des Gläubigers die Verschaffung und Belassung des Kapitals und als Pflicht des Schuldners die Zinszahlung. Leistungsaustauschverträge — so hatten wir oben festgestellt — können prinzipiell die Grundlage für einen beherrschenden Einfluß iSv § 23 Abs. 2 Nr. 5 abgeben. Allerdings muß die Beziehung sich derart verdichtet haben, daß eine Lösung der Verbindung für einen der Partner Insolvenzgefahr bedeutet.

Lassen wir bei unserer Untersuchung des Kreditvertrages zunächst außer Betracht, daß der Schuldner neben der Zinsverpflichtung regelmäßig auch verpflichtet ist, Sicherheiten zu stellen, und gehen wir von

---

[124] Das Risiko dürfte wegen des Totalausfalls der Eigentümerrechte im Konkurs sogar höher als das des auf eine Konkursquote rechnen könnenden Forderungsgläubigers sein.

[125] *Szagunn/Neumann/Wohlschieß* § 19 KWG, Tz 24; *Reischauer/Kleinhans* § 19 KWG, Tz 16.

einer guten bis durchschnittlichen Bonität des Schuldners aus, so werden besondere Einflußmöglichkeiten nicht festgestellt werden können. Mit jeder Kreditvergabe, insbesondere bei Investitionskrediten, ist eine Entscheidung über Ressourcen verbunden[126]. Das Gleiche gilt für die Verweigerung eines Kredites. Es leuchtet unmittelbar ein, daß einmal der Umfang der dem Kreditnehmer zur Verfügung stehenden Ressourcen betroffen ist, darüber hinaus aber auch seine eigenen, bereits zur Verfügung stehenden Ressourcen, die von einer Investitionsentscheidung involviert sind (z. B. Eigenmittel; planerische Mittel, Absatzmittel). Auch die Ressourcen der Bank, nämlich ihre Finanzmittel, sind betroffen. Eine Einflußannahme kommt jedoch aus mehreren Gründen nicht in Betracht. In einer funktionierenden Marktwirtschaft kann eine Bank einen Kredit nicht unter der Zielsetzung der Einflußnahme vergeben. Der Markt gibt die Entscheidungen (weitgehend) vor: eine Investition und damit ein Investitionskredit wird dort getätigt, wo er am rentabelsten ist[127]. Potentieller Kreditgeber ist also jede Bank. Die Situation des Kreditnehmers ist ausgezeichnet: er kann das Entscheidungskriterium „Erhalt der Unabhängigkeit“ voll durchsetzen, d. h. er braucht nur solche Schwierigkeiten zu akzeptieren, die seine Unabhängigkeit nicht tangieren.

Von der Anzahl der Bankverbindungen hängt die Lage des Kreditnehmers — ceteris paribus — nicht ab. Die Anzahl der Verbindungen steigt mit der Unternehmensgröße. Straub[128] hat Anfang der 70er Jahre durch eine Umfrage bei 58 Aktiengesellschaften 2 bis über 50 Bankverbindungen ermittelt. Eine andere häufig zitierte Zahl aus dem Jahre 1975 besagt, daß das Kreditvolumen der 30 größten Kreditnehmer der Bundesrepublik im Einzelfall auf bis zu 132 Institute verteilt war[129]. Der Schnitt lag bei 13,4 Bankverbindungen pro Aktiengesellschaft[130]. Bei diesen Unternehmen leuchtet unmittelbar ein, eine der mehreren bestehenden Bankverbindungen für eine „bedingungsfreie“ Kredithingabe zu finden[131], zumal in der Regel das Kreditvolumen ohnehin verteilt werden wird[132]. Aber auch bei Konzentration auf eine Bank sind — ceteris paribus — keine für unseren Zweck ernsthaft in Betracht zu ziehenden Einflußmöglichkeiten des Instituts zu erkennen.

---

[126] Vgl. nur *Moesch/Simmert*, Banken, S. 68.

[127] Darüber hinaus sind die rentablen Investitionen die volkswirtschaftlich erwünschten; so richtig *Bankenstrukturkommission* Rdnr. 509.

[128] Optimale Finanzdisposition, S. 66.

[129] O. V. Mit Bundesbank-Zahlen verteidigt Bonn die Großkredit-Begrenzung, HB Nr. 92 v. 15. 5. 1975, S. 23.

[130] Zur Wandlung des Kreditmarktes vom Verkäufer- zum Käufermarkt vgl. *Richter*, Vergabemodalitäten langfristiger Kredite, S. 50 f.

[131] *Kittel*, Finanzstrategie der Unternehmung, S. 26.

[132] „Prinzip der Streuung“, *Kittel*, ebenda.

bb) Hausbankbeziehungen

Zu überlegen ist, ob dies auch dann gilt, wenn eine sog. „Hausbankbeziehung" besteht. Unter Hausbanken versteht man einmal Großunternehmen oder Konzernen angegliederte Institute[133], die der Abwicklung wesentlicher Teile des Bankgeschäfts und dem Zahlungsausgleich zwischen den Konzernbetrieben dienen[134]. Diese befinden sich durchweg ausschließlich im Einflußbereich des Konzerns. Sie können aus der Betrachtung ausgeschieden werden. Das Gleiche soll für die (insbesondere in den Nachkriegsjahren so genannten) „Hausbanken" gelten, die für die Durchleitung und Verwaltung des einem Unternehmen oder einer Privatperson gewährten Kredits im Rahmen einer Kreditaktion der öffentlichen Hand (Lastenausgleich!) zuständig sind[135]. Darüber hinaus versteht man unter einer Hausbank das Institut, über das ein Unternehmen seine Bankgeschäfte abzuwickeln pflegt[136]. Die Hausbank wird im wörtlichen Sinne für das Nichtbankunternehmen als „Universalbank" tätig. Es leuchtet unmittelbar ein, daß eine derartige Beziehung der Bank eine Höchstzahl von Informationen vermittelt, die in ihrer Gesamtheit jedenfalls einen totalen Einblick in das Unternehmen ermöglichen. Soweit solche Hausbankverbindungen noch bestehen[137], was — wie angedeutet — bei kleineren Unternehmen tendenziell eher der Fall sein wird, besteht (immer unter der Voraussetzung guter Bonität) für die Nichtbank grundsätzlich und stets die Möglichkeit der Überprüfung der Konditionen. Das Gleiche gilt für einen sukzessiven Wechsel bzw. den Ausbau der Anzahl der Bankverbindungen[138]. Auch derart intensive Geschäftsbeziehungen ermöglichen deshalb keinen iSd Fusionskontrolle irgendwie relevanten Einfluß.

Mit dem Sachverhalt Hausbankbeziehung wird im übrigen auch das Verhältnis der Länder zu „ihren" Landesbanken beschrieben. Über sie wird der ganz überwiegende Teil der Bankgeschäfte eines Landes ab-

---

[133] Z. B. die „Grundig Bank GmbH" oder das „Bankhaus Hermann Lampe, Bielefeld" und die „Bank für Brau-Industrie Ffm", die beide zur Oetker-Gruppe gehören; vgl. im übrigen die Beispiele in Wettbewerbsprobleme im Kreditgewerbe, S. 233 f.

[134] Banklexikon, Stichwort Konzernbank.

[135] Hierzu *Menzel*, Die Mitwirkung der Hausbanken bei der Vergebung und Verwaltung öffentlicher Kredite, passim.

[136] Zur Hausbankbindung als „Machtproblem" des Universalbankensystems, *Bankenstrukturkommission*, Rdnr. 518 ff.

[137] Die Bedeutung von Hausbanken dürfte zurückgehen, vgl. die interessante Notiz in ZfgK Heft 4/1981, S. 86: „Österreich — Traditionelles Hausbankensystem überholt", in der über eine von der Wiener Girozentrale in Auftrag gegebene Untersuchung zur Entwicklung des Kreditapparates bei 500 größeren österreichischen Mittelbetrieben (ab 50 Beschäftigte) berichtet wird.

[138] Ähnlich *Bankenstrukturkommission* Rdnr. 432.

gewickelt[139]. Die Satzungen der Landesbanken schreiben dies vor. So heißt es — eher zurückhaltend — in § 4 Abs. 1 der Satzung der Norddeutschen Landesbank: „Die Bank hat durch ihre Geschäftstätigkeit das Land Niedersachsen und seine kommunalen Körperschaften in der Erfüllung öffentlicher Aufgaben zu unterstützen". Dem entspricht die vielfach gehörte Klage privater Banken, die öffentliche Hand würde insbesondere ihre Einlagen zu stark bei den öffentlich-rechtlichen Instituten konzentrieren[140]. Dieser Einlagenkonzentration entspricht nicht eine einseitige Kreditbedarfsdeckung bei den öffentlich-rechtlichen Instituten, da der Finanzbedarf der öffentlichen Hand weitgehend über öffentliche Anleihen finanziert wird. Im übrigen hat das in den 70er Jahren öfter zutage getretene Versagen der (politischen) Aufsichtsgremien, durch die einige Landesbanken ins Gerede kamen, deutlich gezeigt, daß diese Institute eher dem politischen Einfluß ihrer Kapitaleigner ausgesetzt sind als daß umgekehrt auf diese Einfluß genommen werden könnte. Schon an dieser Stelle kann im übrigen auf das Entfallen des „Insolvenzarguments" hingewiesen werden: Ländern droht kein Konkurs im rechtlichen Sinne.

Eine Kreditbeziehung an sich führt also nicht zu einem fusionskontrollrechtlich aufzugreifenden Einfluß des Kreditgebers auf den bonitätsmäßig nicht schlechten Kreditnehmer.

c) Abhängigkeit durch Sicherungsabreden?

Ein Kredit wird regelmäßig nicht ohne Bestellung von Sicherheiten vergeben. Die in Frage kommenden und tatsächlich vereinbarten Möglichkeiten sind derart vielfältig, daß eine Übersicht hier ausscheidet. Zur Veranschaulichung sollen jedoch im folgenden immer wieder Sicherungsbeispiele genannt werden. Bereits oben[141] ist die Übertragung von Gesellschaftsanteilen zur Sicherheit im Rahmen des Zusammenschlußtatbestandes „Vermögenserwerb" (§ 23 Abs. 2 Nr. 1) problematisiert worden. Dies wird hier nicht wieder aufgegriffen.

Auf der einen Seite des Spektrums der Kreditsicherheiten finden sich solche Vereinbarungen, die an sich ungeeignet sind, einen beherrschenden Einfluß zu begründen. Hierhin gehören Personalsicherheiten (Bürgschaft, Schuldübernahme, Garantievertrag) ebenso wie die klassischen Mobiliarsicherheiten (Eigentumsvorbehalt, Sicherungsübereignung und Sicherungsabtretung). Die Grenze auf der anderen Seite des Spektrums

---

[139] Z. B. *Frielitz,* Stellung der öffentlich-rechtlichen Sparkassen im Verfassungsgefüge, S. 44.

[140] Vgl. bereits oben S. 8; *Konzentrationsenquête,* BT-Drucksache IV/2320, S. 37, *MK* Hauptgutachten I 1973 - 75, Tabelle III. 37, S. 749 f.

[141] Vgl. E I 2.

bildet das Verbot der Sittenwidrigkeit nach § 138 Abs. 1 BGB, an der sich alle Sicherungsgeschäfte messen lassen müssen[142]. Insbesondere die Rechtsprechung zu den Knebelungsverträgen ist zu erwähnen, die seit der grundlegenden Entscheidung RGZ 130, 143, 145 dann vorliegen, wenn ein Vertrag zur Lähmung der wirtschaftlichen Bewegungsfreiheit im ganzen oder zu einem wesentlichen Teil führt. Auf dieser Grundlage beruht auch das für unsere Zwecke illustrative Urteil des OLG Frankfurt v. 18. 1. 1967[143], in dessen Leitsätzen es heißt: „Die Unterwerfung eines Schuldners im Zuge seiner Sanierung unter eine Treuhandschaft ist zumindest dann sittenwidrig, wenn dem an die Stelle des Schuldners tretenden Treuhänder dem Gläubiger gegenüber die wirtschaftliche Selbständigkeit und Freiheit nicht bewahrt bleibt ... Es ist sittenwidrig, wenn ein Gläubiger gegen Gewährung eines zur Sanierung des Schuldners als unzureichend erkannten Kredits unter Ausnutzung von dessen Notlage alle verfügbaren Werte erlangt, um sich hierdurch ausreichende Sicherheiten für notleidend gewordene Kredite zu verschaffen."

Die Bestellung von Sicherheiten in einem derartigen Umfang ist also sittenwidrig, damit hinfällig (§ 134 BGB) und somit nicht geeignet, Grundlage beherrschenden Einflusses zu sein. Das Aufzeigen der Grenzen des Fächers denkbarer Sicherungsrechte beschreibt gleichzeitig einen Mittelbereich, der als konzentrationsverdächtig angesehen werden muß. Dieselben Grenzen müssen für Begleitabreden gelten, die der Sicherung des Gläubigers dadurch dienen, daß sie Informations-, Kontroll- und Mitspracherechte begründen.

Von Bankenseite wird das Bestehen derartiger Informations-, Kontroll- und Mitspracherechte entweder gänzlich geleugnet oder jedenfalls doch stark verharmlost. Typisch für diese Verschleierung ist die Meinungsäußerung der sog. „Gegenkritik" zur Frage der Machtanhäufungen und des Machtmißbrauchs durch Kreditgewährung und Kreditkündigung im Gutachten der Bankenstrukturkommission[144]. Dort wird von einer nach Sachlage gebotenen Sicherung der Kredite im Rahmen einer ordnungsgemäßen Verwaltung von Fremdgeldern gesprochen, die keinen Eingriff in die Unternehmensführung darstelle[145]. Indes ist die Praxis zur Genüge bekannt, als daß derartigen Äußerungen Glauben geschenkt werden könnte.

Zunächst ist zu betonen, daß ein Kreditnehmer, dem mehr als 50 000,— DM Kredit gewährt werden, bereits gesetzlich verpflichtet ist,

---

[142] *Palandt/Heinrichs* § 138 Anm. 5 m. w. N.

[143] NJW 67, 1043.

[144] Rdnr. 506.

[145] Ähnliche Äußerungen bei *Rauschenbach*, BB 78, 1425, 1428.

der Bank die wirtschaftlichen Verhältnisse zu offenbaren, § 18 Satz 1 KWG. Dies gilt grundsätzlich für den Zeitpunkt *vor* Kreditgewährung[146], begründet aber nach richtiger Ansicht eine laufende Informationspflicht[147]. Derartige Informationspflichten finden ihre Rechtfertigung sicher in dem Treuhandcharakter des Bankgeschäfts und der hieraus resultierenden Notwendigkeit einer Kreditwürdigkeitsprüfung und -überwachung. Für sich genommen dürften auch erhöhte Informationspflichten nicht geeignet sein, relevante Einflüsse zu begründen. Sie erleichtern allenfalls die Kontrollierbarkeit der Vorgänge im Unternehmen[148] und können insofern jedenfalls bei einer laufenden Kontrolle zu einer steten Berücksichtigung der Interessen der Bank führen.

Von einer „indirekten Absicherung" von Fremdkapital wird dann gesprochen, wenn der Kapitalgeber Einfluß in Form von Mitsprache- und Kontrollrechten anstrebt bzw. eingeräumt bekommt[149]. Die „indirekte Absicherung" korreliert unmittelbar mit der Höhe des Risikos des Engagements. Zu diesen „indirekten Absicherungen" gehören z. B. „Zustimmungsvorbehalte"[150]. Die Aufnahme weiterer Darlehen und Eventualverbindlichkeiten, und die Bestellung von Sicherheiten anderen Kreditgebern gegenüber ist von der vorherigen Zustimmung des Kreditgebers abhängig. Gleiches kann für Gewinnausschüttungen und Privatentnahmen gelten. Auch die Vorgabe von Richtlinien gehört hierher. So ist es allgemein üblich, „zur Sicherung der Liquidität und Stabilität der Unternehmung"[151] den Verwendungszweck eines Kredites festzulegen. Ferner werden Finanzierungsregeln vorgeschrieben, mit dem Inhalt beispielsweise, daß das Verhältnis von Umlaufvermögen zu kurzfristigem Fremdkapital eine bestimmte Relation nicht übersteigen darf. Auch werden Bedingungen zur Eigenkapitalbildung gesetzt; sie entsprechen — positiv — den Zustimmungsvorbehalten für Gewinnausschüttungen und Privatentnahmen. Bekannt sind auch Vorschriften, die die Investitionspolitik z. B. dadurch beschränken, daß diese betragsmäßig limitiert wird. Auch der oben bereits erwähnte Zustimmungsvorbehalt gegenüber weiteren Darlehn entfaltet als mittelbares Investitionshemmnis insoweit seine Wirkungen. Bei Bedarf werden auch Vereinbarungen über eine Verbesserung des Rechnungswesens getroffen. Schließlich gibt es Vorschriften über die Zusammensetzung des

---

[146] *Szagunn/Neumann/Wohlschieß*, § 18 KWG, Anm. 2.

[147] *Reischauer/Kleinhans* § 18 KWG, Anm. 3; a. A. *Szagunn/Neumann/Wohlschieß*, § 18 KWG, Anm. 2.

[148] *Kittel* in Finanzstrategie der Unternehmung, S. 23, 33.

[149] Ebenda.

[150] Zum folgenden *Kittel*, S. 33 ff.; *Wehrhahn*, Blätter für Genossenschaftswesen 1968, S. 344 ff.

[151] *Kittel*, S. 35.

Managements, was aus eigener bankpraktischer Erfahrung bestätigt werden kann. Im Rahmen von Richtlinien „zur Sicherung der Gläubigerstellung" sind „Ausschließlichkeitsklauseln" bekannt, die eine Neuverschuldung bei anderen Kreditgebern verbieten, allerdings in dieser Form an § 18 GWB scheitern dürften. Auch Verbote, die sich gegen eine Rechtsformänderung wenden und aus dem Factoring-Geschäft bekannte Absatzbeschränkungen auf bestimmte bonitätsmäßig einwandfreie Abnehmer gehören hierhin.

Diese dargestellten Varianten der indirekten Absicherung gehen in ihrer konkreten Anwendung häufig über das Setzen einer Richtlinie hinaus und stellen eine unmittelbare Mitwirkung im Entscheidungsprozeß des Unternehmens dar. Die Mitwirkung erfolgt in den Aufsichtsgremien, insbesondere in Beiräten. Bei Kittel[152] wird eine in einem Kreditvertrag zwischen einem Großkreditgeber und einem mittleren Unternehmen verankerte Beiratsordnung zitiert, nach der folgende Maßnahmen der Zustimmung des Kreditgebers bedurften:

— Investitionen, die außerhalb des vom Beirat genehmigten Investitionsplans liegen,
— die Änderung des Gesellschaftsvertrags,
— die Aufnahme neuer Gesellschafter und die Änderung der Rechtsform des Unternehmens,
— die Auflösung der Gesellschaft,
— die Veräußerung oder Aufgabe einer Beteiligung der Gesellschaft,
— die Erweiterung des Geschäftsbetriebs durch Aufnahme betriebsfremder Fabrikations- und Geschäftszweige,
— der Erwerb eines anderen Unternehmens, der Verkauf des eigenen Unternehmens oder Teilen hiervon,
— die Aufnahme von Darlehn und Finanzierungskrediten in jeder Form,
— die Gewährung von Darlehn an Dritte (auch Gesellschafter) mit Ausnahme von Vorschüssen an Arbeitnehmer und Bürgschaften für Arbeitnehmer in sozialen Härtefällen.

Ferner hatte der Beirat zu überwachen, daß die von dem Kreditinstitut im Kreditvertrag auferlegten Richtlinien (z. B. Investitions- und Entnahmebeschränkungen) eingehalten wurden. Er war auch berechtigt, von der Gesellschaft jegliche Auskünfte (Vorlage von Unterlagen, Abschriften von Verträgen) zu verlangen und mit der Überwachung der Gesellschaft einzelne Beiratsmitglieder oder Dritte (z. B. Sachverständige) auf Kosten der Gesellschaft zu beauftragen.

---

[152] S. 40.

Diese zur Illustration wiedergegebene Beiratsordnung ist sicher nicht typisch. Gemessen an den oben zitierten Grundsätzen des OLG Frankfurt dürfte auch die Sittenwidrigkeit der Beiratsordnung nicht ausgeschlossen sein[153]. Es bleibt zu beachten, daß der immer wieder gehörte Einwand der Banken, sie seien keine Unternehmer und suchten auch nicht unternehmerische Betätigung außerhalb ihres Tätigkeitsfeldes sicher richtig ist. Auch mit den in der Beiratsordnung verankerten starken Mitwirkungsmöglichkeiten dürfte das betroffene Institut letztlich auf eine Erhaltung, vermutlich aber Wiederherstellung der Bonität des Unternehmens und damit seiner eigenen Gläubigerstellung zielen. Mit diesen Überlegungen begründet auch die Bankenstrukturkommission[154] die Pflicht der Bank zur Einflußnahme bei Unternehmen, die in eine Schieflage geraten sind. Dies ist richtig und sachgemäß. Ebenso richtig ist es aber auch, den hieraus erwachsenden Einfluß konzentrationskontrollrechtlich zu würdigen. Daß Kreditinstitute hierbei auch einmal über das Ziel hinausschießende Ratschläge wie „Kooperation mit einem anderen, ähnlichen Unternehmen, wobei an eine gewisse Marktaufteilung zu denken wäre"[155] geben, sei nur am Rande erwähnt.

Gleichwohl sind die erheblichen Einflußmöglichkeiten auf zentrale Unternehmensbereiche durch die entwickelten Zustimmungsvorbehalte, Richtlinien und Mitentscheidungsbefugnisse offensichtlich. Ein Unternehmen, das nicht mehr selbständig Investitionsentscheidungen treffen und damit auch nicht mehr autonom über seine Ressourcenverwendung bestimmen kann, begibt sich in die Abhängigkeit (hier) seines Kreditgebers.

Dabei bleibt allerdings folgendes zu beachten. Der Entscheidungsparameter „Unabhängigkeit" wird von einem Nichtbankunternehmen bei der Bestellung von Sicherheiten im Rahmen seines Kreditvertrages erhalten werden können, soweit die Bonität keine Zweifel zuläßt. Umgekehrt entstehen und verstärken sich die Einflußrechte des Kreditgebers bei schlechter werdender Bonität. Gerade in einem dann erschwerten oder unmöglich gewordenen Wechsel der Bankverbindung zeigt sich auch der Einflußcharakter, den die Kreditbeziehung nun annimmt.

Für die Kartellbehörde dürfte es praktisch schwierig sein, verläßliche Aussagen über die Solvenz eines Kreditnehmers zu machen.

---

153 Eine Tendenz zur Abstinenz von Bedingungen zur indirekten Sicherung konstatiert *Richter*, Vergabemodalitäten langfristiger Kredite, S. 207.

154 Rdnr. 514.

155 Vgl. das Beispiel bei *Jährig/Schuck*, Handbuch des Kreditgeschäfts, S. 329; ähnlich auch *Ulrich* in Wettbewerb im Wandel, FS für Eberhard Günther, S. 191, 201.

Anders das BAKred: § 14 KWG gewährleistet ein ständig aktuelles Informationsniveau. Im übrigen ist es zwar wahrscheinlich, aber keineswegs zwingend, daß ein angeschlagener Kreditnehmer erheblichen Einflüssen seines oder seiner Fremdkapitalgeber ausgesetzt ist. Denkbar ist z. B. auch eine Stützungsaktion seitens des Mehrheitsgesellschafters, der nun in der kritischen Lage auch unternehmerische Mitverantwortung übernimmt. Deshalb kann Ansatzpunkt für das konzentrationsrechtliche Aufgreifen einer Kreditverbindung zwischen einem Geldinstitut und einem Nichtbankunternehmen nur die Konstatierung von Einfluß- und Entscheidungsrechten sein, wie sie dargelegt worden sind. Eine Verbindung, die sich derart verdichtet hat, gewährt beherrschenden Einfluß und stellt deshalb einen Zusammenschluß iSv § 23 Abs. 2 Nr. 5 GWB dar.

d) Abhängigkeit durch Androhung der Kreditkündigung?

Die Kündigung eines Kreditverhältnisses kann für einen verschuldeten Kreditnehmer das wirtschaftliche Ende bedeuten. Neben dem unmittelbaren Liquiditätsentzug und der Rückforderung der Darlehnsbeträge ist die Signalwirkung auf andere Geschäftspartner, z. B. Warenkreditgeber, hierfür ursächlich. Die Kündigungsmöglichkeiten sind deshalb rechtlich beschränkt. Auch tatsächliche Einschränkungen sind zu beachten.

Die Möglichkeit der einseitigen Aufhebung der Geschäftsbeziehung nach freiem Ermessen gem. Ziffer 17 Satz 1 der AGB der Banken gilt nur „mangels anderweitiger Vereinbarung" und damit lediglich für den seltenen Fall, in dem keine Laufzeiten vereinbart sind[156]. Aber auch dann, wenn der Krediteröffnungsvertrag eine bestimmte Laufzeit vorsieht, gibt Ziffer 17 Satz 2 ein Kündigungsrecht aus wichtigem Grund, wie dies bei Dauerschuldverhältnissen[157] grundsätzlich der Fall ist. Dieses Kündigungsrecht ist gem. Ziffer 17 Satz 2 insbesondere auch gegeben bei „wesentlicher Verschlechterung des Vermögens" und bei „erheblicher Vermögensgefährdung". Es besteht Einigkeit, daß das zwischen Bank und Kunden bestehende besondere Vertrauensverhältnis für das Kreditinstitut bei der außerordentlichen Kündigung gewisse Sorgfaltspflichten begründet[158]. Dazu gehört z. B. die Pflicht, sich von den Vermögensverhältnissen des Kreditnehmers ein exaktes Bild zu machen, u. U. die Anhörung des Kreditnehmers und die Beachtung des „Grundsatzes der Erforderlichkeit", d. h. der Frage, ob nicht

---

[156] *Canaris* in Großkommentar HGB Anhang nach § 357, Rdnr. 641.

[157] *Stauder*, Krediteröffnungsvertrag, S. 84; *Canaris*, Rdnr. 615.

[158] Hierzu *Pantel*, Pflichten der Bank aus dem Kreditverhältnis, S. 142 ff.; *Canaris*, Rdnr. 652.

weniger einschneidende Mittel existieren, die eine Fortsetzung des Kreditverhältnisses zulassen. Gleichwohl nützen diese Sorgfaltspflichten dem Kreditnehmer nichts: tritt eine wesentliche Vermögensverschlechterung oder eine erhebliche Vermögensgefährdung ein, die eine Fortsetzung des Kreditverhältnisses für die Bank unzumutbar macht, so kann diese kündigen. Über dem bonitätsmäßig schlechten Kreditnehmer schwebt also das Damoklesschwert des durch Kündigung der Gelder ausgelösten Ruins. Ein solcher Kreditnehmer hat auch keine Möglichkeiten des Wechsels der Bankverbindung. Daß ein solcher Wechsel auch von der Größe des Unternehmens abhängt, wurde bereits erwähnt. Rein tatsächlich wird ein Kreditinstitut sicher nicht die erste Gelegenheit ergreifen, sich aus einem zweifelhaft gewordenen Engagement zu lösen, jedenfalls dann nicht, wenn ein Sanierungskonzept erkennbar ist[159]. Dies ist dann auch der Zeitpunkt, in dem das Institut eigene Sanierungsvorstellungen durchsetzen kann, ohne u. U. abweichende Ideen des Kreditnehmers berücksichtigen zu müssen. Die Möglichkeit der Kündigung braucht dabei nicht offen ausgesprochen zu werden — sie ist den Beteiligten bewußt.

Damit wird in einem konkreten Fall das Ergebnis bestätigt, das oben bei der Frage nach dem „beherrschenden Einfluß" iSv § 23 Abs. 2 Ziffer 5 gewonnen wurde: Hat eine Kreditbeziehung sich dahin entwickelt, daß die Kündigung durch den einen Teil (hier: die Bank) den Ruin des anderen Teils bedeutet, so kann der eine auf den anderen beherrschenden Einfluß ausüben. Kreditnehmer und Bank sind als zusammengeschlossen anzusehen[160]. Der umgekehrte Fall, die Gewährung eines so hohen Kredits, daß der Konkurs des Schuldners auch zum Konkurs des Gläubigers führt, dürfte nur in Ausnahmefällen denkbar sein (vom Sonderfall des „runs" einmal abgesehen); die Großkreditbegrenzungen in § 13 KWG bieten ausreichend Schutz[161].

Auf zwei Gesichtspunkte ist in diesem Zusammenhang allerdings noch hinzuweisen. Die hier vertretene Ansicht, eine Kreditbeziehung würde bei schlecht gewordener Bonität des Kreditnehmers zu einem Zusammenschluß zwischen diesem und seiner Bank führen, will insoweit drohenden Strukturveränderungen Rechnung tragen. Dabei besteht die Gefahr der Paralysierung dieses Ziels dadurch, daß die beteiligten Unternehmen das Stichwort „Sanierungsfusion" ins Spiel bringen. Die Problematik von Sanierungsfusionen soll an dieser Stelle nicht aufgenommen werden[162]. Der aufgezeigten Gefahr wird man

---

[159] Dazu z. B. *Ulrich* in Wettbewerb im Wandel, Festschrift für Eberhard Günther, S. 191, 201.

[160] So auch *Bankenstrukturkommission* Rdnr. 576.

[161] Skeptisch allerdings *Panse* in Wettbewerbsprobleme im Kreditgewerbe, S. 252 f.

jedoch nur begegnen können, wenn man sich zu einer Zurückdrängung der Anerkennung des Sanierungsarguments im Rahmen der Abwägungsklausel des § 24 Abs. 1 entschließt.

Der zweite Hinweis bezieht sich auf ein Rechtssicherheitsproblem der hier entwickelten Ansicht. Bereits oben[163] wurde darauf aufmerksam gemacht, daß es dem BKartA schwerfallen dürfte festzustellen, wann sich die Solvenz eines Schuldners derart verringert hat, daß dem Kreditgeber konzentrationsrechtlich zu beachtende Einflußmöglichkeiten zuwachsen. Für den theoretischen Befund eines Zusammenschlusses spielen diese Schwierigkeiten keine Rolle. Im übrigen wird drohende Insolvenz Aktivitäten in Form der oben geschilderten Kontroll- und Entscheidungsrechte auslösen, welche die für die Praxis der Kartellbehörden sichtbaren Anzeichen eines Zusammenschlusses darstellen.

e) Ergebnis

- Eine Kreditbeziehung an sich führt nicht zu einem gem. § 23 Abs. 2 Ziffer 5 aufzugreifenden Einfluß des Kreditgebers, wenn der Kreditnehmer bonitätsmäßig keinen Zweifeln unterliegt.
- Geht die Bonität eines Unternehmens verloren, können Zustimmungsvorbehalte, Richtlinien, Entscheidungsbefugnisse etc. als „Sicherungen" zur Abhängigkeit führen.
- Die Unabhängigkeit iSd Nichtbestehens „beherrschenden Einflusses" geht für ein solches Unternehmen im übrigen auch bereits mit der Entstehung der Möglichkeit der außerordentlichen Kreditkündigung (aus wichtigem Grunde) verloren.

5. Die Kumulation von Eigenbesitz und Vollmachtstimmen

a) Bedeutung

Überwindet man die in der Untersuchung bisher eingehaltene Trennung von Stimmrechtsvertretung aus Eigenbesitz und der aus Vollmachtstimmen, so wird deutlich, daß die Kumulation bedeutende Stimmrechtsanteile hervorbringt. Dabei sind die Kumulationseffekte von sehr unterschiedlichem Gewicht. Bei den von der Monopolkommission genauer dargestellten 51 der 100 größten Aktiengesellschaften, bei denen eine Kombination von Stimmrechtsausübung und Wahrneh-

---

[162] Vgl. dazu nur *Emmerich*, Kartellrecht, S. 262, 266 ff.; *Immenga* ZHR 137 (1973), 334 ff.; *Möschel*, Pressekonzentration und Wettbewerbsgesetz, S. 182 ff.; *MK* Sondergutachten 3 (KAISER-PREUSSAG-VIAG), passim sowie Sondergutachten 5 (KARSTADT-NECKERMANN) passim.

[163] Vgl. E IV 4 b).

mung von Aufsichtsratsmandaten durch eine der drei Großbanken vorlag[164], ermöglichte eine Kumulation von Eigen- und Fremdbesitz nur in einem einzigen Falle das Überwinden einer „kritischen" Schwelle: ca. 74 % Eigenbesitz plus ca. 7 % Vollmachtstimmen ließen die Dresdner Bank bei Bilfinger + Berger[165] die 75 %-Hürde überwinden. Insbesondere die Sperrminorität wurde in keinem der 51 Unternehmen erst durch Addition von Beteiligungs- und Vollmachtstimmen erreicht; der Eigenbesitz lag entweder bei über 25 % oder — in 2 Fällen — unter 1 %, ohne daß nennenswerte Fremdbesitzanteile vorhanden gewesen wären. Der sehr enge Ausschnitt dieser Betrachtung bleibt allerdings zu beachten. Die Zahlen ändern sich deshalb auch deutlich, wenn das breiter angelegte Untersuchungsprogramm der Bankenstrukturkommission herangezogen wird. Untersuchungsgegenstand sind hier 74 Großunternehmen in der Rechtsform der Aktiengesellschaft. Bezogen auf die drei Großbanken wurde festgestellt[166], daß Stimmrechtsanteile von über 25 % Hauptversammlungspräsenz in 8 Fällen auf Vollmachtstimmen und in 13 Fällen auf Eigenbesitz beruhten. Kumuliert man die Stimmrechte, so schnellt diese Zahl auf 24 Fälle hinauf — m. a. W.: 24mal (oder bei 17,7 % standen einer der drei Großbanken bei einem der 74 Unternehmen Stimmrechte von über 25 % zur Verfügung. Für Stimmrechtsanteile von über 10 bis 25 % liegt der kumulierte Wert bei 60 Fällen; Vollmachtstimmen allein ermöglichten demgegenüber in 42, Eigenbesitz allein in 19 Fällen Stimmrechtsvertretungen in der genannten Größe[167]. Die Bedeutung einer kumulierten Betrachtung wird schließlich durch folgende Zahlen erhellt[168]: Bei den 56 der 100 größten Aktiengesellschaften, bei denen Kreditinstitute über Anteilsbesitz von mehr als 5 % verfügten, betrug der durchschnittliche Stimmrechtsanteil auf Grund von Eigenbesitz 7,28 % des Grundkapitals (!), der durchschnittliche Gesamtstimmrechtsanteil (Eigen- und Fremdbesitz) hingegen 56,73 % des Grundkapitals.

Das von der Bankenstrukturkommission gewonnene Ergebnis kann also bestätigt werden: „Es zeigt sich, daß das Stimmenpotential der

[164] Hauptgutachten II 1976/77, Tabelle IV. 7 S. 574 ff.

[165] Tabelle IV. 7, a. a. O., laufende Nr. 40.

[166] *Bankenstrukturkommission*, Tabelle 10, S. 436.

[167] Für die anderen Bankengruppen liegen Zahlen vergleichbarer Aussagekraft nicht vor, da insofern nur „zusammengerechnete Stimmrechtsanteile" wiedergegeben werden; dies gilt für Struktur- und Monopolkommission (z. B. Hauptgutachten II 1976/77, S. 296 ff.) gleichermaßen. „Zusammengerechnete Stimmrechtsanteile" sagen jedoch nichts über die Anzahl der Kreditinstitute, auf die sich im Einzelfall der Stimmrechtsbesitz verteilt, aus; genau hierauf kommt es aber an, will man nicht von einer — in dieser Allgemeinheit aber kaum haltbaren — „Abstimmblockthese" der jeweiligen Bankengruppe ausgehen (skeptisch auch *Bankenstrukturkommission* Rdnr. 559).

[168] *MK* Hauptgutachten II 1976/77, Tabelle 2, S. 295.

Banken bei einzelnen Gesellschaften durch die Zusammenfassung der Stimmen aus Vollmachten und Eigenbesitz sowohl für einzelne Institute als auch für einzelne Bankengruppen deutlich wächst."[169]

b) Wertung

Die Einordnung dieses Befundes unter Zusammenschlußgesichtspunkten fällt nach dem bisherigen Verlauf der Arbeit verhältnismäßig leicht. Wir hatten festgestellt[170], daß durch Vollmachtstimmen nicht der Wille der Aktionäre wiedergegeben wird. Vielmehr sind die Depotbanken die eigentlichen Inhaber des Einflußmittels Vollmachtstimmen. Für die Durchsetzung eventuell vorhandener Vorstellungen oder Interessen stehen den Kleinaktionären keine irgendwie ernsthaft in Betracht zu ziehenden Möglichkeiten zur Verfügung. Eine Ausnahme gilt lediglich für den Anteil an Stimmen, mit denen Weisungen der Aktionäre weitergegeben werden.

Bis auf diesen Weisungsanteil können also bei einem Kreditinstitut zusammentreffende Stimmen aus Eigen- und Fremdbesitz unmittelbar addiert werden. Ergibt die Summe einen Betrag von über 25 % des vertretenen Grundkapitals, so ist das Depotinstitut in der Lage, beherrschenden Einfluß iSd § 23 Abs. 2 Nr. 5 GWB auszuüben; damit liegt ein Zusammenschluß zwischen dem Kreditinstitut und der Gesellschaft vor.

Bei der Zuordnung des Einflusses aus Fremdbesitzstimmen an das betreffende Depotinstitut ist die Bedingung einer zweimaligen Überwindung der 25 %-Schwelle entwickelt worden. Damit sollte ausgeschlossen werden, daß zufällige Konstellationen (außergewöhnlich hoher Effektenbestand eines Unternehmens in den Kundendepots der Bank oder ungewöhnlich niedriger Hauptversammlungs-Präsenzgrad) einen Zusammenschluß verursachen. Dieselben Gründe erfordern eine Übernahme dieser Bedingung für die Kumulation von Eigen- und Fremdbesitz.

c) Ergebnis

Das oben[171] gewonnene Ergebnis läßt sich folgendermaßen erweitern: Ein Kreditinstitut, das auf zwei Hauptversammlungen einer Aktiengesellschaft nacheinander nach Abzug des Weisungsanteils entweder Vollmachtstimmen allein oder Stimmen aus Eigen- und Fremdbesitz zusammen in einer Größenordnung von über 25 % des präsenten

[169] *Bankenstrukturkommission* Rdnr. 553.

[170] Vgl. oben E IV 2 e).

[171] Kap. E IV 2 e).

Grundkapitals vertritt, ist als mit dieser Gesellschaft iSd § 23 Abs. 2 Nr. 5 zusammengeschlossen anzusehen.

Mit dem Ergebnis ist im übrigen der Gefahr vorgebeugt, daß Kreditinstitute sich beim Erwerb von Beteiligungsbesitz an den ihnen regelmäßig zur Verfügung stehenden Vollmachtsquoten orientieren, um damit der Schwelle des § 23 Abs. 2 Nr. 2 lit. a) GWB auszuweichen[172].

6. Die Kumulation von Eigenbesitz, Vollmachtstimmen, Aufsichtsratsmandaten und Kreditbeziehungen

Es besteht Einigkeit darüber, daß „in der Regel ... die verschiedenen Einflußmöglichkeiten gegenüber einem Unternehmen, von denen jede für sich genommen vielleicht nur von geringer Bedeutung ist, das Einflußpotential vergrößern (werden)"[173]. Die Betonung liegt hier auch auf der „Einigkeit". Sie bestand insbesondere, wie die eben zitierte Stelle bereits andeutet, innerhalb der Kommission zwischen „Kritik" und „Gegenkritik"[174]. Differenzen zwischen den beiden Standpunkten ergeben sich lediglich hinsichtlich der weiteren Frage nach der Höhe der Reformschwelle, die von der „Gegenkritik" erst bei Nachweis konkreten Mißbrauchs angesetzt wird — eine Problemstellung, die im vorliegenden Zusammenhang nicht einschlägig ist[175]. Auch Zahlenmaterial stellt die Kommission zur Verfügung. Bezogen auf die 74 größten börsennotierten Unternehmen besaßen die Großbanken (zusammengerechnet!) 1974/75 6,1 % des Nominalkapitals; außerdem verfügten sie aus Eigen- und Vollmachtstimmen über 34,9 % der Hauptversammlungspräsenz; 9,9 % der Aufsichtsratssitze hielten sie und in 33,8 % der Fälle stellten sie den Vorsitzenden; an 98,6 % aller Emissionskonsortien dieser Unternehmen waren sie beteiligt[176]. Eine detaillierte Übersicht (in der die drei Großbanken getrennt ausgeworfen sind) über die Kombination von Stimmrechten und die Wahrnehmung von Aufsichtsratsmandaten bei 51 Großunternehmen stellt die Monopolkommission zur Verfügung[177]. Diese Zahlen belegen eindrucksvoll die weitere Feststellung der Strukturkommission, daß „vor allem bei

---

172 So auch *H. S. Werner*, Abhängigkeitstatbestand, S. 205 f.

173 Stellungnahme der *Bankenstrukturkommission*, Rdnr. 577.

174 Vgl. die Ansicht der „Gegenkritik", Rdnr. 537; ferner *Moesch/Simmert*, Banken, S. 74.

175 Vgl. bereits oben E IV 1.

176 Zusammenfassende Darstellung der Anteile der Kreditinstitute am Nominalkapital, der Stimmrechtsvertretung in den Hauptversammlungen, den Aufsichtsratsmandaten und den Konsortialbeteiligungen bei 74 börsennotierten Großunternehmen (1974/75), *Bankenstrukturkommission*, Tabelle 37, S. 467.

177 Hauptgutachten II 1976/77, Tabelle IV. 7., S. 574 ff.

größeren Instituten ein vermehrtes Einflußpotential aus dem Zusammentreffen mehrerer Geschäftsbereiche (besteht)" und „daß sich die Einflußfaktoren gegenseitig verstärken können"[178].

Daraus ergibt sich die Fragestellung. Über 25 % Stimmrechte aus Eigen- und/oder Fremdbesitz, so hatten wir festgestellt, begründen beherrschenden Einfluß. Dies gilt selbstverständlich erst recht, wenn weitere Verbindungen zwischen Bank und Unternehmen hinzukommen. Gilt diese Feststellung, so müssen wir fragen, auch dann noch, wenn der Prozentsatz unter der Schwelle liegt, jedoch eine Vertretung im AR des Unternehmens oder Kreditbeziehungen — einzeln oder kumulativ — hinzukommen? Dabei sind die Kumulationsfälle an den oben zur Auslegung des Tatbestandsmerkmals beherrschender Einfluß gewonnenen Ergebnissen zu messen, d. h. es muß — im Wege einer umfassenden Betrachtung — entweder die Möglichkeit festgestellt werden, auf Ressourcen eines anderen Unternehmens Einfluß nehmen bzw. eigene und fremde Ressourcen koordinieren zu können, oder die Möglichkeit, Marktverhaltensentscheidungen eines anderen Unternehmens beeinflussen zu können.

Wenden wir uns zunächst der zusätzlichen Vertretung eines Kreditinstituts im Aufsichtsrat eines Unternehmens zu. Insoweit ist vor allem die gewandelte Funktion des Aufsichtsrats vom Überwachungsorgan zum Entscheidungsgremium zu beachten. Der Aufsichtsrat hat heute in wesentlichen Unternehmensfragen ein gewichtiges Wort mitzureden. Die „Mitbestimmungskommission" erkannte schon 1970 „eine eindeutige Entwicklung ..., in deren Verlauf der Aufsichtsrat neben seiner kontrollierenden Funktion auch zu einem beratenden Organ des Vorstandes geworden ist"[179].

Bankier Janberg schrieb 1969[180] (auf einem von schon so vielen Siedepunkten der Diskussion um die „Macht der Banken"), die enge Verbindung zwischen Banken und Wirtschaft habe ihre Ursache darin, daß sich die Unternehmen die wirtschaftlichen, insbesondere finanziellen Erfahrungen der Banken zunutze machen wollten; aus diesem Grunde sei der Aufsichtsrat inzwischen ein „Gremium zur unternehmerischen Anregung" geworden. Noch deutlicher drückte es Vallenthin[181] aus, der die gewandelte Funktion des Aufsichtsrates zu einem „Instrument der unternehmerischen Leitung und Führung" betonte. Dies ent-

[178] *Bankenstrukturkommission* Rdnr. 587.

[179] Bericht der Mitbestimmungskommission BT-Drucksache VI/334, S. 32 Tz 7.

[180] FAZ Nr. 194 v. 23. 8. 1969, S. 15; vgl. neuestens in diesem Sinne *W. Werner* ZHR 145 (1981), 252 f.

[181] DIE ZEIT Nr. 28 v. 11. 7. 1969, S. 34.

spricht der Äußerung eines anderen Großbankenvertreters[182], „wonach richtig verstandene Kontrolle schon beim Entscheidungsprozeß ansetzen muß ...“. In grundsätzlichen Fragen, die in der Kompetenz der Verwaltung liegen, entscheidet der Aufsichtsrat faktisch mit. Da der Hauptversammlung wiederum Vorschläge der Verwaltung zur Entscheidung vorgelegt werden, hat der Aufsichtsrat — mittelbar — auch hier ein gewichtiges Wort mitzureden. Daß eine Debatte um paritätische Mitbestimmung und nicht Mitüberwachung geführt wird, hat im übrigen hier seinen Grund. Aus den Äußerungen wird deutlich, daß der Bankenvertreter im Aufsichtsrat nicht ein Mitglied unter vielen ist, sondern primus inter pares. Sein Sachverstand wird gesucht und hebt seine Stellung im Aufsichtsrat deutlich hervor. Das Interesse der Unternehmen an Beratung durch sachkundige Bankenvertreter ist legitim und anzuerkennen. Die hiermit verbundenen Einflußmöglichkeiten sind aber ebenfalls anzuerkennen. Nur am Rande sei die Frage gestattet, ob Banken ihren Rat nicht auch außerhalb der Aufsichtsratslinie sollen vermitteln können. Von Banken(gruppen) aufgebaute spezielle Beratungsfirmen weisen auf die Gangbarkeit dieses Weges hin. Der Vorteil größerer Objektivität der Beratung liegt auf der Hand. Die Einflußmöglichkeiten sachkundiger Bankvertreter werden durch ihre Mitarbeit in Aufsichtsratsausschüssen (vgl. die Regelung in §§ 107 ff. AktG) erhöht. Gerade die in vielen Unternehmen gebildeten wichtigen ständigen Ausschüsse für Investitions-, Finanzierungs- und Bilanzfragen dürften die entscheidenden Gremien sein, in denen der Sachverstand zum Tragen kommt. Daß er in einer Ausschußarbeit besonders wirksam zum Tragen kommt, erklärt sich schon aus der Einrichtung Ausschuß.

Die Vertretung von Banken in Aufsichtsräten anderer Unternehmen eröffnet zusätzliche selbständige Einflußmöglichkeiten auf wesentliche und grundlegende Unternehmensfragen.

Die Einflußmöglichkeiten aus einer Kreditbeziehung wurden oben im einzelnen untersucht. Dabei wurde festgestellt, daß aus einer Kreditbeziehung bzw. den sie begleitenden Sicherungsabreden unter zwei Gesichtspunkten ein beherrschender Einfluß iSv § 23 Abs. 2 Ziffer 5 erwachsen kann. Zum einen ist dies dann der Fall, wenn eine Unternehmensbeziehung sich dahin entwickelt hat, daß die Androhung der Kündigung den Ruin des Vertragspartners zur Folge hätte. Es genügt zum anderen die Vereinbarung von Einfluß- und Entscheidungsrechten, die die Selbständigkeit des Einsatzes der unternehmerischen Ressourcen ausschließen. Beide Möglichkeiten genügen für sich allein

---

[182] Zitiert bei *Moesch-Simmert*, Banken, S. 75.

genommen. Es ist also irrelevant, ob weitere Einfluß vermittelnde Verbindungen hinzukommen.

Die Frage, ob eine Kumulation von Verbindungen und Sicherungsabreden beherrschenden Einfluß vermittelt, könnte nur dann positiv beantwortet werden, wenn es gelänge, Verdichtungsgrade bei Kreditbeziehungen bzw. Intensitätsgrade hinsichtlich der Sicherungsabreden zu formulieren, die sich als „Aufgreifkriterien" eignen würden. Für den Fall, daß eine Bank beispielsweise regelmäßig in den Hauptversammlungen über 20 % Stimmrechte aus Eigen- und Fremdbesitz verfügt, nicht im Aufsichtsrat vertreten ist, jedoch als Darlehnsgeber des betreffenden Unternehmens fungiert, müßte vorgegeben werden können, welche Form die Kreditbeziehung haben bzw. welche Sicherungsabreden vereinbart sein müßten, um insgesamt einen Zusammenschluß annehmen zu können. Dies erscheint ausgeschlossen. Die Fülle denkbarer Gestaltungsformen und die fließenden Intensitätsgrade sind hierfür ein erster Grund. Zum zweiten wurde bereits oben darauf hingewiesen, daß es für die Kartellbehörde äußerst schwierig sein dürfte, z. B. über die Solvenz eines Unternehmens verläßliche Aussagen zu machen. Diese Schwierigkeiten bestehen hinsichtlich aller hier zu beantwortenden Fragen. Da es sich um die Ebene des Aufgreifens, d. h. des Herausfilterns derjenigen Unternehmensverbindungen (aus dem „Meer" aller Unternehmensbeziehungen), bei denen der Verdacht auf Strukturbeeinträchtigung besteht, handelt, wären die beschriebenen Schwierigkeiten lediglich theoretisch lösbar und zwar durch eine ständige Überprüfung aller Unternehmensverbindungen. Schließlich sind erhebliche Vorbehalte dagegen anzumelden, die hier untersuchte Kombination von „unverdächtigen" Kreditbeziehungen bzw. Sicherungsabreden mit weiteren Einflußmitteln als strukturbedrohend anzusehen. Kreditbeziehungen bzw. Sicherungsabreden, die nicht die oben formulierten Intensitätsgrade erreichen, zeichnen sich gerade dadurch aus, daß die Vertragspartner grundsätzlich die Möglichkeit besitzen, sich aus der Beziehung zu lösen. Solange diese Möglichkeit tatsächlich besteht, mögen noch so viele Verbindungen hinzukommen — einen „beherrschenden Einfluß" können sie nicht begründen.

Es soll nicht in Abrede gestellt werden, daß auch Darlehensbeziehungen und sie begleitende Sicherungsabreden mit solventen Unternehmen den das Geld gebenden Banken Einflußmöglichkeiten eröffnen. Gleichwohl erscheint es ausgeschlossen, in einer Mindestanforderungen an Rechtssicherheit genügenden Weise diese kumulativ mit anderen bestehenden Verbindungen als zusammenschlußbegründend einzuordnen. Sie haben deshalb aus der hier behandelten Kumulationsfragestellung auszuscheiden.

Das Zusammentreffen verschiedener Einflußmöglichkeiten hat aber noch eine andere Dimension — sie läßt sich mit „Potenzierungswirkung" umschreiben.

Verfügen Banken erst einmal über ein Einflußmittel, so wird ihnen hierdurch der Erwerb einer weiteren Einflußmöglichkeit erleichtert, was wiederum die Entstehung noch anderer Einwirkungsmöglichkeiten deutlich beschleunigt[183]. Als „Grundeinflußmittel" ragt das Stimmrecht hervor. Es führt nicht selten zur Vertretung im Aufsichtsrat[184]. Ist hier ein Kreditinstitut erst einmal vertreten, so wirkt es auch an der Vermittlung weiterer Aufsichtsratsmitglieder mit. Es ist darauf hingewiesen worden, daß es zur Geschäftspolitik der Banken gehöre, „einflußreichen Persönlichkeiten befreundeter Unternehmen Aufsichtsratsmandate zu verschaffen"[185]. Insofern sind zwei Aspekte wettbewerbsrechtlich von Bedeutung. Zum einen muß aus dem Umstand, daß das Mandat aus der Unterstützung der Banken herrührt, gefolgert werden, daß das Verhalten dieser Persönlichkeiten im Aufsichtsrat — tendenziell — identisch oder ähnlich ist mit der Abstimmungspraxis der Kreditinstitute. Dies verdient, als besonders gravierend hervorgehoben zu werden, weil die Anzahl dieser Aufsichtsratsmandatare etwa noch einmal so hoch ist wie die Zahl der Bankangehörigen im Aufsichtsrat[186]. Aus einer vergrößerten Zahl von Einflußlinien resultiert dann ein höherer Informationslevel, der wiederum Grundlage einer selbständigen Einflußmöglichkeit sein kann.

Diese „Potenzierungsargumentation" scheint im Widerspruch zu stehen zu dem ebenfalls von der Strukturkommission gewonnenen Ergebnis, daß einem hohen Stimmrechtsanteil nicht unbedingt eine entsprechend starke Vertretung im Aufsichtsrat entspricht[187]. Ein ganz anderes und klares Bild ergibt sich allerdings bei Betrachtung von Großunternehmen. Struktur- und Monopolkommission haben übereinstimmend einen deutlichen Zusammenhang zwischen den von einem Kreditinstitut vertretenen Stimmrechtsanteilen aus Eigen- und Fremdbesitz und der Vertretung dieser Institute im Aufsichtsrat der betreffenden Gesellschaft festgestellt[188].

Die Potenzierungswirkung hat mehrere Facetten. Die eine ist bereits angesprochen worden: je mehr Einflußmöglichkeiten einer Bank zur Verfügung stehen, desto leichter lassen sich weitere anfügen; und dies

---

183 Vgl. *Bankenstrukturkommission* Rdnr. 534, 587.

184 A. A. *W. Werner* ZHR 145 (1981), 252 f.

185 Vgl. *Bankenstrukturkommission*, Rdnr. 572.

186 Ebenda.

187 *Bankenstrukturkommission* Rdnr. 564; einschränkend 565.

188 *MK* Hauptgutachten II 1976/77, Tz 554; *Bankenstrukturkommission* Rdnr. 566.

bedeutet eben nicht nur die Aneinanderreihung (institutionalisierter) Einflußlinien, sondern die konkrete Möglichkeit, auf immer mehr Entscheidungen im Unternehmen immer intensiver einwirken zu können. Daß es sich dabei um die Beeinflussung der Meinungsbildung über Fragen langfristiger Unternehmenspolitik und damit um nichts anderes als Ressourcenbeeinflussung handelt, ist bereits von der Monopolkommission konstatiert worden[189]. Eine andere Facette ist die, daß gerade die Kumulation von Einflüssen von Kreditinstituten mit Erfolg genutzt wird, um über die bestehenden hinaus weitere Geschäftsverbindungen anzubahnen. Z. B. erleichtert Anteilsbesitz nach den Feststellungen der Strukturkommission[190] die Mitgliedschaft der Bank in einem Konsortium. Die hiermit unter Umständen verbundenen wettbewerblichen Auswirkungen auf die entsprechenden Märkte für Bankleistungen sollen hier noch keine Rolle spielen[191]. Entscheidend sind die aus diesen Geschäftsverbindungen wiederum resultierenden zusätzlichen Einflußmöglichkeiten. Die „starke Verhandlungsmacht" der Großunternehmen kann dem sicher nicht entgegengesetzt werden[192], da dieses Argument eben nur solange gilt, bis ein Unternehmen beherrschendem Einfluß eines anderen Unternehmens ausgesetzt ist.

Was nun die Größenordnung der Einflußmöglichkeiten, die eine zusätzliche Akquisition von Bankgeschäften erleichtert, angeht, so sind keine gesicherten Angaben verfügbar. Eine immer wieder genannte und bis heute unwidersprochen gebliebene Zahl besagt, daß bereits Beteiligungsbesitz von 5 - 10 % wettbewerbspolitisch wesentliche Wirkungen herbeizuführen geeignet ist[193].

Dies dürfte für Stimmrechtsbesitz insgesamt gelten. Erklärt man sich wegen der nur schwer möglichen Verifizierbarkeit dieser Größe mit einem „Sicherheitszuschlag" von 10 % einverstanden, so würden also 20 % Stimmrechtsbesitz wettbewerbspolitisch erhebliche Wirkungen herbeizuführen geeignet sein, ohne allerdings — wie festgestellt wurde — zu beherrschendem Einfluß zu führen. Das dargestellte Mehr an Einflußmöglichkeiten durch Kumulation ließe jedoch auch diese Bedingung als erfüllt erscheinen, wenn zu Stimmrechtsbesitz in der genannten Größenordnung ein weiteres Einflußmittel, z. B. eine Mitgliedschaft im Aufsichtsrat des Unternehmens hinzutritt. Eine gewisse Bestätigung dieser angenommenen „Grundgröße" von 20 % Stimmrechtsbesitz ist darin zu sehen, daß den Erhebungen der Bankenstrukturkommission zufolge bei einer Stimmrechtsvertretung von 10 - 25 %

189 Hauptgutachten II 1976/77, Tz 604.

190 Rdnr. 475.

191 Vgl. an dieser Stelle bereits *MK* Hauptgutachten II 1976/77, Tz 605.

192 So aber *Bankenstrukturkommission* Rdnr. 582.

193 *MK* Hauptgutachten I 1973 - 75, Tz 552.

(bezogen auf die Präsenz in den Hauptversammlungen der 74 untersuchten Großunternehmen) in den meisten Fällen auch eine Vertretung im Aufsichtsrat vorlag; damit ist die Potenzierung initiiert. Daß 20 % Stimmrechtsbesitz als Grundgröße jedenfalls nicht zu niedrig angesetzt sind, zeigt auch ein Blick auf das amerikanische Recht der „Bank Holding Companies“[194]. Bank Holding Companies sind Holdinggesellschaften, die an einer oder mehreren „commercial banks“ beteiligt sind und auf diese einen beherrschenden Einfluß (control) ausüben können. Eine Kontrollbeziehung wird gem. Sec. 2 (a) 2 BHC Act of 1956[195] bei einer Beteiligung von 25 % oder mehr, bei einer Kontrolle über die Wahl der Mehrheit der Direktoren oder — bei Beteiligungen zwischen 5 % und 24,9 % — bei Vorliegen beherrschenden Einflusses angenommen. Diese letzte Alternative ist hier von Interesse. Bereits die Existenz von 5 % Beteiligungsbesitz läßt die Kontrollbehörde, den „Board of Governors of the Federal Reserve System“ also tätig werden und prüfen, ob weitere Einflußlinien hinzukommen, die insgesamt zu beherrschendem Einfluß führen.

Damit können wir folgendes Ergebnis formulieren: Hält eine Bank an einem Nichtbankunternehmen Stimmrechte aus Eigen- und Fremdbesitz in Höhe von mindestens 20 % und verfügt sie über weitere Einflußmöglichkeiten, so ist anzunehmen, daß sie in der Lage ist, beherrschenden Einfluß auszuüben. Hinsichtlich der weiteren „Einflußmöglichkeiten“ kommt insbesondere eine Vertretung im Aufsichtsrat in Betracht. Kreditbeziehungen scheiden aus, es sei denn, aus ihnen heraus allein erwächst „beherrschender Einfluß“.

7. Beherrschungsmöglichkeit durch mehrere Banken?

Bereits an anderer Stelle wurde darauf hingewiesen, daß die Stimmausübung in Hauptversammlungen in mehrfacher Hinsicht homogen ist. Besonders auffällig ist die häufige Übereinstimmung der Abstimmungsvorschläge und der Abstimmungen selbst zwischen den für ein

---

[194] Dazu *Schulz-Hennig*, Bank Holding Companies im Wirtschaftsrecht der USA.

[195] 70 Stat. 133, 12 U.S.C. §§ 1841 - 1849; Sec. 2 (a) 2 hat folgenden Wortlaut:

(2) Any company has control over a bank or over any company if —

(A) the company directly or indirectly or acting through one or more other persons owns, controls, or has power to vote 25 per centum or more of any class of voting securities of the bank or company;

(B) the company controls in any manner the election of a majority of the directors or trustees of the bank or company; or

(C) the Board determines, after notice and opportunity for hearing, that the company directly or indirectly exercises a controlling influence over the management or policies of the bank or company.

Unternehmen auftretenden Depotbanken[196]. Insbesondere die den Kleinaktionären vorgelegten Abstimmungsvorschläge der — zum Teil erheblichen — Kundenbesitz vertretenden Großbanken stimmen in vielen Fällen überein. Von kleineren Instituten, insbesondere Privatbanken wiederum ist bekannt, daß sie sich wegen ihrer begrenzten personellen Möglichkeiten bei der Formulierung der den Depotaktionären zu machenden Vorschläge des Sachverstandes der Großbanken bedienen, was zu einer Übereinstimmung des Abstimmungsverhaltens zwischen diesen Instituten und den Großbanken führt. Diese Praxis erfährt die ausdrückliche Billigung der BAKred, das im Rahmen seiner Depotprüfung auch die Einhaltung von § 128 Abs. 2 AktG überwacht[197]. Zu beachten ist allerdings, daß die Institute damit keineswegs aus ihrem Obligo entlassen sind. Es bleibt eine Pflicht mit dem Inhalt zu prüfen, ob die „Leitinstitute" sorgfältig gearbeitet haben, z. B. alle für die Meinungsbildung erforderlichen Informationsmöglichkeiten herangezogen haben. Gegebenenfalls, bei Auftritt von Zweifeln, müssen die Institute doch noch selber tätig werden[198].

Diese Übereinstimmungen legen nahe zu prüfen, ob eine Verbindung besteht, auf Grund derer mehrere Banken gemeinsam einen beherrschenden Einfluß ausüben können (§ 23 Abs. 2 Nr. 5). Dies hätte einen Zusammenschluß jeder der Banken mit dem „gemeinsam beherrschten" Unternehmen (nicht der Banken untereinander![199]) zur Folge. In die Prüfung einbezogen werden muß auch der Eigenbesitz der Institute, da selbstverständlich eine einheitliche Stimmausübung erfolgt. Zu bemerken bleibt noch, daß nach der oben entwickelten Meinung bei einer Kumulation von Eigen- und Fremdbesitz ein gemeinsamer beherrschender Einfluß dann vorliegt, wenn auf zwei Hauptversammlungen einer Aktiengesellschaft nacheinander (nach Abzug des Weisungsanteils) Stimmbesitz in einer Größenordnung von über 25 % des präsenten Kapitals vertreten wird[200]. Allein die Großbanken waren lediglich durch Kundenbesitz in 21 Fällen in der Lage, gemeinsam diese Schwelle zu erreichen[201], wodurch die Relevanz der Fragestellung unterstrichen wird. Die gemeinsame Beherrschung kann auf rechtlichen oder tatsächlichen Verbindungen beruhen[202]. Da die Übereinstimmung

---

[196] *Bankenstrukturkommission* Rdnr. 559.

[197] Vgl. das Schreiben des BAKred zu § 14 Abs. 4 der Richtlinien für die Depotprüfung, abgedruckt bei *Reischauer/Kleinhans*, KWG, Kza 490, S. 27.

[198] Schreiben des BAKred, ebenda.

[199] Vgl. nur *Kleinmann/Bechtold* § 23 Rdnr. 150.

[200] Vgl. oben E IV 5 c).

[201] *Bankenstrukturkommission*, Tabelle 10, S. 436.

[202] Unterrichtung des Ausschusses für Wirtschaft — Bericht der Abgeordneten Frerichs und Jens zum Entwurf eines 2. GWB-Änderungsgesetzes, BT-Drucksache 7/765, S. 7.

im Abstimmungsverhalten offensichtlich nicht Resultat entsprechender rechtlicher Verpflichtungen ist, kommt nur eine auf tatsächlicher Grundlage in Betracht[203].

Die Übereinstimmung muß zu einem beherrschenden Einfluß mehrerer Unternehmen, also zu einer gemeinsamen Beherrschung führen. Zu Recht besteht heute weitgehend Einigkeit darüber, daß das bloße Nebeneinander von Beteiligungen noch keine gemeinsame Beherrschung im hier verlangten Sinne ermöglicht[204]. Alle Gesellschafter gemeinsam bzw. die Gesellschafter, deren Anteile zusammen die erforderliche Grenze erreichen, können stets gemeinsam die Gesellschaft beherrschen. Zwar genügt für § 23 Abs. 2 Ziffer 5 die Möglichkeit der Beherrschung, die bloße Möglichkeit des Zusammenwirkens kann hingegen nicht ausreichen, da anderenfalls der Kreis der erfaßten Gesellschaften nicht eingeschränkt wäre.

Wann von einem Zusammenwirken gesprochen werden kann, wird allerdings durchaus unterschiedlich beurteilt. Der Wirtschaftsausschuß des Bundestages sah als gemeinsame Beherrschung eine Koordination der Unternehmen untereinander an[205]. Damit allein ist nicht weiterzukommen, da hiermit noch nichts über den Festigkeitsgrad der Koordination gesagt ist. Ein genügend hoher Koordinationsgrad ist aber anzunehmen, wenn besondere Umstände eine ausreichend sichere Grundlage für die Ausübung gemeinsamer Herrschaft darstellen und ein gemeinsames Vorgehen sicherstellen. Als in diesem Sinne „besondere Umstände" hat der BGH beispielsweise übereinstimmende Interessen, ein ausgeglichenes Kräfteverhältnis der Gesellschafter untereinander und familiäre Bindungen angesehen[206]. Diese Auslegung muß im Zusammenhang mit dem „Seitz-Urteil"[207] gesehen werden, in dem der BGH formuliert, daß das eine Unternehmen sich beständig einer gleichgerichteten Interessenverfolgung ausgesetzt sehen müßte. An diesen Erfordernissen dürfte es in den hier zu untersuchenden Fällen weitgehend fehlen. Wenigstens Unternehmen mit einem intakten Management sehen sich schon deshalb keiner beständigen und gleichgerichteten Interessenverfolgung ausgesetzt, da die Verwaltung

---

203 Rechtliche Bindungen sind z. B. die vertraglichen Verpflichtungen von Instituten, die an derselben Hypobank beteiligt sind, ihr Stimmrecht auf Hauptversammlungen einheitlich auszuüben.

204 *Langen/Niederleithinger/Schmidt* § 23 Rdnr. 46; *FK* § 23 Rdnr. 75; *Kleinmann/Bechtold*, § 23 Rdnr. 148; *Lanzenberger* in: Auslegungsfragen zur 2. GWB-Novelle, S. 86; *Röhling* DB 73, 1585, 1587; *Ebel*, BB 74, 749, 751.

205 Vgl. den Nachweis in Fn. 202.

206 BGHZ 74, 359, 367 „WAZ-Brost und Funke" = WuW/E BGH 1608, 1611; vgl. auch *BKartA* TB 1977, S. 73 „Prisma GmbH + Co. KG"; kritisch zur BGH-Respr. *MK* Hauptgutachten III 1978/79, Tz 489.

207 BGHZ 62, 193.

selbst auf den Meinungsbildungsprozeß stark Einfluß zu nehmen versucht. Gemeinsame Gespräche mit sämtlichen Banken, Einzelgespräche und — eventuell — ständiger Kontakt mit den Bankenvertretern im Aufsichtsrat sind die Gelegenheiten, in denen auch die Verwaltung ihre Auffassungen zur Geltung bringt. Im übrigen hat der Vorstand nach § 124 Abs. 3 Satz 1 AktG die Pflicht, zu jedem Gegenstand der Tagesordnung, über den die Hauptversammlung beschließen soll, eigene Vorschläge zu machen. Eine „Übereinstimmung der Interessen", die zwischen Banken, die an der Willensbildung desselben Unternehmens beteiligt sind, denkbar, aber nicht zwingend ist, reicht nicht aus. Es handelt sich hier um eine äußerst vage Formel, die jedenfalls nicht als „sichere" Grundlage für die Ausübung gemeinsamer Herrschaft taugt. Ebensowenig genügt der Umstand, daß die mehreren Unternehmen der gleichen Branche angehören[208]. Das von der Monopolkommission im ersten Hauptgutachten[209] gebildete Beispiel von Parallelbeteiligungen eines Industrieunternehmens und einer Bank kann deshalb jedenfalls ohne das Hinzukommen weiterer Umstände nicht überzeugen[210]. Hier liegt auch nur die Möglichkeit des Zusammenwirkens vor, die — wie oben gezeigt wurde — nicht ausreicht. Eine „sichere" Grundlage für die Ausübung gemeinsamer Herrschaft kann nur angenommen werden, wenn eine Stimmbindung oder -koordinierung gewiß ist, es also sicher dazu kommt, wovon in den hier untersuchten Fällen keine Rede sein kann. Der Ausgang der vorherigen Abstimmung des Hauptversammlungsverhaltens zwischen den Instituten ist völlig offen. Dabei ist sogar ungewiß, ob es überhaupt zu einer erfolgreichen Koordination kommt. Dies gilt generell und nicht nur für Ausnahmefälle. Häufig ist es auch so, daß die Gegenstände der Tagesordnung in getrennten Gesprächen, die die Verwaltung mit den in Frage kommenden Banken führt, eine Rolle spielen. In diesen Fällen kann nicht von einer Koordination des Abstimmungsverhaltens gesprochen werden. Problematisch ist hier nur der allerdings ganz andere Aspekt, daß andere Aktionärsgruppen nicht gleichermaßen in der Lage sind, ihre Interessen geltend zu machen. Für die kleineren Institute kommt hinzu, daß sie sich zwar auf den Sachverstand der größeren Banken verlassen; dies tun sie aber nicht „blind" (im Sinne einer Stimmbindung), sondern kritisch aus einer eigenen Prüfungspflicht heraus.

Die häufige Übereinstimmung der Abstimmungsvorschläge und des Abstimmungsverhaltens selbst läßt jedenfalls für den Regelfall nicht die Annahme einer gemeinsamen Beherrschungsmöglichkeit mehrerer Unternehmen iSd § 23 Abs. 2 Ziffer 5 zu.

---

[208] So auch *Klanmann/Bechtold,* § 23 Rdnr. 148.

[209] Tz 875.

[210] So ausdrücklich auch *Kleinmann/Bechtold* § 23 Rdnr. 148.

8. Zusammenschluß(vorhaben) und Untersagung: Rechtsfolgen

a) *Übersicht*

Ein *Zusammenschluß* — gleichgültig, ob bereits vollzogen oder nicht — *ist* unter den Voraussetzungen des § 23 Abs. 1 gegenüber dem BKartA *anzuzeigen.* Für Kreditinstitute tritt an Stelle der Umsatzerlöse von mindestens 500 Millionen DM (§ 23 Abs. 1 Satz 1 Ziffer 2) gem. § 23 Abs. 1 Satz 4 ein Zehntel der Bilanzsumme (10/10 also 5 Mrd. DM), die gem. Satz 5 um diejenigen Ansätze zu vermindern ist, die für Beteiligungen an iSd § 23 Abs. 1 Satz 2 verbundene Unternehmen ausgewiesen sind.

Bereits das *Vorhaben* eines Zusammenschlusses *ist* unter den Voraussetzungen des *§ 24 a Abs. 1 Satz 2 anzumelden.* Unterliegt ein Zusammenschlußvorhaben zwingend der Präventivkontrolle, so greift gem. § 24 a Abs. 4 ein *Vollzugsverbot* und ein *Verbot der Mitwirkung am Vollzug ein.*

Erwartet das BKartA die Entstehung oder Verstärkung einer marktbeherrschenden Stellung, so hat es den Zusammenschluß zu untersagen. Dies löst weitere Rechtsfolgen aus.

Gem. § 24 Abs. 2 Satz 4 ist es *unzulässig,* den Zusammenschluß *zu vollziehen oder* am Vollzug *mitzuwirken.* Ist der Zusammenschluß *bereits vollzogen, so ist* er gem. § 24 Abs. 2 Satz 5 *aufzulösen.*

Im folgenden soll kurz dargestellt werden, welche Konsequenzen sich aus der Anzeige- bzw. Anmeldepflicht und einer Untersagung für die herausgearbeiteten „banktypischen" Verbindungsformen ergeben. Diese betrafen Stimmrechte (aus Vollmachtstimmen und Eigenbesitz) und deren Kumulation mit anderen Einflußmöglichkeiten einerseits sowie Kreditbeziehungen und Sicherungsabreden andererseits. Entsprechend soll im folgenden differenziert werden.

b) *Zusammenschlüsse auf Grund der Vertretung von Vollmachtstimmen bzw. deren Kumulation mit Eigenbesitz*

aa) Präventivkontrolle

aaa) Anmeldepflicht

Die Pflicht zur Anmeldung von Zusammenschluß*vorhaben* gilt unter der Voraussetzung der Erfüllung bestimmter Größenkriterien (§ 24 a Abs. 1 Satz 2).

Von einem Zusammenschlußvorhaben kann dann gesprochen werden, wenn seine Form und die beteiligten Unternehmen feststehen[211], die zur Geschäftsführung berufenen Organe Einigkeit erzielt haben[212], aber noch ein Vollzugsakt fehlt.

In den hier problematisierten „Stimmrechtsfällen" fehlt es regelmäßig an dem Vorhaben eines Zusammenschlusses. Zum einen mangelt es vor der als Tatbestandsmerkmal verlangten zweiten Hauptversammlung nicht nur an einem Vollzugsakt, sondern es ist in diesem Stadium der Umfang des u. U. möglichen Zusammenschlusses noch ganz offen, da unklar ist, ob das betreffende Kreditinstitut die kritische Schwelle erreicht. Für die Entscheidungsträger in dem Kreditinstitut steht erst im Verlaufe der Hauptversammlung fest, wie groß der von ihrem Hause vertretene Stimmrechtsanteil aus Fremdbesitz und damit aus Eigen- und Fremdbesitz ist. Das Kreditinstitut, welches Fremdbesitz vertritt, kann noch bis zum Tage der Hauptversammlung selbst Vollmachten erhalten. Ebenso können Aktionäre, die es sich anders überlegt haben und sich selbst vertreten wollen, Vollmachten entziehen — die Vollmacht ist jederzeit widerruflich, vgl. § 135 Abs. 2 Satz 2 AktG. Die Möglichkeiten der EDV dürfen insoweit nicht überschätzt werden, da jeder eintreffende Brief eines Aktionärs einzeln daraufhin geprüft werden muß, ob und gegebenenfalls welche Weisungen er enthält. Noch am Tage der Hauptversammlung selbst sind, wie § 129 AktG ergibt, Veränderungen im vertretenen Stimmrechtsumfang möglich, an die nach h. M. das Teilnehmerverzeichnis ständig anzupassen ist[213]. Letztlich steht also erst im Augenblick der Abstimmung fest, wie hoch der Stimmenanteil aus Fremdbesitz und damit eventuell der aus Eigen- und Fremdbesitz ist, den eine Bank vertritt.

Es wäre ganz lebensfremd, von den Vertretern des Kreditinstituts auf der Hauptversammlung des Unternehmens (die zur Geschäftsführung berufenen Organe der Banken wissen von der konkreten Entwicklung nichts!) zu verlangen, einen Zusammenschluß iSd GWB zu konstatieren, u. U. sofort anzumelden und das (noch zu erörternde) Vollzugsverbot zu beachten.

Den Besonderheiten dieser Zusammenschlußform als einer sich unabhängig von voluntativen Elementen der Entscheidungsträger in den beteiligten Unternehmen entwickelnden Verbindung kann vielmehr nur Rechnung getragen werden, wenn erkannt wird, daß das Vorhaben eines Zusammenschlusses hier nicht denkbar ist.

---

[211] *Mestmäcker* in Immenga/Mestmäcker § 24 a Rdnr. 7; *Kleinmann/Bechtold* § 24 a Rdnr. 2.

[212] *Mestmäcker*, ebenda; *Langen/Niederleithinger/Schmidt* § 24 a Rdnr. 2.

[213] *Zöllner* in Kölner Kommentar zum AktG § 129, Rdnr. 13 f.

bbb) Vollzugsverbot

§ 24 a Abs. 4 verbietet den Vollzug anmeldepflichtiger Zusammenschlußvorhaben ebenso wie die Mitwirkung an einem Vollzug. Da festgestellt wurde, daß bei den hier problematisierten Zusammenschlußfällen in keinem Stadium von einem „Vorhaben" gesprochen werden kann, ist auch für ein Vollzugsverbot gem. § 24 a Abs. 4 kein Platz.

Würde man entgegen der hier vertretenen Ansicht gleichwohl die Möglichkeit eines Stadiums „Vorhaben" bejahen, so würde dies zu einer Kollision zwischen öffentlich-rechtlichen Pflichten aus dem GWB (Einhaltung des Vollzugsverbots) und der privatrechtlichen Pflicht, der Bevollmächtigung durch die Aktionäre nachzukommen, führen. Diese letztgenannte Pflicht besteht selbstverständlich unabhängig davon, wen man (Bank oder Kleinaktionär) als Träger des Einflußmittels Vollmachtstimmrecht ansieht. In dieser Kollisionssituation sollte der privatrechtlichen Pflicht der Vorrang gebühren, da jedenfalls keine irreversible Wettbewerbsverschlechterung geschaffen wird: das BKartA hat anschließend an die zweite Hauptversammlung die Möglichkeit, ein Untersagungsverfahren durchzuführen.

bb) Nachträgliche Kontrolle

Eine nachträgliche Zusammenschlußkontrolle ist unter den Gesichtspunkten Anzeigepflicht, Vollzugsverbot (§ 24 Abs. 2 Satz 4) und Auflösung zu problematisieren.

aaa) Anzeigepflicht und Vollzugsverbot

Der *Anzeigepflicht* gem. § 23 Absätze 1, 4 und 5 ist nachzukommen, wenn eine der hier entwickelten Zusammenschlußalternativen realisiert ist, ein Kreditinstitut also beispielsweise auf einer Hauptversammlung (wie bereits auf der vorigen) nach Abzug des Weisungsanteils Stimmrechte aus Fremd- oder aus Eigen- und Fremdbesitz von über 25 % des präsenten Grundkapitals vertreten hat.

Da auch insoweit kein Stadium denkbar ist, in welchem zur Vollendung des Zusammenschlusses noch ein Schritt fehlt, ist folgerichtig für das *Vollzugsverbot* gem. § 24 Abs. 2 Satz 4 kein Platz.

bbb) Auflösung

Die Auflösung einer der hier beschriebenen Zusammenschlußfälle nach Erlaß einer Auflösungsverfügung[214] soll entweder zum status quo ante führen oder die Wettbewerbsbeschränkung auf andere Weise beseitigen (§ 24 Abs. 6 Satz 1).

[214] Sie wird von der h. M. neben der Untersagungsverfügung verlangt, vgl. z. B. *Kleinmann/Bechtold,* § 24 Rdnr. 295; dagegen *Mestmäcker* in Immenga/Mestmäcker § 24 Rdnr. 192.

Unproblematisch sind die Fälle, in denen soviel Eigenbesitz vorhanden ist, daß dessen Verkauf die kumulierten Stimmrechte unter die Schwelle von über 25 % drückt. Das BKartA kann den Verkauf entsprechender Prozentsätze an Eigenbesitz anordnen.

Wesentlich schwieriger sind die Konstellationen zu beurteilen, in denen das betreffende Kreditinstitut Vollmachtstimmen (allein oder neben Eigenbesitz) in einer Größenordnung von über 25 % des präsenten Grundkapitals vertritt.

Eine denkbare Lösung könnte darin gesehen werden, die Bank zu verpflichten, so viele Depotverträge zu kündigen, bis sie mit der Gesamtzahl der vertretenen Stimmen unter der kritischen Schwelle liegt. Dies begegnet insofern Schwierigkeiten, als Wertpapierdepots in der ganz überwiegenden Zahl der Fälle verschiedene Werte enthalten, die Depots also aufgespalten werden müßten. Es fragt sich auch, ob der Erforderlichkeitsgrundsatz beachtet wäre.

Als Alternative kommt eine Lösung auf der Vollmachtsebene in Betracht. Von den Depotverträgen mit gemischt-typischem Charakter (Verwahrung und Geschäftsbesorgung in Form der Effektenverwaltung)[215] streng zu unterscheiden ist die Bevollmächtigung des verwahrenden Kreditinstituts zur Stimmrechtsvertretung auf der Hauptversammlung. Der Zusammenschluß auf Grund Stimmrechtsvertretung von über 25 % kann auch dadurch aufgelöst werden, daß Vollmachten in der entsprechenden Größenordnung zwangsweise übertragen werden. Die Vorschrift des § 135 Abs. 10 Satz 1 AktG, die das Kreditinstitut unter bestimmten Voraussetzungen verpflichtet, dem Auftrag eines Aktionärs zur Stimmrechtsausübung zu entsprechen, hätte hinter einer ihr widersprechenden Auflösungsverfügung zurückzutreten. Dem Erforderlichkeitsgrundsatz würde diese Lösung gegenüber der zunächst genannten entsprechen, da jedenfalls kein Eingriff in die Depotverträge erfolgen müßte. In die Bevollmächtigtenrolle sollten an Stelle der Bank Aktionärsvereinigungen treten, z. B. die Deutsche Schutzvereinigung für Wertpapierbesitz e. V. Eine Übertragung von Stimmrechtsvollmachten auf Aktionärsvereinigungen trägt der Erkenntnis der Passivität von Kleinaktionären besser Rechnung als eine isolierte Untersagung einer Ausführung der Vollmachten, die u. U. zum Brachliegen von Stimmrechten führen würde. Auch dürften die Interessen der Kleinaktionäre durch diese Lösung optimal gewahrt werden. Dies ist auch der Grund, nicht auf die in § 24 Abs. 7 Ziffer 2 vorgesehene Möglichkeit, die Art der Ausübung des Stimmrechts von der Erlaubnis des BKartA abhängig zu machen, zurückzugreifen: der Kartellbehörde fehlt die hier erforderliche Sachkunde.

---

[215] *Canaris* in Großkommentar zum HGB, Anhang nach § 357, Rdnr. 937.

Die Übertragung von Vollmachten auf Aktionärsvereinigungen kraft behördlicher Verfügung kann letztlich nur als Angebot an die Aktionäre verstanden werden: Hat ein Aktionär z. B. kein Vertrauen in die ihn nun vertretende Aktionärsvereinigung, so kann er die Vollmacht jederzeit widerrufen und entweder sich selbst vertreten oder die Vollmacht einem Dritten übertragen. Ein Recht des Bevollmächtigten, auf die ihm übertragene Vollmacht zu verzichten und sie zum Erlöschen zu bringen, ist zwar umstritten, sollte aber mit der h. M.[216] der Aktionärsvereinigung jedenfalls aus besonderem Grund eingeräumt werden, um ihr nicht Rechte aufzuzwingen, die sie nicht haben will.

Die Beantwortung der Frage, auf welche Aktionärsvereinigungen die Vollmachten übertragen werden, sollte sich primär daran orientieren, ob die betreffende Vereinigung auf der letzten Hauptversammlung bereits Stimmen des Unternehmens vertreten hat; dies läßt Vertrautsein mit den Problemen des Unternehmens erwarten.

Da es niemals erforderlich sein wird, sämtliche von einem Kreditinstitut auf der Hauptversammlung eines Unternehmens ausgeführten Vollmachten zu übertragen, stellt sich die Frage, welche Stimmrechte zukünftig von Aktionärsvereinigungen wahrgenommen werden sollen und welche bei der Bank verbleiben. Hier sollte die zeitliche Einstellung von Aktien in das Depot ausschlaggebend sein. Übertragen werden mithin Vollmachten aus Stimmrechten der Aktien, die zeitlich zuletzt in die Depots der Banken eingebracht worden sind. Es handelt sich um die Werte, die zu einem Überschreiben der kritischen Schwelle von 25 % geführt haben. In Hinblick auf die Möglichkeiten der EDV im Bankbetrieb dürfte die Feststellung dieser Depotkonten keine Schwierigkeiten bereiten. Hingenommen werden muß bei dieser Lösung, daß aus demselben Depot resultierende Stimmrechte von verschiedenen Bevollmächtigten vertreten werden. Die Depots selbst können komplett bei dem Kreditinstitut des Vertrauens bleiben, das auch die übrige Verwaltung der Werte für den Aktionär fortführt.

Alternativ wäre denkbar, es der Bank zu überlassen, so viele Depots zu benennen, daß die Gesamtheit der aus ihnen resultierenden Vollmachten für die Hauptversammlung des Zusammenschlußpartners, von der Gesamtheit aller durch die Bank vertretenen Stimmen der Gesellschaft abgezogen, die 25 %-Schwelle erreichen bzw. unterschreiten läßt. Die Vollmachten der von der Bank ausgesuchten und benannten Aktien wären dann zu übertragen.

Möglich erscheint ferner die Zwangsübertragung von Vollmachten unter der auflösenden Bedingung des „Schrumpfens" der Gesamtzahl

[216] Vgl. nur *Larenz*, BGB-AT, S. 567 m. w. N.

der Depotaktien eines Kreditinstituts unter die 25 %-Schwelle. Damit würde der besonderen Vertrauensbeziehung zwischen Kreditinstitut und Aktionär insofern Rechnung getragen, als die Trennung des Aktionärs von seiner Bank u. U. zeitlich begrenzt bliebe.

Nahe liegt schließlich auch die Einschaltung eines Treuhänders analog § 24 Abs. 7 Ziffer 4, der den kritischen Stimmrechtsanteil übernimmt.

c) Zusammenschlüsse auf Grund einer Kumulation von Stimmrechten (mindestens 20 %) mit weiteren Einflußmöglichkeiten

aa) Präventivkontrolle

Handelt es sich um Fälle, bei denen das Kreditinstitut über Stimmrechte in der Größenordnung von 20 % bereits verfügt und eine weitere Einflußlinie geschaffen werden soll (z. B. steht die Mitgliedschaft eines Bankenvertreters im Aufsichtsrat der Nichtbank zur Debatte), so kann von einem Vorhaben, sich zusammenzuschließen, gesprochen werden; es ist *anzumelden* und das *Vollzugsverbot des § 24 a Abs. 4* wird wirksam.

Die gleichen Erwägungen gelten für die Konstellation, daß Stimmrechte in einer Größenordnung von unter 20 % vertreten werden und (z. B.) ein Bankvertreter Mitglied im Aufsichtsrat der Nichtbank ist; dies ist ein fusionskontrollrechtlich unbedenklicher Fall. Plant das Kreditinstitut nun einen Erwerb von Anteilen, deren Stimmrechte zusammen mit den aus dem Depot resultierenden Stimmrechten der Kleinaktionäre bzw. mit den Stimmen aus schon vorhandenem Eigenbesitz es über die 25 %-Schwelle bringen würden, so muß dieser geplante Erwerb als Zusammenschlußvorhaben *angemeldet* werden. Auch hier greift das *Vollzugsverbot* des § 24 a Abs. 4 Platz.

Handelt es sich hingegen um Fälle, bei denen durch Depotveränderungen oder Verschiebungen in den Vollmachtsquoten die 20 %-Schwelle erreicht wird (neben einer weiteren Einflußlinie), so haben wir es wieder mit einer „Entwicklung" eines Zusammenschlusses zu tun, der erst mit Vollzug sichtbar wird. Von dem Vorhaben eines Zusammenschlusses kann abermals nicht gesprochen werden, so daß auch für eine Präventivkontrolle kein Platz ist.

bb) Nachträgliche Kontrolle

Hinsichtlich *Anzeigepflicht* und *Vollzugsverbot* (gem. § 24 Abs. 2 Satz 4) gibt es keine spezifischen Probleme. Auch bezüglich der *Auflösung* eines bereits vollzogenen Zusammenschlusses gibt es keine über allgemeine hinausweisende besondere Schwierigkeiten. Falls Eigenbesitz vorhanden ist, kann sein Abbau verlangt werden, bis die Stimmrechte insgesamt die 20 %-Grenze unterschreiten. Im übrigen kann die Aufgabe der zusätzlichen Einflußlinie verlangt werden, also z. B. die Niederlegung der von der Bank gehaltenen Aufsichtsratssitze.

d) Zusammenschlüsse auf Grund der Möglichkeit einer Kreditkündigung aus wichtigem Grund

aa) Präventivkontrolle

Für diese Zusammenschlußfälle eine Anmeldepflicht annehmen zu wollen, wäre sinnwidrig, da von einem Zusammenschlußvorhaben nicht gesprochen werden kann. Zum einen entwickelt sich die Beziehung Kreditinstitut — Schuldner, bis es — überspitzt ausgedrückt — eines Tages soweit ist, daß die verschlechterte Bonität eine Kreditkündigung aus wichtigem Grund zuläßt. Zum anderen haben Gläubigerbank und Schuldnerunternehmen gerade nicht vor, es zu einer prekären Situation kommen zu lassen; sie soll im Gegenteil mit allen Mitteln vermieden werden. Die Beteiligten werden bestrebt sein, das Schuldnerunternehmen aus dieser Lage herauszubringen.

Wir haben es somit auch hier wieder mit Zusammenschlußfällen zu tun, die entstehen, ohne das Stadium Vorhaben durchlaufen zu haben. Eine Anmeldepflicht kommt ebensowenig in Frage wie ein Vollzugsverbot nach § 24 a Abs. 4.

bb) Nachträgliche Kontrolle

aaa) Anzeigepflicht und Vollzugsverbot

Der *Anzeigepflicht* nach § 23 Absätze 1, 4 und 5 ist von Gläubigerbank und Schuldnerunternehmen nachzukommen, sobald der Kreditnehmer in eine Krise geraten ist, die das Damoklesschwert einer Kündigung aus wichtigem Grund über ihm schweben läßt.

Für das *Vollzugsverbot* des § 24 Abs. 2 Satz 4 ist wohl kein Raum. In der Literatur ist der Inhalt des Vollzugsverbotes allerdings strittig. Während auf der einen Seite die Ansicht vertreten wird, das Vollzugsverbot erfasse den Zusammenschluß in seinem status quo[217], um die Schwierigkeiten einer Auflösung gering zu halten, wird von anderen die Meinung vertreten, nur die Vollendung des Zusammenschlußtatbestandes sei untersagt[218]. Auch nach der „status-quo-Ansicht" dürfte eine weitere Verschuldung des Kreditnehmers nicht am Vollzugsverbot scheitern. Zwar wird die Auflösung des Zusammenschlusses hierdurch

---

[217] *Mestmäcker* in Immenga/Mestmäcker § 24 Rdnr. 163.

[218] *Kleinmann/Bechtold*, § 24 Rdnr. 286.

u. U. erschwert, jedoch ist zu bedenken, daß das Ziel weiterer Schuldenaufnahmen die Sanierung des Kreditnehmers ist, mithin also die Lockerung der Verbindung mit Hilfe einer zeitweisen Vertiefung.

bbb) Auflösung

Die Auflösung der hier zur Diskussion stehenden Zusammenschlußalternative ist nur durch Rückführung der Kredite möglich. Die stillschweigende Drohung der Gläubigerbank wird durch Verfügung des BKartA wahr gemacht. Die Konsequenz ist der Ruin des Kreditnehmers. Es besteht eine deutliche Parallele zur Problematik der sog. „Sanierungsfusionen“[219]. Hier wie dort ist die Alternative eines Zusammenschlusses das Ausscheiden eines Wettbewerbers infolge Konkurses. Hier wie dort drohen nicht nur die Zerstörung wirtschaftlicher Werte im Krisenunternehmen, sondern auch Geldverluste bei Gläubigern, hier bei der oder den Gläubigerbanken. Man wird die hier debattierte Zusammenschlußform sogar als einen Fall einer bereits vollzogenen „Sanierungsfusion“ einordnen können.

Die Debatte um die Anerkennung des Sanierungsarguments im Rahmen der Zusammenschlußkontrolle ist noch nicht abgeschlossen. Das BKartA trägt der Sanierungsproblematik bei der Abwägungsklausel des § 24 Abs. 1 Rechnung[220]. Ferner hat sie im Rahmen der Ministererlaubnis eine Rolle gespielt[221].

Nach der bisherigen Verwaltungspraxis kommt die Würdigung des Sanierungsargumentes als Verbesserung der Wettbewerbsbedingungen vor allem in Betracht, wenn die Marktstruktur ausgewogener wird, insbesondere die Ressourcen des Unternehmens bei seinem Ausscheiden dem Marktführer zuwachsen würden[222], ferner bei Erhalt eines besonders wettbewerbsaktiven Unternehmens[223] und bei Erhalt eines wichtigen Wettbewerbers durch die Fusion bei gleichzeitigem Eintritt dekonzentrativer Wirkungen[224]. Schließlich schlägt das Sanierungsargument durch, wenn auf Grund des Zusammenschlusses mehr Unternehmen erhalten werden als ohne[225].

---

219 Hierzu *Mestmäcker* in Immenga/Mestmäcker § 24 Rdnr. 121 ff.; *Emmerich* Kartellrecht S. 266 ff.; *Immenga* ZHR 137 (1973), S. 334 ff.

220 Vgl. die Grundsätze des *BKartA* zu Sanierungsfusionen in TB 76, S. 22 ff.; ferner TB 75, 42 „WRZ/NRZ“; WuW/E BKartA 1571, 1582 „Kaiser-VAW“; 1653, 1655 „Babcock-Artos“; vgl. hierzu MK Sondergutachten 4, Tz 62 ff.

221 Bundeswirtschaftsminister WuW/E BWM 159, 162 „Thyssen-Hüller“.

222 BKartA WuW 77, 86 „Benteler-Niederrheinstahl“.

223 *BKartA* TB 74, S. 40 „Gerling“.

224 BKartA WuW 78, 558.

225 BKartA WuW/E BKartA 1571, 1581 „Kaiser-VAW“.

Das Ausscheiden des Kreditnehmers infolge einer Untersagungs- bzw. Auflösungsverfügung des BKartA kann vermieden werden, wenn es Gläubigerbank und Schuldnerunternehmen gelingt nachzuweisen, daß ein realistisches Sanierungskonzept besteht, welches die konkrete Chance beinhaltet, das angeschlagene Unternehmen gesundet aus dem Einflußbereich der Bank zu entlassen. Derartige Argumente können u. U. im Rahmen der Abwägungsklausel eine Rolle spielen, da in diesem Falle ein Wettbewerber erhalten bleibt und Verbesserungen der Wettbewerbsbedingungen eintreten können, die die Nachteile der Marktbeherrschung überwiegen.

Weisen die beteiligten Unternehmen das Bestehen eines solchen Konzepts nicht nach, so ist der Ruin des Kreditnehmers unausweichlich. Er wird in der Regel zeitlich nur vorgezogen werden, was das Fehlen eines Sanierungsplanes gerade zeigt.

e) Zusammenschlüsse auf Grund extensiver Sicherungsabreden

aa) Präventivkontrolle

In den hier debattierten Fällen wird es einen Zeitpunkt geben, in welchem entsprechende Vereinbarungen getroffen werden. Bei sukzessiver Verstärkung der Sicherungs- und Kontrollrechte gibt es mehrere Vereinbarungszeitpunkte und damit auch einen, in dem das hier formulierte kritische Maß erreicht ist. Da dies abzusehen ist, besteht zuvor die Möglichkeit, *anzumelden.*

Dadurch wird das *Vollzugsverbot* des § 24 a Abs. 4 ausgelöst. Die geplante Vereinbarung der Sicherungs- und Kontrollrechte darf für eine Dauer von maximal vier Monaten (§ 24 a Abs. 2 Satz 1) nicht durchgeführt werden. Da die Sicherungen regelmäßig Bedingungen einer weiteren Kreditvergabe sein werden, kann die betroffene Nichtbank in Schwierigkeiten geraten. Dies wird nur durch rechtzeitige Anmeldung und beschleunigte Prüfung durch das BKartA vermieden werden können.

bb) Nachträgliche Kontrolle

Eine *Anzeigepflicht* besteht in diesen Fällen von dem Moment an, in welchem über ein gewöhnliches Maß hinausgehende Sicherungs-, Kontroll- und Mitwirkungsrechte vereinbart werden, die dem Kreditinstitut die Möglichkeit, beherrschenden Einfluß auszuüben, verschaffen. Es wird eingeräumt, daß es für Kartellbehörde und für die Rechtsabteilungen der beteiligten Unternehmen nicht immer leicht sein wird, die insoweit erforderlichen Kontroll- und Einflußrechte zu konstatieren. Dies entbindet jedoch nicht von der Anzeigepflicht.

Für das *Vollzugsverbot* gem. § 24 Abs. 2 Satz 4 wird nur Platz sein, wenn die Kartellbehörde auf andere Weise als durch Anzeige von der Vereinbarung der Sicherungsrechte erfährt. In anderen Fällen unterliegen die Unternehmen entweder zwingend der Präventivkontrolle — dann greift das Vollzugsverbot des § 24 a ein — oder sie zeigen die Vereinbarung der entsprechenden Sicherungsrechte an — dann ist bereits vollzogen und für das Vollzugsverbot kein Raum.

Eine denkbare Maßnahme zur *Auflösung* eines derartigen Zusammenschlusses ist die Reduzierung der Sicherungsabreden auf ein Maß, welches sie fusionskontrollrechtlich als nicht mehr kritisch erscheinen läßt. Es wurde jedoch bereits darauf verwiesen, daß extensive Sicherungsabreden erst bei entsprechend schlechter Bonität des Schuldners vereinbart werden können und Abhängigkeit begründen. Das isolierte Beschneiden der Sicherungsabreden dürfte im Regelfall das Problem unter kartellgesetzlichen Gesichtspunkten deshalb nicht lösen, da dann immer noch die schlechte Bonität (mit der Möglichkeit zur Kündigung aus wichtigem Grund) bleibt. Erst wenn auch auf dieser Ebene Maßnahmen verfügt worden sind, wird man deshalb von einer Auflösung des Zusammenschlusses sprechen können.

V. Die „Bankenklausel" (§ 23 Abs. 3 Satz 2)

1. Allgemeines

§ 23 Abs. 3 Satz 2 privilegiert den transitorischen Erwerb von Anteilen durch Banken fusionskontrollrechtlich. Danach liegt ein Zusammenschluß nicht vor, wenn ein Kreditinstitut bei der Gründung oder Kapitalerhöhung eines Unternehmens oder sonst im Rahmen seines Geschäftsbetriebs Anteile an einem anderen Unternehmen zum Zweck der Veräußerung auf dem Markt erwirbt, solange es das Stimmrecht aus diesen Anteilen nicht ausübt und sofern die Veräußerung innerhalb eines Jahres erfolgt; die Ausübung des Stimmrechts in der ersten Hauptversammlung nach Gründung eines Unternehmens führt nicht zu einem Zusammenschluß.

Die Vorschrift gilt für Kreditinstitute. Kreditinstitute sind nach der Legaldefinition des § 1 Abs. 1 Satz 1 KWG Unternehmen, die Bankgeschäfte betreiben, wenn der Umfang der Geschäfte einen in kaufmännischer Weise eingerichteten Geschäftsbetrieb erfordert.

Eine ähnliche Regelung enthält Art. 2 Ziffer 4 EWG-Fusionskontrollentwurf[226]. Danach wird die Kontrolle eines Unternehmens nicht be-

---

[226] Vorschlag der Kommission für eine „Verordnung (EWG) des Rates über die Kontrolle von Unternehmenszusammenschlüssen" v. 20. 7. 73, ABl. C 92/1 ff. vom 31. 10. 73, abgedruckt als Anhang VIII bei *Kleinmann/Bechtold*.

gründet, wenn Banken oder Finanzierungsunternehmen Anteilsrechte an diesem zum Zwecke der Veräußerung auf dem Markt erwerben, sofern sie die sich aus diesen Anteilsrechten ergebenden Stimmrechte nicht ausüben. Verglichen mit dem deutschen Recht ist diese Regelung einerseits weiter. Neben Banken werden auch Finanzierungsunternehmen erfaßt. Unter diesen Begriff werden z. B. Gesellschaften rubriziert werden können, deren Zweck in der Aufbringung und Bereitstellung von Haftungskapital liegt. Der EG-Vorschlag ist andererseits enger. Er beschränkt die Privilegierung auf die Fälle der Gründung und Kapitalerhöhung — zwei Möglichkeiten, die in der deutschen Regelung nur beispielhaft erwähnt sind. Grundsätzlich genügt die Übernahme im Rahmen des Geschäftsbetriebs.

Der fusionskontrollrechtlichen Privilegierung entspricht nicht auch eine steuerliche. § 6 b EStG enthält eine Regelung, wonach die bei einer Veräußerung bestimmter Wirtschaftsgüter realisierten stillen Reserven unter bestimmten Voraussetzungen steuerneutral behandelt werden sollen[227]. Hierhin gehören auch „Anteile an Kapitalgesellschaften". Steuerpflichtige, die solche Anteile veräußern, können, wenn sie im gleichen Wirtschaftsjahr bestimmte Wirtschaftsgüter (z. B. Anteile an einer anderen Kapitalgesellschaft) erwerben, von den hier aufzubringenden Anschaffungs- oder Herstellungskosten den bei der Veräußerung realisierten Gewinn absetzen. Voraussetzung für diese steuerliche Privilegierung ist gem. § 6 b Abs. 4 Ziffer 2 EStG u. a., daß die veräußerten Wirtschaftsgüter im Zeitpunkt der Veräußerung mindestens 6 Jahre ununterbrochen zum Anlagevermögen einer inländischen Betriebsstätte gehört haben. Der Wortlaut läßt die Zugehörigkeit zu irgendeiner inländischen Betriebsstätte genügen. Indes besteht in der steuerrechtlichen Literatur Einigkeit über die Notwendigkeit der Zugehörigkeit zu irgendeiner inländischen Betriebsstätte gerade des veräußernden Steuerpflichtigen selbst[228]. Begründet wird diese teleologische Reduktion damit, daß eine Begünstigung spekulativer Geschäfte vermieden werden müsse. Nur die bei dem Steuerpflichtigen selbst während einer längeren Zeit eingetretene Wertsteigerung solle begünstigt werden. Die 6-Jahresfrist solle dies sicherstellen[229]. Somit kommt das an die Bank veräußernde Nichtbankunternehmen — soweit die Tatbestandsmerkmale des § 6 b EStG (iVm § 8 Abs. 1 KStG) erfüllt sind — in den Genuß der Steuervergünstigungen, nicht aber das die Transaktion durchführende Institut[230].

---

[227] *Herrmann/Heuer*, § 6 b EStG, Rdnr. 4.

[228] *Herrmann/Heuer*, § 6 b EStG Rdnr. 277; *Söffing* in Lademann/Söffing/Brockhoff, § 6 b EStG Rdnr. 89, *Bordewin* in Hartmann/Böttcher/Nissen/Bordewin § 6 b EStG Rdnr. 153.

[229] *Herrmann/Heuer*, § 6 b EStG Rdnr. 277.

2. Privilegierung nur für Unternehmen in der Rechtsform der AG?

In der Literatur vertritt neuerdings Mestmäcker die Ansicht, ein transitorischer Erwerb durch Kreditinstitute käme nur in Betracht, wenn es sich um Anteile an einer Aktiengesellschaft handele[231]. Begründet wird dies mit Wortlaut und systematischem Zusammenhang der Vorschrift. Das Gesetz fordere „Umlauffähigkeit", „Verbriefung in Wertpapieren" und eine „Hauptversammlung" — Merkmale, die es nur bei Aktiengesellschaften gebe. Auch sei nur hier die Stimmrechtsausübung in der konstituierenden Hauptversammlung von besonderer Bedeutung.

Die singuläre Funktion der konstituierenden Hauptversammlung ist nicht zu leugnen. Von „Umlauffähigkeit" hingegen ist jedenfalls nicht ausdrücklich die Rede. Die ratio legis führt zu den Grenzen des Anwendungsbereiches der Norm. Sinn und Zweck ist die Privilegierung des Handels mit Wertpapieren[232] und die Erleichterung des Emissionsgeschäftes[233]. Dies ist nicht Selbstzweck. Vielmehr soll die wichtige volkswirtschaftliche Funktion des Marktes für Beteiligungen und Unternehmen gewährleistet bleiben. Dieser Markt umfaßt nicht nur Unternehmen in der Rechtsform der Aktiengesellschaft. Auch Unternehmen anderer Rechtsformen (z. B. GmbH) und Anteile hieran werden auf diesem Markt gehandelt. Ein rechtsformneutrales Recht der Zusammenschlußkontrolle macht es erforderlich, den Anwendungsbereich der Bankenklausel nicht nur auf Aktiengesellschaften zu beschränken.

Eine weitere Überlegung bestätigt dieses Ergebnis. Es besteht Einigkeit darüber, daß die Bankenklausel den Anteilserwerb iSv § 23 Abs. 2 Nr. 2 erfaßt[234], wobei es auf die Höhe des Anteils nicht ankommt[235]. § 23 Abs. 2 Ziffer 2 erfaßt — nach der Verdeutlichung in Satz 5 durch die vierte Novelle ausdrücklich — Unternehmen aller Rechtsformen, soweit nur Stimmrechte bestehen, die übertragen werden können[236]. Dadurch werden heute Unternehmen praktisch jeder Rechtsform erfaßt. Die AG, KGaA, GmbH, bergrechtliche Gewerkschaft, oHG, KG, Gesellschaft bürgerlichen Rechts, Genossenschaft und der VVaG gehören hier ebenso hin wie Vereine, soweit sie Unternehmen

---

230 So ausdrücklich auch *Uelner* in Jahrbuch der Fachanwälte für Steuerrecht 1975/76, S. 203, 220.

231 *Mestmäcker* in Immenga/Mestmäcker § 23 Rdnr. 183.

232 Regierungsbegründung zur 2. Novelle, BT-Drucksache VI/2520, S. 27.

233 *Langen/Niederleithinger/Schmidt*, § 23 Rdnr. 34.

234 Regierungsbegründung zur 2. Novelle, BT-Drucksache VI/2520, S. 27; *Kleinmann/Bechtold* § 23 Rdnr. 165; *Mestmäcker* in Immenga/Mestmäcker, § 23 Rdnr. 183; *Westrick/Loewenheim* § 23 Rdnr. 82.

235 *Westrick/Loewenheim*, ebenda.

236 *Mestmäcker* in Immenga/Mestmäcker § 23 Rdnr. 147.

sind[237]. Der Anwendungsbereich von § 23 Abs. 2 Ziffer 2 determiniert den der Bankenklausel. Es ist kein Grund ersichtlich, von diesem Zusammenhang abzurücken[238].

3. „Veräußerung auf dem Markt“

Der hier angesprochene Markt ist der für Beteiligungen und Unternehmen. Veräußerung auf dem Markt heißt dabei nicht, daß die Anteile mehreren Nachfragern, u. U. sogar „öffentlich“ angeboten werden müssen. Den Marktusancen muß Rechnung getragen werden. Händlerinstitute bzw. Makler sondieren ständig — auch ohne aktuellen Auftrag —, um auf Grund eines optimalen Informationspotentials dann, wenn Anteile oder ein Unternehmen angeboten werden, den Idealpartner bzw. eine in Frage kommende Gruppe von Erwerbern zu kennen[239].

Nicht einheitlich beurteilt wird die Frage, ob von einer Veräußerung auf dem Markt auch bei Veräußerung an ein anderes Kreditinstitut gesprochen werden kann[240]. Im Frankfurter Kommentar wird einerseits betont, daß der Verkauf an ein anderes Institut nicht über den Markt erfolge. Andererseits wird eingeräumt, daß dann, wenn die Realisierung eines Verkaufs über den Markt nicht gelinge, die Beteiligung unschädlich an ein anderes Kreditinstitut weitergegeben werden könne. Dieses zweite Institut komme erneut in den Genuß der Privilegierung, d. h. die Jahresfrist beginnt erneut zu laufen[241]. Diese letzte Ansicht verdient den Vorzug. Wenn die erste Bank glaubhaft versichert, als Erwerber käme nur das zweite Institut in Frage, und wenn auch die zweite Bank im Zeitpunkt des Erwerbs die Absicht hat, die Anteile auf dem Markt zu veräußern, so ist dem Gesetz Genüge getan. Allerdings wird genau darauf zu achten sein, daß das Kreditinstitut die Übernahme nicht als Anleger vornimmt. In einem solchen Fall ist die Plazierung gelungen und für eine erneute Privilegierung kein Platz.

Gleiches gilt, wenn abgebende und übernehmende Bank verbundene Unternehmen sind.

---

[237] *Mestmäcker* in Immenga/Mestmäcker § 23 Rdnr. 148.

[238] So wohl auch *FK* § 23 Rdnr. 58.

[239] Übereinstimmend *Mestmäcker* in Immenga/Mestmäcker § 23 Rdnr. 185, der „banküblice Vertriebswege“ genügen läßt; *FK* § 23 Rdnr. 58, wonach ein Verkauf über den dafür üblichen Weg verlangt wird.

[240] Befürwortend *Kleinmann/Bechtold* § 23 Rdnr. 166; dagegen *Mestmäcker* in Immenga/Mestmäcker § 23 Rdnr. 185.

[241] *FK* § 23 Rdnr. 58.

Böhlk stellt zusätzlich das Erfordernis eines „konzentrationsneutralen Anteilstransfers" auf[242]. Danach soll eine Veräußerung auf dem Markt nur dann gegeben sein, wenn die erwerbenden Unternehmen bzw. Personen eigene unternehmerische Interessen besitzen. Abgesehen davon, daß jedenfalls das zur Verdeutlichung herangezogene Kriterium der unternehmerischen Interessen im Gesetz keine Stütze findet, kann dieser Ansicht auch deshalb nicht gefolgt werden, weil sie einen Verkauf über die Börse (Publikumsstreuung) nicht erfaßt. Dieser Weg ist konzentrationsneutral und im übrigen wünschenswert.

4. Das Verhältnis zwischen Bankenklausel und Präventivkontrolle

Der *Erwerbsvorgang* seitens der Bank ist abgeschlossen, sobald sie Vollrechtsinhaber der Stimmrechte geworden ist, also im Zeitpunkt des rechtsgeschäftlichen Wirksamwerdens. In diesem Augenblick beginnt der Lauf der Jahresfrist[243].

Ein *Zusammenschluß* liegt dagegen nach dem Gesetz solange nicht vor, solange nicht eine der drei Voraussetzungen der Privilegierung wegfällt. Geschieht dies, so ist der Zusammenschluß „vollzogen" und zwar — wie ein Teil der Literatur meint — ex nunc[244]. Andere sprechen nur von einer „Verwirklichung" des Zusammenschlusses in diesem Augenblick, lassen den Vollzug des Zusammenschlusses jedoch mit dem Abschluß des Erwerbsvorgangs zusammenfallen[245]. Diese spitzfindige Unterscheidung hat Konsequenzen für die Frage nach Eingreifen der Präventivkontrolle. Nach der von Langen/Niederleithinger/Schmidt vertretenen Ansicht ist hierfür kein Platz. Eine Anmeldung sei allenfalls vorsorglich möglich vor Erwerb der Anteile für den Fall des fruchtlosen Ablaufs des Jahres. Die Frage, welche formellen Konsequenzen (Anmeldefähigkeit bzw. -pflicht) der Wegfall einer der drei Voraussetzungen, also die Verwirklichung des Zusammenschlusses, hat, lassen sie mit der Bemerkung offen, daß dies davon abhänge, ob man z. B. in der Stimmausübung einen gesonderten weiteren Zusammenschlußtatbestand sehe.

Mestmäcker ist der Ansicht, daß die Anmeldepflicht im Augenblick der Stimmrechtsausübung bzw. bei Jahresablauf entstehe; wie es bei Wegfall der Veräußerungsabsicht ist, bleibt offen[246]. Gleichzeitig ist er der Meinung, die Stimmrechtsausübung unterliege dem Vollzugs-

---

[242] *Böhlk*, Zusammenschlußbegriff, S. 135.

[243] So auch *Westrick/Loewenheim* § 23 Rdnr. 84.

[244] *Mestmäcker* in Immenga/Mestmäcker § 23 Rdnr. 186; *Kleinmann/Bechtold* § 23 Rdnr. 167.

[245] *Langen/Niederleithinger/Schmidt* § 23 Rdnr. 34.

[246] *Mestmäcker* in Immenga/Mestmäcker § 23 Rdnr. 187.

verbot. Es ist ein offenkundiger Widerspruch, die Anmeldepflicht durch die verbotene Stimmrechtsausübung auslösen lassen zu wollen.

Das BKartA[247] vertritt die Auffassung, daß zunächst nur ein eingeschränkter Erwerb vorliege, der erst mit Wegfall der Voraussetzungen der Bankenklausel zu einem uneingeschränkten Erwerb werde. Dieser uneingeschränkte Erwerb sei bei Vorliegen der Voraussetzungen des § 24 a Abs. 1 Satz 2 bei Jahresablauf anzumelden, wobei die Stimmrechtsausübung dem Vollzugsverbot (§ 24 a Abs. 4) unterliege.

Die Differenzierung zwischen eingeschränktem und uneingeschränktem Erwerb ist kaum nachvollziehbar. Auch der sog. „uneingeschränkte“ Erwerb ist in Wahrheit eingeschränkt, nämlich durch das Vollzugsverbot.

Für unsere Frage, ob neben der Bankenklausel noch Platz für die Präventivkontrolle ist, führen diese Überlegungen nicht weiter.

Vom Ergebnis her weist das BKartA in seiner zitierten Entscheidung allerdings den richtigen Weg. Das *Vorhaben der Stimmrechtsausübung* begründet die Anmeldepflicht. In diesem Augenblick verliert die Privilegierung ihren Grund. Ein Zusammenschluß soll solange privilegiert werden, solange kein Einfluß seitens der Bank ausgeübt wird. Das Vorhaben der Stimmrechtsausübung ist ein Vorhaben, Einfluß auszuüben; folglich fällt ein innerer Grund für die Privilegierung weg. Die Stimmrechtsausübung unterliegt dem Vollzugsverbot des § 24 a Abs. 4[248]. Bezogen auf die Jahresfrist läßt sich sagen, daß der verkaufslose Ablauf des Jahres die Absicht der Bank widerspiegele, in der nächsten Hauptversammlung das Stimmrecht auszuüben. Das Gleiche läßt sich für den Wegfall der Veräußerungsabsicht formulieren: auch er zeigt den Willen, bei der nächsten Hauptversammlung das Stimmrecht auszuüben.

Die Stimmrechtsausübung ist also zunächst über § 23 Abs. 3 Satz 2 untersagt. Mit Wegfall eines der Tatbestandsmerkmale der Bankenklausel und bei Vorliegen der Voraussetzungen der Präventivkontrolle (§ 24 Abs. 1 Satz 2) ist die Stimmrechtsausübung durch das Vollzugsverbot untersagt. Beide „Verbote“ sind quasi zeitlich hintereinander geschaltet.

Die hier entwickelte Lösung erkennt den Vorrang der Präventivkontrolle an. Die Anmeldepflicht entsteht danach in genau dem Augenblick, in dem der Wechsel vom „privilegierten“ zum „normalen“ Zusammenschluß stattfindet.

---

[247] TB 77, 71 „West LB-Philipp Holzmann AG“.

[248] A. A. *Kleinmann/Bechtold* § 23 Rdnr. 168.

Liegen die Voraussetzungen der Präventivkontrolle nicht vor, so entsteht in dem Augenblick, in dem ein Tatbestandsmerkmal der Bankenklausel wegfällt, (u. U.) die Pflicht zur Anzeige. Ein ganz normales Kontrollverfahren mit der Möglichkeit der Untersagung folgt.

F. Das Eingreifen der Fusionskontrolle

I. Die gesetzliche Regelung

1. Systematik

Ein bereits vollzogener oder ein geplanter Zusammenschluß zwischen Unternehmen kann vom BKartA[1] gem. § 24 Abs. 1 untersagt werden, wenn zu erwarten ist, daß eine marktbeherrschende Stellung entsteht oder verstärkt wird und den betroffenen Unternehmen nicht der Nachweis einer überwiegenden Verbesserung der Wettbewerbsbedingungen gelingt. Was unter einer marktbeherrschenden Stellung zu verstehen ist, beurteilt sich nach § 22 Abs. 1, wobei die Definition der Marktbeherrschung „im Sinne dieses Gesetzes" vom Telos der Normen her begründete Verständnisdifferenzierungen nicht ausschließt. Das Anknüpfen an die „Marktstruktur" bei der Fusionskontrolle einerseits und an das „Marktverhalten" bei der Mißbrauchsaufsicht andererseits ist hierfür ein erster Hinweis. Die „Ankoppelung" des fusionskontrollrechtlichen Untersagungstatbestandes an den Begriff der Marktbeherrschung ist trotz entsprechender Forderungen[2] vom Gesetzgeber der vierten Novelle nicht beseitigt worden. Die Marktbeherrschung einer Unternehmensverbindung ist bei Vorliegen einer von drei im Gesetz beschriebenen Situationen zu bejahen. Entweder ist ein Unternehmen ohne Wettbewerber oder es ist jedenfalls nicht wesentlichem Wettbewerb ausgesetzt (§ 22 Abs. 1 Ziffer 1) oder es verfügt über eine überragende Marktstellung (Ziffer 2).

Es handelt sich hierbei um echte Alternativen[3], die verschiedene Grade der Wettbewerbsbeschränkung normieren[4]. Dies bedeutet insbesondere, daß bei Bejahung des Vorliegens einer „überragenden Marktstellung" iSv Ziffer 2 nicht zusätzlich das Fehlen wesentlichen Wett-

---

[1] Von der Möglichkeit der Ministererlaubnis (§ 24 Abs. 3) abgesehen, liegt die ausschließliche Zuständigkeit nach § 44 Abs. 1 Ziffer 1 lit. c) beim BKartA.

[2] Vgl. das Minderheitsvotum von Kantzenbach im Hauptgutachten II 1976/77 der *Monopolkommission*, Tz 481 ff.; ferner *Ramrath*, Die „überragende Marktstellung", S. 124 ff.

[3] H. M. in Rspr. u. Lit. vgl. BGH WuW/E BGH 1445 „Valium" = BGHZ 68, 23; *Langen/Niederleithinger/Schmidt* § 22 Rdnr. 17; *Ramrath*, Die „überragende Marktstellung", S. 10 ff.

[4] *Mestmäcker* in Immenga/Mestmäcker § 24 Rdnr. 28.

bewerbs zu prüfen ist[5]. Der Investitionswettbewerb durch externes Unternehmenswachstum, der durch Wettbewerb nicht mehr ausreichend kontrollierte Verhaltensspielräume[6] eröffnen kann, soll durch die in Ziffer 2 enthaltenen Kriterien einer Kontrolle zugeführt werden können[7].

2. Einige grundsätzliche Bemerkungen zur Auslegung von § 22 Abs. 1

a) Identität des Marktbeherrschungsbegriffs bei Mißbrauchsaufsicht und Fusionskontrolle?

Mögliche Bedenken gegen eine identische Interpretation des Begriffes der Marktbeherrschung für die Zwecke der Mißbrauchsaufsicht und für die der Fusionskontrolle wurden bereits eingeführt. Die Beurteilung mißbräuchlichen Verhaltens muß vorhandene Marktmacht konstatieren, während Fusionskontrolle eine Prognose der Wirkungen einer durch den Zusammenschluß entstehenden neuen Ressourcenkombination erfordert. Deshalb dürfte z. B. ein Schluß von einem bestimmten mißbräuchlichen Verhalten auf das Vorliegen einer marktbeherrschenden Stellung nicht möglich sein[8]. Bedenken ergeben sich auch beispielsweise in bezug auf die Berücksichtigung „potentiellen Wettbewerbs". Existiert dieser, so kann ein an sich vorhandener erheblicher Verhaltensspielraum kompensiert und damit als wettbewerblich kontrolliert betrachtet werden[9]; dem von einem mißbräuchlichen Verhalten betroffenen Marktpartner nützt potentieller Wettbewerb gerade wegen der fehlenden Aktualisierung nichts[10]. Deutliche Übereinstimmungen hinsichtlich der Interpretation ergeben sich nur bei der Frage nach dem Bestehen einer marktbeherrschenden Stellung vor dem Zusammenschluß[11].

Die herrschende Meinung geht deshalb dahin, eine grundsätzliche Begriffsidentität anzunehmen, jedoch dann, wenn es die voneinander abweichenden rationes legum erfordern, entsprechende Differenzierungen vorzunehmen[12]. Der Wortlaut des § 22, der Marktbeherrschung „im

---

[5] Vgl. die Nachweise in Fn. 3.

[6] Hierauf kommt es entscheidend an, vgl. z. B. *Mestmäcker* in Immenga/Mestmäcker, § 24 Rdnr. 32; Begründung zur zweiten Novelle BT-Drucksache VI/2520, S. 21 f.; *Ramrath,* Die „überragende Marktstellung", S. 17; *Wirz* in Auslegungsfragen zur zweiten GWB-Novelle, S. 52 f.

[7] So zu Recht *MK* Hauptgutachten I 1973 - 75, Tz 852; ferner Tz 911 a. E.

[8] *Mestmäcker* in Immenga/Mestmäcker § 24 Rdnr. 13.

[9] Zum potentiellen Wettbewerb in der Fusionskontrolle vgl. Regierungsbegründung zur zweiten Novelle, BT-Drucksache VI/2520, S. 28/29; ferner *Moosecker* GRuR 78, 522; KG WuW/E OLG 1921, 1923 „Thyssen-Hüller".

[10] Ähnlich *Langen/Niederleithinger/Schmidt* § 24 Rdnr. 5.

[11] *Mestmäcker* in Immenga/Mestmäcker § 24 Rdnr. 12.

Sinne dieses Gesetzes" definiert, steht dem nicht entgegen: Es ist anerkannt, daß derselbe Begriff in unterschiedlichen Regelungszusammenhängen differierende Bedeutungen haben kann.

b) *Wettbewerbs- und Einzelmarktbezug*

Noch immer existiert hier und da die Vorstellung, die Kriterien, mit denen die überragende Marktstellung umschrieben wird, seien stets *einzelmarktbezogen* zu würdigen, mit der Konsequenz der Nichtberücksichtigung bei fehlender Einzelmarktauswirkung. So wird z. B. argumentiert, die Beteiligung einer oder mehrerer Banken an einem von zwei oder gar beiden sich zusammenschließenden Unternehmen müsse aus der Betrachtung der Wirkungen des Zusammenschlusses ausscheiden, da die Kreditinstitute nicht auf den Güter- und Dienstleistungsmärkten der Nichtbanken tätig seien[13]. Diese Meinung übersieht, daß mit der zweiten Novelle jedenfalls eine isolierte Einzelmarktbetrachtung in dem geschilderten Sinne aufgegeben werden sollte, um auch die wettbewerbsschädlichen Auswirkungen konglomerater bzw. vertikaler Macht erfassen zu können[14]. Die Richtigkeit der Lockerung des Einzelmarktbezuges wird durch folgende Überlegungen gestützt: zum einen ist das in § 22 Abs. 1 Ziffer 2 enthaltene Kriterium der Verflechtungen mit anderen Unternehmen eine Größe, die gerade nicht an einen bestimmten Einzelmarkt anknüpft. Hinzu kommt, daß die Frage der Marktbeherrschung des nur auf einem Markt operierenden Unternehmens nicht nur an Hand seines Marktanteils, sondern auf Grund aller in § 22 Abs. 1 Ziffer 2 enthaltenen Kriterien zu beurteilen ist. Die Finanzkraft z. B., über die das Unternehmen selbst verfügt, wird aber — jedenfalls bei Zugrundelegung der Rechtsprechung des BGH[15] — nicht nur dann berücksichtigt, wenn der Einsatz der finanziellen Mittel auf dem konkreten Markt feststeht. Dieser Einsatz ist auch bei dem „Einmarktunternehmen" durchaus nicht zwingend, z. B. kann es seine finanziellen Mittel auch zum Erwerb weiterer Unternehmen (u. U. in anderen Branchen) einsetzen wollen. Vor allem ist es aber für die bei der Fusionskontrolle in Frage stehenden Strukturveränderungen gleichgültig, ob (z. B.) Finanzkraft unmittelbar oder nur mittelbar (z. B.

---

[12] BGH WuW/E BGH 1685, 1691 „Springer-Elbe Wochenblatt"; *Mestmäcker* in Immenga/Mestmäcker § 24 Rdnr. 13, 31; a. A. wohl *Wirz* in Auslegungsfragen zur zweiten GWB-Novelle, 42, 46; BKartA WuW/E BKartA 1657, 1664 „Rheinstahl-Hüller"; *MK* Hauptgutachten I 1973 - 75, Tz 911; *Möschel*, Oligopolmißbrauch S. 164, 175; *Emmerich*, Die AG 80, 205, 206; *ders.* 2. Festschrift für Franz Böhm, S. 119, 128.

[13] *Rauschenbach* BB 78, 1425, 1431.

[14] So auch *Ramrath*, Die „überragende Marktstellung", S. 10; *Meinhold*, Diversifikation, konglomerate Unternehmen und GWB, S. 103.

[15] WuW/E BGH 1501, 1507 „Kfz-Kupplungen" = BGHZ 71, 102, 117.

auf Grund von Beteiligungen von Kreditinstituten) zur Verfügung steht.

Einzelmarktbezug meint heute nur noch die Notwendigkeit, den relevanten Markt abzugrenzen, um die wettbewerblichen Auswirkungen bestimmter kompetitiver Strukturen oder Strukturveränderungen beurteilen zu können. Dies ergibt sich aus dem Wortlaut des Gesetzes („überragende *Markt*stellung"; „*Markt*anteil") und dem Bezug auf die Wettbewerber („im Verhältnis zu seinen Wettbewerbern")[16]. Unternehmensgröße an sich kann also kein Anknüpfungspunkt für Marktbeherrschung sein[17]. Die wettbewerblichen Auswirkungen bestimmter Strukturen bzw. ihrer Veränderungen umschreibt man um der begrifflichen Klarheit willen besser mit *Wettbewerbsbezug*[18]. Dies entspricht auch der Ansicht der Rechtsprechung, die durch die zweite Novelle eingeführten unternehmensbezogenen Wettbewerbsfaktoren ließen sich nicht unmittelbar in der Struktur eines bestimmten Marktes aufweisen[19]. Der Wettbewerbsbezug wird im folgenden bei allen Prüfungen, ob die Existenz oder Gestaltung bestimmter Strukturen oder unternehmensbezogener Größen fusionskontrollrechtlich relevant ist, zu beachten sein.

c) Die Stellung des Kriteriums „Marktanteil"

Seit Einführung des Tatbestandes der überragenden Marktstellung durch die zweite Novelle ist umstritten, ob dem Kriterium des Marktanteils bei der Beurteilung der Marktstellung eine den übrigen Größen gegenüber hervorgehobene Bedeutung zukommt. Diese Frage hat deshalb Gewicht, weil steigende Betonung des Marktanteils mit geringer werdenden Möglichkeiten der Erfassung vertikaler und insbesondere konglomerater Macht korreliert[20]: weitere Diversifikation und dadurch — z. B. — wachsende Finanzkraft vergrößern nur in Ausnahmefällen den Marktanteil auf irgendeinem Markt.

Die Befürworter einer hervorgehobenen Bedeutung des Marktanteils führen vor allem sprachliche Erwägungen ins Feld; das Wort „außer"

[16] Ergänzend läßt sich auch die Regierungsbegründung zur zweiten Novelle heranziehen, wo es heißt: „Der Begriff Marktbeherrschung hebt ... immer auf einen bestimmten Markt ab", BT-Drucksache VI/2520, S. 29 linke Spalte. Diese Formulierung hat allerdings auch Verwirrung gestiftet, vgl. dazu *Mestmäcker* in Immenga/Mestmäcker § 24 Rdnr. 95.

[17] So aber *Emmerich* in 2. Festschrift für Böhm, S. 119, 127.

[18] *Mestmäcker* in Immenga/Mestmäcker § 24 Rdnr. 95; *Wirz* in Auslegungsfragen zur zweiten GWB-Novelle, S. 47; vgl. auch *Möschel* in Immenga/Mestmäcker § 22 Rdnr. 58; ferner *Steindorff* ZGR 78, 778, 782; einen Wettbewerbsbezug ablehnend wohl nur *Hintze* WuW 77, 20.

[19] BGH WuW/E BGH 1501, 1507 „Kfz-Kupplungen" = BGHZ 71, 102, 116.

[20] So auch *Ramrath*, Die „überragende Marktstellung", S. 23.

klammere den Marktanteil vor[21], das Pronomen „insbesondere“ stelle den gegenüber dem zwingend zu berücksichtigenden Marktanteil nur beispielhaften Charakter der folgenden Merkmale klar[22]. Dagegen ist eingewandt worden, die Formulierung in Ziffer 2 („hierbei sind außer ... insbesondere ... zu berücksichtigen“) habe nur redaktionellen Charakter als Hinweis auf die besondere Bedeutung, die dem Marktanteil für Ziffer 1 zukomme[23]. Die sprachliche Fassung läßt somit jedenfalls keine zwingende Interpretation im Sinne einer besonderen Betonung des Merkmals zu. Systematischer Zusammenhang und Sinn und Zweck der Norm gewinnen ausschlaggebende Bedeutung. Für eine Hervorhebung des Merkmals wird weiter das Argument ins Feld geführt, der Marktanteil fasse gleichsam wie ein Brennpunkt alle „Anstrengungen“ eines Unternehmens zusammen und enthalte im Grunde die Auswirkungen der Merkmale Finanzkraft, Verflechtung etc.[24]. Dieser Hinweis mag richtig sein. Nur kann er lediglich bedeuten, daß ein hoher Marktanteil Indiz für eine entsprechende Stellung im Wettbewerb ist; nicht aber kann umgekehrt aus einem niedrigen Marktanteil ohne sorgfältige Berücksichtigung anderer Faktoren auf eine schwache Wettbewerbsposition geschlossen werden. Der Marktanteil ist nur eines von mehreren heranzuziehenden Kriterien. Gegen eine Betonung des Marktanteils sprechen im übrigen die durch die vierte Novelle eingeführten Vermutungstatbestände in § 23 a[25]. Die Strukturmerkmale in § 22 Abs. 1 Ziffer 2 sind deshalb gleichwertig[26].

Kontrovers wird die Frage beurteilt, ob der Marktanteil eines Unternehmens *wertmäßig* (in Form von Umsatzanteilen) oder *mengenmäßig* (in Form von Stückzahlen etc.) zu berechnen ist. Während das

[21] *Ramrath,* Die „überragende Marktstellung“, S. 23; die von ihm zitierte „Valium-Librium“-Entscheidung des KG (WuW/E OLG 1645, 1651) belegt diese Ansicht allerdings nicht eindeutig; *Wirz* in Auslegungsfragen zur zweiten GWB-Novelle, S. 50.

[22] *Wirz* in Auslegungsfragen zur zweiten GWB-Novelle, S. 50; *Ramrath,* Die „überragende Marktstellung“, S. 23 f.; *Kleinmann/Bechtold* § 22 Rdnr. 82; *Westrick/Loewenheim* § 22 Rdnr. 25; vorsichtiger *MK* Hauptgutachten I 1973 - 75, Tz 918.

[23] *Jüngst,* Marktbeherrschungsbegriff „überragende Marktstellung“, S. 90; *Meinhold,* Diversifikation, konglomerate Unternehmen und GWB, S. 112.

[24] So insbesondere *Wirz* in Auslegungsfragen zur zweiten GWB-Novelle, S. 51; der bei *Ramrath,* Die „überragende Marktstellung“, S. 24 Fn. 96, angeführte Hinweis auf die Entscheidung „Kfz-Kupplungen“ (BGH WuW/E BGH 1501, 1503 = BGHZ 71, 102, 109) kann nicht als zwingender Beleg für diese Ansicht angesehen werden, da es hier lediglich um die Frage einer Einbeziehung der Eigenproduktion geht.

[25] *Mestmäcker* in Immenga/Mestmäcker § 24 Rdnr. 33.

[26] BGH WuW/E BGH 1749, 1755; *Mestmäcker* in Immenga/Mestmäcker § 24 Rdnr. 33; *Langen/Niederleithinger/Schmidt* § 22 Rdnr. 28; *Meinhold,* Diversifikation, konglomerate Unternehmen und GWB, S. 112; *v. Woedtke,* Die „überragende Marktstellung“ in der Fusionskontrolle, S. 144.

KG im „GKN-Sachs"-Fall wenigstens für den Regelfall eine Betrachtung nach Stückanteilen postuliert[27], verlangt der BGH im gleichen Fall eine Betrachtung nach Umsätzen[28]. Die Frage spielt für die vorliegende Untersuchung eine geringe Rolle. Dem Posten „Umsatzerlöse" in der GuV-Rechnung einer Industrieaktiengesellschaft oder KGaA (§§ 278 Abs. 3, 286 AktG) entsprechen in der GuV-Rechnung der Kreditinstitute[29] die ersten drei Positionen[30], d. h.

1. Zinsen und zinsähnliche Erträge aus Kredit- und Geldmarktgeschäften
2. Laufende Erträge aus
   a) festverzinslichen Wertpapieren und Schuldbuchforderungen
   b) anderen Wertpapieren
   c) Beteiligungen
3. Provisionen und andere Erträge aus Dienstleistungsgeschäften.

Diese Entsprechung gilt jedoch nur in einem engen betriebswirtschaftlichen Sinne. An sich ergeben die GuV-Rechnungen von Kreditinstituten nach den genannten Schemata ein ganz anderes Bild als die von Industrie- oder Handelsbetrieben[31]. Umsatzerlöse umfassen neben der Gewinnspanne des Unternehmens auch den Wareneinsatz und sagen deshalb etwas über die Marktstellung (Marktanteil) aus, wenngleich zu beachten bleibt, daß bei einer nur umsatzmäßigen Betrachtung unterschiedliche Marktanteile lediglich aus unterschiedlichen Preisen resultieren können. Der „Wareneinsatz" ist auf Grund des nicht weiter liquidierbaren Mediums Geld für vergleichbare Dienstleistungen bei Banken absolut identisch[32]: eine Schuldverschreibung über DM 10 000 hat für alle Kreditinstitute das gleiche Volumen. Entscheidend ist jedoch, daß dieses Volumen in die Ertragspositionen der Erfolgsrechnung nicht einfließt. Die Zinsertragspositionen können deshalb bereits aus sich heraus nicht als Maßgrößen für Marktanteilsbetrachtungen herangezogen werden. Dies wäre nur dann möglich, wenn unterstellt würde, die Konditionen der Kreditinstitute seien identisch; dann würde z. B. die Vergabe eines Kredites in einer bestimmten

[27] KG WuW/E OLG 1745, 1750; für eine mengenmäßige Betrachtung mit guten Gründen auch *Kleinmann/Bechtold* § 22 Rdnr. 59; ferner *Ramrath*, Die „überragende Marktstellung", S. 25.

[28] BGH WuW/E BGH 1501, 1503 = BGHZ 71, 102, 109 „Kfz-Kupplungen".

[29] Die auf Grund § 161 Abs. 1 AktG erlassenen Formblätter für die Bilanz und die GuV-Rechnung der einzelnen Arten von Kreditinstituten sind abgedruckt bei *Brönner*, Großkommentar zum AktG, Anhang zu § 161 AktG.

[30] Stichproben ergeben, daß durch die ersten drei Positionen 93 - 95 % der gesamten Erträge eines Kreditinstituts erfaßt werden.

[31] *Hagenmüller* Bankbetrieb Bd. III, S. 122.

[32] Vgl. bereits *Kolbeck*, Bankbetriebliche Planung, S. 109 ff.

Höhe bei verschiedenen Banken zu übereinstimmenden Ertragspositionen führen und unterschiedliche Erträge ließen umgekehrt den Schluß auf unterschiedliche Marktanteile zu. Die Annahme identischer Konditionen ist jedoch nicht haltbar. Es wird stets auf die Volumina der einzelnen Bankleistungsarten abzustellen sein. Ein Vergleich des Umfangs an Finanzierungsmitteln, die hereingenommen bzw. gewährt werden, gibt Auskunft über die Marktanteile im Passiv- bzw. Aktivgeschäft[33]. Die Volumina ergeben sich aus der Bilanz, womit notwendig werdenden abweichenden Marktabgrenzungen nicht vorgegriffen werden soll. Auch insoweit bleiben allerdings Unsicherheiten zu beachten. Kreditinstitute verfügen nach § 26 a KWG über besondere Möglichkeiten der Bildung stiller Reserven, was tendenziell zu einer Verschleierung der eigentlichen „Bilanzlage" führt.

d) Marktbeherrschung auch auf der Nachfragerseite?

In jüngerer Zeit ist verschiedentlich bezweifelt worden, daß Nachfrager eine marktbeherrschende Stellung einnehmen könnten[34]. Die gegen eine solche Möglichkeit vorgebrachten Argumente überzeugen durchweg nicht[35]. Zunächst gibt das Gesetz selbst einen Anhaltspunkt dafür, eine marktbeherrschende Stellung auch auf der Nachfragerseite für möglich zu halten: § 22 Abs. 1 bezieht die Marktbeherrschung ausdrücklich auf „Anbieter oder Nachfrager", ohne eine Beschränkung auf die folgende Ziffer 1 anzuordnen. Der Hinweis, eine überragende Marktstellung sei gem. § 22 Abs. 1 Ziffer 2 nur „im Verhältnis zu seinen Wettbewerbern" möglich, Wettbewerb zwischen Nachfragern existiere aber nicht, ist unzutreffend. Zum einen ist Wettbewerb zwischen Nachfragern in Situationen knappen Angebots durchaus denkbar. Zum anderen ist für die Annahme einer Wettbewerbsbeziehung nicht eine „Verbundenheit" zwischen auf derselben Marktseite agierenden „Marktteilnehmern" entscheidend, sondern die Wahlmöglichkeiten der Marktgegenseite[36]. Geringere Wahlmöglichkeiten der Anbieter korrelieren mit vergrößerten Verhaltensspielräumen der Nachfrager, was übrigens mittelbar durchaus auf die Stellung der Nachfrager zueinander einwirkt. Die bankwirtschaftliche Leistungen nachfragende Kunden nach Verhandlungsmacht unterscheidende Ansicht[37], enthält bereits einen Hinweis auf Differenzierungen in der Marktstellung auf der Anbieter- und damit auch auf der Nachfragerseite[38]. Die vom BKartA

---

[33] *Aust*, Der Wettbewerb in der Bankwirtschaft, S. 180.

[34] Dezidiert *Ramrath*, Die „überragende Marktstellung, S. 64 ff.

[35] Vgl. schon *MK* Sondergutachten 7 „Mißbräuche der Nachfragemacht ...", Tz 44 ff.

[36] *Mestmäcker* in Immenga/Mestmäcker § 24 Rdnr. 16.

[37] Dazu noch unten F II 2 a).

im Edeka-Horten-Fall[39] im Grundsatz bejahte Möglichkeit der Entstehung von Marktbeherrschung auf der Nachfragerseite unter der Bedingung der Unverzichtbarkeit des Nachfragers für den Anbieter geht in dieser Begründung fehl. Mestmäcker[40] weist zu Recht darauf hin, daß eine solche Auslegung im Gesetz keine Stütze finde und Unverzichtbarkeit nur bei einem Nachfragemonopol denkbar sei. Die vom BKartA selbst gehegten Bedenken gegen die Annahme einer Marktbeherrschung unter Nachfragern[41] sind nur vom „Unverzichtbarkeitsansatz" her schlüssig[42]. Deshalb bleibt festzustellen, daß Marktbeherrschung auch auf der Nachfragerseite möglich ist, ohne daß damit etwas über eventuell gegenüber Anbietermarktbeherrschung differierende Marktabgrenzungen gesagt wäre[43].

3. Grenzen der weiteren Untersuchung

Nervus rerum § 22 Abs. 1 ist auf Grund der Verwendung einer Reihe unbestimmter Rechtsbegriffe eine entsprechend unbestimmt gefaßte Norm. Die hieran vereinzelt geübte Kritik[44] soll nicht aufgegriffen werden. Es sei jedoch darauf hingewiesen, daß Regelungsungenauigkeiten aus der Komplexität der Materie resultieren; Hoppmann schreibt zu Recht: „Die Spielregeln müssen ... universell anwendbar sein. Sie können deshalb nur abstrakt und global formuliert werden"[45].

Die Marktbeherrschung kann nur im Einzelfall sachgerecht beurteilt werden. Damit wird eine Grenze der vorliegenden Untersuchung beschrieben: es können nur Probleme und Lösungsplausibilitäten aufgezeigt werden. In eine Analyse der Wettbewerbsbeziehungen soll stets auch die Frage einbezogen werden, ob Unternehmensverbindungen, an denen Banken beteiligt sind, die für den Typ der Verbindung charakteristischen Wirkungen entfaltet. Z. B. wird die Frage zu beantworten sein, ob Zusammenschlüsse zwischen Banken und Nichtbanken die Merkmale enthalten, die für konglomerate Verbindungen als typisch angesehen werden. Je nach der Antwort wäre bei der Verwertung der

---

[38] Dazu auch *Kottmann*, Die Bewertung der Konzentration in der Kreditwirtschaft, S. 333.

[39] Referiert im Hauptgutachten III 1978/79 der *MK*, Tz 550 ff.; ferner *BKartA*, TB 79/80, S. 21.

[40] *Mestmäcker* in Immenga/Mestmäcker § 24 Rdnr. 14.

[41] Wiedergegeben in *MK* Hauptgutachten III 1978/79, Tz 571.

[42] So auch *MK*, Hauptgutachten III 1978/79, Tz 572.

[43] *MK* Sondergutachten 7 „Mißbräuche der Nachfragemacht ...", Tz 49.

[44] Vgl. z. B. *Pfeiffer* in Schwerpunkte des Kartellrechts 1978/79, S. 1, 8; *Ramrath*, Die „überragende Marktstellung", passim.

[45] Wettbewerb als Norm der Wettbewerbspolitik in ORDO Bd. 18 (1967), S. 77, 86.

für den Fusionstyp gewonnenen Erkenntnisse mehr oder eben weniger Zurückhaltung angebracht.

Eine Verbesserung fusionskontrollrechtlicher Möglichkeiten bedeutet stets auch eine Festigung wettbewerblicher Strukturen. Der Frage nach einem Zusammenhang zwischen intensiviertem Wettbewerb und einer Verringerung der Sicherheit im Kreditgewerbe[46], die — sicher ein wenig überspitzt — auch als „irgendwie feindliche Brüder" bezeichnet werden[47], soll in diesem Kapitel nicht nachgegangen werden. Es handelt sich um eine weit über das Thema ausgreifende ordnungspolitische Grundfrage, die freilich zu beachten bleibt.

Außer Betracht bleiben soll auch ein gesamtwirtschaftlicher Aspekt, der mit dem Stichwort: Steuerungsfähigkeit der Rahmenbedingungen des Kreditmarktes durch die Bundesbank bezeichnet werden kann[48]. Zitiert wird in diesem Zusammenhang eine Warnung der Deutschen Bundesbank aus dem Jahre 1975, ihre per Diskont- und Lombardsenkung initiierte Senkung der Refinanzierungskosten könne nicht voll auf die Sollzinsen durchschlagen: „Ein anderes Ergebnis würde eher darauf hindeuten, daß der Wettbewerb unter den Kreditinstituten nicht so lebhaft ist, wie er sein sollte"[49]. In der Tat spricht eine Vermutung für eine positive Korrelation zwischen Wettbewerb und Steuerungsfähigkeit durch die Bundesbank.

4. Die Begriffe „Entstehung" und „Verstärkung"

Die *Entstehung* einer marktbeherrschenden Stellung ist nach allgemeinem Sprachgebrauch zwanglos durch einen Vergleich der Marktstellungen der Einzelunternehmen vor dem Zusammenschluß mit der Marktstellung der Unternehmensverbindung nach dem Zusammenschluß zu vergleichen: eine marktbeherrschende Stellung darf erstmals nach dem Zusammenschluß festgestellt werden.

Hinsichtlich der Frage, wann eine bereits bestehende marktbeherrschende Stellung durch einen Zusammenschluß *verstärkt* werden könne, bestand zunächst — nicht zuletzt durch entsprechende Äußerungen des Kammergerichts — Unsicherheit. Das KG hatte im „Sachs-Urteil"[50] unter Hinweis auf die vom BGH zu § 1 entwickelten Grundsätze[51] entschieden, eine Verstärkung müsse „eine spürbare Vergrößerung des

[46] Dazu z. B. *Büschgen*, ZfgK 79, 1168, 1170.

[47] So *Kartte* ZfgK 76, 1146.

[48] Dazu z. B. *David*, Kapitalbeteiligungen der Kreditbanken, S. 159 f.

[49] Monatsberichte der Deutschen Bundesbank Nr. 3 (März) 1975, S. 6.

[50] WuW/E OLG 1745, 1753.

[51] BGH WuW/E 486 „SPAR".

Verhaltensspielraumes zur Folge haben"[52]. Dem sind Teile der Literatur gefolgt[53]. Nachdem das KG selbst jedenfalls für die Pressefusionskontrolle Zweifel an seiner Auffassung bekommen hatte[54], hat nun der BGH im gleichen Fall einen generellen Verzicht auf das Merkmal der Spürbarkeit ausgesprochen[55]. Wohl bleibt aber „durch einen Vergleich der den Wettbewerb auf dem relevanten Markt bestimmenden Kräfte vor und nach dem Zusammenschluß unter Einbeziehung der weiteren zu erwartenden Entwicklung" festzustellen, ob „die Macht auf einem bestimmten Markt neutralisierende Wirkung des Wettbewerbs im Wege der Änderung von markt- und unternehmensbezogenen Strukturen in noch höherem Maße eingeschränkt wird, als dies schon vor dem Zusammenschluß der Fall war"[56]. Dieser Ansicht ist nicht nur wegen der Toleranzklauseln in § 24 Abs. 8, die gerade das Ziel haben, unbedeutende Zusammenschlüsse freizustellen[57], zuzustimmen. Hinzu kommt, daß die Diskussion bei § 1 erwiesen hat, welche erheblichen Probleme die Konkretisierung des Merkmals einer Eignung zur spürbaren Beeinflussung bereitet[58].

II. Die Entstehung oder Verstärkung einer marktbeherrschenden Stellung beim Zusammenschluß zwischen Banken

1. Typizität eines Interbankenzusammenschlusses

Es liegt nahe, den Zusammenschluß zwischen Kreditinstituten als horizontale Konzentration einzuordnen. Unter horizontal wird allgemein ein Zusammenschluß zwischen Konkurrenten bezeichnet[59], genauer: zwischen auf demselben Markt tätigen Unternehmen[60]. Das Charakteristikum dieser Art von Konzentration liegt in dem unmittelbaren Wegfall selbständiger Wettbewerber; Marktanteile sind zu addieren. Es bedarf keiner weiteren Erläuterungen, daß Interbankenzusammenschlüsse grundsätzlich als Vorgänge horizontaler Konzen-

[52] KG a. a. O.; so auch bereits BKartA WuW/E BKartA 1625, 1628 „GKN-Sachs"; TB 74, 37 f. „AEG-T+N".

[53] *Kleinmann/Bechtold* § 24 Rdnr. 17; *Langen/Niederleithinger/Schmidt* § 24 Rdnr. 12; *Emmerich*, Kartellrecht, S. 249.

[54] Vgl. KG WuW/E OLG 2109, 2111 „Springer-Elbe Wochenblatt".

[55] BGH WuW/E BGH 1685, 1691 „Springer-Elbe Wochenblatt".

[56] BGH, ebenda.

[57] *Mestmäcker* in Immenga/Mestmäcker § 24 Rdnr. 64.

[58] Ausführlich *Immenga* in Immenga/Mestmäcker § 1 Rdnr. 349 ff.

[59] *Emmerich*, Kartellrecht, S. 253.

[60] „Between direct competitors", Merger Guidelines Nr. 4; *Carl*, Die marktbeherrschende Stellung als Eingreifkriterium, S. 33.

trierung anzusehen sind. Allerdings gilt dies nur, wenn die Zusammenschlußpartner auf dem gleichen Markt agieren. Insbesondere muß eine sachliche und räumliche Markt(teil)identität bestehen. Dies ist z. B. nicht der Fall bei einem Zusammenschluß zwischen einer Universalbank und einem Institut, das sich trotz seines universellen Charakters auf bestimmte Kundengruppen und damit auf Märkte spezialisiert hat. Das gleiche gilt für Banken, die zwar auf sachlich identischen, jedoch räumlich getrennten Märkten operieren (z. B. die privaten Regionalbanken, für die es im Gegensatz zu den öffentlich-rechtlichen Instituten keine Hindernisse gibt, in räumlich andere Märkte vorzudringen). Hier zeigt sich die begrenzte Bedeutung der Begriffsbildung „horizontale Konzentration“. Die Marktbeherrschung läßt sich nicht durch Marktanteilsaddition erfassen. Den Wirkungen eines derartigen Zusammenschlusses kann nur Rechnung getragen werden, wenn die von der Selbständigkeit der Wettbewerber ausgehende potentielle Konkurrenz berücksichtigt wird, die wesentlich von der Höhe der Marktzutrittsschranken abhängt[61], sowie weitere Aspekte, die eine Verbesserung der Marktstellung der betroffenen Unternehmen erwarten lassen[62].

Interbankenzusammenschlüsse können auch vertikale Züge tragen. Zu denken ist hier an die Beteiligungen privater Universalinstitute an Hypothekenbanken[63]. Hier steht sicher zunächst der horizontale Aspekt einer Markterweiterung (was zum Teil auch zu konglomeraten Zusammenschlüssen gerechnet wird) in durch normative Schranken verschlossene Bereiche hinein im Vordergrund. Gleichzeitig können aber auch Absatz- und Beschaffungsmärkte erschlossen werden, deren Zugang anderenfalls versperrt bliebe. Dies gilt für den Hypotheken- und Kommunaldarlehnbereich gleichermaßen. Aber auch bei den bereits erwähnten Beteiligungsvorgängen durch universal tätige Institute an spezialisierten Banken hat die Möglichkeit, in durch internes Wachstum nur schwer erschließbare Märkte[64] vorzudringen, Bedeutung.

Gleichwohl dürfte es sich in der überwiegenden Zahl der Fälle um horizontale Konzentrationsvorgänge handeln. Hier steht in der Praxis die Marktanteilsbetrachtung im Vordergrund. Damit ist die schwierige Frage der Abgrenzung des relevanten Marktes bzw. der relevanten Märkte angesprochen. Ihr soll im folgenden nachgegangen werden. Zu erwähnen sind die exorbitant hohen Marktzutrittsschranken für die

---

[61] *Mestmäcker* in Immenga/Mestmäcker § 24 Rdnr. 71; KG WuW/E OLG 1745, 1752 „Sachs“.

[62] Z. B. Rationalisierungsvorteile (BKartA TB 75, 44 „Bayernwerk/Großkraftwerk Franken“; *Kleinmann/Bechtold,* § 24 Rdnr. 38); zur Berücksichtigung potentieller Konkurrenz ausführlich *Moosecker* GRuR 78, 517, 522; ferner *MK* Hauptgutachten III 1978/79, Tz 605 ff.

[63] Dazu bereits oben B II 3 b) aa).

[64] Z. B. Außenhandelsgeschäft.

eigentlichen Bankgeschäfte[65]. Abgesehen vom völligen Fehlen eines standing betonen banker selbst, daß Neugründungen praktisch völlig ausscheiden[66].

2. Die sachlich relevanten Märkte

a) Möglichkeiten der Abgrenzung

Die sachliche Marktabgrenzung wird für Mißbrauchsaufsicht und Fusionskontrolle gleichermaßen grundsätzlich nach dem sog. „Bedarfsmarktkonzept" vorgenommen; dieses hat sich in der Praxis ganz eindeutig durchgesetzt[67]. Auf Grund dieses Konzeptes wird aus der Sicht der Nachfrager nach der funktionellen Austauschbarkeit von Produkten gefragt. Hierzu werden alle Waren gezählt, die geeignet sind, „an Stelle der betreffenden Ware oder Leistung zu treten, und die an ihrer Stelle auch verwendet werden"[68].

Zu überlegen ist, ob das Bedarfsmarktkonzept für den hier wichtigen Bereich der Beziehungen zwischen Banken und Bankleistungen nachfragenden Kunden nicht durch ein anderes Konzept ersetzt werden sollte. Ein solches Modell müßte in der Lage sein, die Aufgabe der Abgrenzung des relevanten Marktes besser, d. h. insbesondere treffsicherer zu erfüllen als das traditionelle Bedarfsmarktkonzept dies tut.

Als eine solche Alternative bietet sich ein Konzept an, das hier als „Modell der Bündelnachfrage" bezeichnet werden soll und das — soweit ersichtlich — von Büschgen[69] eingeführt worden ist. Hierbei wird davon ausgegangen, daß die Nachfrage im Bankensektor nicht isoliert auf Einzelleistungen gerichtet sei, sondern auf Leistungsbündel, die so auch von den Banken angeboten würden. Entscheidend sei nicht die Preisgünstigkeit der Einzelleistung, sondern verglichen würden die Kosten der Leistungspakete verschiedener Institute; diese Pakete seien Gegenstand des Wettbewerbs.

Für dieses Modell spricht prima facie die geringe Nachfragemobilität der Bankkunden sowie die — hierfür auch ursächliche — geringe Markttransparenz der Kosten für Einzelleistungen.

---

[65] Vgl. den Katalog in § 1 Abs. 1 KWG.

[66] *v. Bethmann* WuW 76, 691, 694.

[67] Zuletzt BGH WuW/E BGH 1711, 1714 „Mannesmann-Brueninghaus"; *Emmerich,* Kartellrecht, S. 170 mit zahlreichen weiteren Nachweisen; zu anderen Konzepten vgl. *Möschel* in Immenga/Mestmäcker, § 22 Rdnr. 31 ff.; zu Besonderheiten bei der Fusionskontrolle vgl. *Mestmäcker* in Immenga/Mestmäcker § 23 Rdnr. 109.

[68] BGH WuW/E BGH 1533, 1535 „Erdgas Schwaben" = BGHZ 73, 65, 72; grundlegend KG WuW/E OLG 995, 996 „Handpreisauszeichner".

[69] Die marktwirtschaftliche Ordnung — Steuerungsprinzip im gesamten Kreditwesen, Vortrag auf der 25. Kreditpolitischen Tagung der ZfgK am 23. 11. 1979, abgedruckt in ZfgK 79, 1168 ff.

Jedoch dürfte in dem Modell der Bündelnachfrage kein Widerspruch zum traditionellen Bedarfsmarktkonzept liegen. Unterscheidet man beispielsweise zwischen Giro-, Spar-, Kreditleistungen und Schließfachverwahrung, so werden vom Standpunkt der Bündelnachfrage aus diese ganz heterogenen Leistungen zusammengefaßt. Fragt man nach dem Kriterium, das die Zusammenfassung und damit die Marktabgrenzung leisten soll, so stößt man auf die „Nachfragemacht" oder — wie es im Anschluß an Krümmel[70] häufig formuliert wird — „Verhandlungsmacht" des Bankleistungen nachfragenden Kunden: das Modell soll nur für die „Mengenkundschaft" Gültigkeit besitzen[71]. Die unterschiedliche Verhandlungsmacht ist aber unmittelbar abhängig von der Größe des nachgefragten Leistungsvolumens (und der Bonität). Die Unterschiede in der Größe der nachgefragten Leistungsvolumina können aber gerade als „klassische" Abgrenzungskriterien für Bankleistungsmärkte angesehen werden: gerade aus der Sicht der Nachfrager sind (abgesehen von der Laufzeit) sicher Unterschiede zu machen zwischen einem „Konsumentenkredit" über DM 10 000 für ein neues Auto und einem „Investitionskredit" über DM 1 Mio. oder auch nur DM 100 000. Kommt es aber nach beiden Modellen für die Abgrenzung der relevanten Märkte letztlich auf die Leistungsvolumina der Nachfrage an, so ist nicht zu erkennen, worin die Vorzüge eines Bündelansatzes liegen sollen.

Es kommt hinzu, daß gebündelte Angebote tatsächlich eher selten sind. Jedenfalls kann aus dem Umstand, daß Leistungen durch einen Kunden nur bei *einer* Bank geordert werden, nicht gefolgert werden, hier würde es sich um Leistungsbündel handeln. Hierin ist lediglich ein Hinweis auf erfolgreichen „Präferenzwettbewerb" zu sehen, der den „Leistungswettbewerb" auf Bankleistungsmärkten stark zurückgedrängt hat[72]. Auch die von Banken verwendeten präferenzpolitischen Instrumente dürften in Abhängigkeit von der Verhandlungsstärke der Nachfrager eingesetzt werden[73].

Es ist im übrigen nicht außergewöhnlich, daß ein Kunde (z. B. ein Unternehmen) von einem anderen Unternehmen mehr als eine Leistung bezieht. Vertrauen in die bekannte Leistungsfähigkeit, über lange Zeit gewachsene Geschäftsbeziehungen, günstige Preise (auf Grund kluger Politik des fähigen Managements), also durchaus Elemente des Leistungswettbewerbs, sind hierfür ausschlaggebend. Diese nur kundenindividuell wirksam werdenden Gesichtspunkte begründen keine Not-

---

[70] Bankzinsen, passim.

[71] So ausdrücklich *Büschgen*, ZfgK 79, 1168, 1170.

[72] *L. Mülhaupt*, Die Betriebswirtschaft 1980, 513, 516.

[73] So richtig *L. Mülhaupt*, ebenda.

wendigkeit, vom Konzept der funktionellen Austauschbarkeit abzurücken.

Die Beobachtung, Nachfrager würden ihre Leistungen nur bei einem Institut abnehmen, enthält zugleich den Hinweis darauf, daß zwischen räumlich gleichermaßen präsenten Instituten und damit auch zwischen Instituten, die unterschiedlichen Gruppen angehören, Wettbewerb nicht stattfindet. Es ist deshalb an eine weitere Alternative, das Problem der sachlichen Marktabgrenzung zu lösen, zu denken; sie ließe sich mit „Modell des Gruppenwettbewerbs" umschreiben. Jedoch ist zunächst darauf hinzuweisen, daß Sparkassen und Genossenschaftsbanken jeweils räumlich ohnehin nicht untereinander konkurrieren, so daß insoweit von vornherein Wahlmöglichkeiten ausscheiden.

Im übrigen gelten ganz ähnliche Erwägungen, wie sie zum Modell der Bündelnachfrage angestellt worden sind. Die Konkurrenz zwischen Instituten, die unterschiedlichen Gruppen angehören, aber auch zwischen Banken, die der gleichen Gruppe angehören, korreliert unmittelbar mit dem nachgefragten Leistungsvolumen: hinsichtlich „starker" Kunden herrscht z. B. auch intensiver Wettbewerb zwischen Sparkassen und Landesbanken[74] — das Regionalprinzip kann als in Auflösung begriffen angesehen werden[75].

Das Modell des Gruppenwettbewerbs mag seine Bedeutung haben im internen Leistungsbereich[76] — für die Aufgabe einer Abgrenzung sachlicher Bankleistungsmärkte taugt es ebensowenig wie das Konzept der Bündelnachfrage.

Die sachliche Marktabgrenzung hat also auch für Kreditinstitute nach dem Bedarfsmarktkonzept zu erfolgen.

b) Einzelne Märkte, Marktanteile

Es ist bereits dargelegt worden[77], daß für eine Marktanteilsbetrachtung nicht die Ertragspositionen der GuV-Rechnung eine Rolle spielen können, sondern auf die Leistungsvolumina, wie sie sich z. B. in der Bilanz ausdrücken, abgestellt werden muß. Unterschiede in den Marktabgrenzungen können sich insbesondere gegenüber bankbetriebswirtschaftlichen Ansätzen ergeben, wo abweichende Aufgabenstellungen[78] unter Umständen andere Klassifikationen bedingen. Aber auch die

---

[74] O. V. „Endlich Geschäfte", DER SPIEGEL Nr. 49 v. 4. 12. 78, S. 81.

[75] *Kirchner* BLICK DURCH DIE WIRTSCHAFT v. 24. 11. 79, S. 1 ff.

[76] So *Büschgen* ZfgK 79, 1168, 1172.

[77] Vgl. oben F I 2 c).

[78] Z. B. Absatzfunktionen, vgl. *Eilenberger*, Banken im Wettbewerb, S. 41 f.

Konzentration auf Bilanzgrößen unter Außerachtlassung der Ertragsrechnung ergibt ein unzulängliches Bild über die Marktposition der Institute, gerade weil die gesamten provisionsabhängigen Dienstleistungsgeschäfte bilanzmäßig nicht erfaßt werden[79]. Im übrigen bleibt die Dynamik des Wettbewerbs zu beachten, der Marktgrenzen fließen, neue Märkte entstehen läßt[80] und endgültige Marktabgrenzungen ausschließt.

Legt man einer Marktabgrenzung die Bilanzsystematik zugrunde[81], so ergibt sich zunächst eine Unterscheidung nach Aktiv- und Passivgeschäften. Auf beiden Seiten der Bilanz läßt sich dann weiter differenzieren.

Auf der Aktivseite läßt sich z. B. unterscheiden in Kredite nach unterschiedlichen Laufzeiten (kurz-, mittel- und langfristig) und Kreditnehmergruppen (z. B. Private und Unternehmen). Die Differenzierung nach Kreditlaufzeiten entspricht den hierin zum Ausdruck kommenden unterschiedlichen Bedürfnissen der Kreditnehmer. In Frankreich gibt es sogar eine eigene Institutsgruppe, die ausschließlich im mittel- und langfristigen Kreditgeschäft tätig ist[82]. Auch kommt eine Unterscheidung nach Krediten an Kreditinstitute und Krediten an Nichtbanken in Betracht.

Ob bzw. inwieweit die Eigengeschäfte der Banken in eine Marktanteilsbetrachtung, aus der sich die Positionen der Banken auf verschiedenen Märkten ergeben, einbezogen werden sollen, wird unterschiedlich beurteilt. Unter Eigengeschäften von Kreditinstituten sind „sämtliche Geschäfte mit

— Geldmarktobjekten
— Devisen
— Edelmetallen
— Wertpapieren und
— Beteiligungen

zu verstehen, die Kreditinstitute als Handelsgeschäfte oder alternativ zum Kredit- oder Einlagengeschäft eigeninitiativ im eigenen Namen und für eigene Rechnung in der Regel mit anderen Kreditinstituten tätigen“[83]. Rameken[84] differenziert danach, ob Eigengeschäfte lediglich Hilfsgeschäfte darstellen oder ob sie selbständige Bedeutung haben.

---

79 *Grunwald/Jokl*, Wettbewerb und Eigenkapital, S. 61.

80 Z. B. durch Innovationswettbewerb, vgl. *Friderichs*, ZfgK 79, 1174, 1176.

81 So auch *Grunwald/Jokl*, Österr. Bankarchiv 1979, 237, 240.

82 *MK* Hauptgutachten II 1976/77, Tz 573.

83 *Obst/Hintner*, Geld-, Bank- und Börsenwesen, 37. Aufl., S. 517.

84 Konkurrenzpolitik der Kreditbanken, S. 45 ff.

Nur bei letzteren sei eine eigenständige Konkurrenzpolitik (und damit wohl eine Spiegelung der Marktposition in Marktanteilen) denkbar. Ein Maßstab, an Hand dessen diese Abgrenzung gelingen könnte, wird allerdings nicht mitgeliefert und ist auch nicht ersichtlich: Beteiligungshandel beispielsweise kann sowohl unter Ertragsgesichtspunkten im Zuge der Verwirklichung einer Strategie erfolgen, als auch als Hilfsgeschäft (indem z. B. der Bitte eines Kunden nachgekommen wird, um diesen nicht zu verlieren). Ferner scheidet auch eine Abgrenzung danach aus, ob es sich um Geschäfte handelt, bei denen Banken unter sich bleiben oder solche, die auch von Nichtbanken betrieben werden. In allen Eigengeschäftssparten sind heute auch Nichtbanken mit von der Partie — z. T. allerdings nur eine Handvoll, wie am „Interbankengeldmarkt", auf dem auch öffentliche Verwaltungen, Sozialversicherungsträger, Kapitalsammelstellen und rund 20 Industrieunternehmen erster Adresse „mitmischen". Gleiches gilt für den Handel mit Wertpapieren, der sich nicht nur zwischen Banken über die Börse abspielt: der geregelte Freiverkehr, der „Telefonverkehr" in Wertpapieren und der Handel außerhalb der Kreditinstitute in ausländischen Wertpapieren stellen Ausschnitte des Kapitalmarktes dar, in dem Banken nicht unter sich sind[85]. Der Eigenhandel der Banken darf also nicht außer Betracht gelassen werden.

Der für das Passivgeschäft typische „Mitteltransfer" vom Einleger zur Bank darf nicht zu dem Fehlschluß verleiten, die Bank als Nachfrager anzusehen. Die Bankkunden (Private und Unternehmen etc.) sind es, die bestimmte Anlageformen suchen.

Das BKartA legt bei Marktanteilsuntersuchungen im Rahmen der Fusionskontrolle für den Bereich der Kreditinstitute ein „Schema zur Marktabgrenzung" zugrunde, das Positionen der Bankenstatistik[86] enthält. Nach Auskunft von Bankpraktikern bestehen insoweit zwischen dem BKartA und den Banken keine Meinungsverschiedenheiten. Das Schema enthält folgende Positionen:

Geschäftsvolumen

Bankkredite incl. durchlaufender Kredite gegenüber inländ. Unternehmen und Privatpersonen	bis 1 Jahr über 1 Jahr
Bankkredite incl. durchlaufender Kredite gegenüber inländ. öff. Haushalten	bis 1 Jahr über 1 Jahr
Bankkredite incl. durchlaufender Kredite gegenüber ausländ. Nichtbanken	bis 1 Jahr über 1 Jahr

---

[85] *Schwark*, BörsenG, Einl vor § 1 Rdnr. 37.

[86] Hierzu *Hagenmüller*, Bankbetrieb, Bd. III, S. 136 ff.

Sichtverbindlichkeiten gegenüber
inländ. Unternehmen u. Privatpersonen
inländ. öff. Haushalten
Termineinlagen incl. durchlaufender Kredite gegenüber
inländ. Unternehmen u. Privatpersonen
inländ. öff. Haushalten
ausländ. Nichtbanken (ohne durchl. Kredite)
Spareinlagen von Nichtbanken
Bankinhaberschuldverschreibungen im Umlauf

Das Volumen der am Zusammenschluß beteiligten Kreditinstitute wird bei den einzelnen Positionen in ein Verhältnis zu dem Volumen aller Bankengruppen gesetzt. Es dürfte mehr als fraglich sein, ob diese grobe Klassifikation den tatsächlich existierenden Märkten iS eines Bedarfsmarktkonzeptes gerecht wird. Die Abgrenzung scheint eher aus der Sicht der Banken als aus der der Nachfrager gemacht zu sein. Insbesondere fehlt eine Differenzierung nach dem Umfang der nachgefragten Leistungsvolumina. Auch fehlt der gesamte Bereich der Eigengeschäfte. Die Unterscheidung der Passivseite nach Sicht-, Termin- und Spareinlagen sowie Schuldverschreibungen entspricht hingegen jedenfalls dem von einem Bankpraktiker an anderer Stelle gemachten Vorschlag[87]. Allerdings erscheint auch insoweit das Bedürfnis nach weiterer Differenzierung (bei den Schuldverschreibungen z. B. nach Laufzeit) nicht von der Hand zu weisen zu sein.

Zahlen über Marktanteile einzelner Banken sind — soweit ersichtlich — nicht greifbar. Sowohl die Monopolkommission[88] als auch die Bankenstrukturkommission[89] sowie Untersuchungen im Schrifttum[90] stellen umfangreiches Zahlenmaterial über den Anteil einzelner Banken*gruppen* an bestimmten Märkten zur Verfügung. Daraus läßt sich letztlich kein zutreffendes Bild über Marktanteilspositionen bestimmter Kreditinstitute gewinnen.

c) Exkurs: Der Markt für Beteiligungen und Unternehmen

Der Markt für Beteiligungen und der Unternehmenshandel[91] wird bei Marktuntersuchungen häufig unberücksichtigt gelassen. Dies gilt z. B. für die Marktbetrachtungen in Fusionskontrollfällen durch das

---

[87] *Hankel* in Wettbewerbsprobleme im Kreditgewerbe, S. 32.

[88] Hauptgutachten I 1973 - 75, Anhang S. 733 ff.

[89] Tabellenanhang S. 426 ff.

[90] *Grunwald/Jokl*, Wettbewerb und Eigenkapital, S. 234 ff.

[91] Die Existenz dieses Marktes wird zu Unrecht geleugnet von *Zimmerer* in Handbuch der Unternehmenszusammenschlüsse, S. 977.

BKartA. Insbesondere unter volkswirtschaftlichen Gesichtspunkten handelt es sich um einen durchaus bedeutenden Markt: funktioniert er, so ist eine wesentliche Voraussetzung für die optimale Verwertung bzw. den Einsatz unternehmerischer Ressourcen vorhanden. Im übrigen weist der Markt die Besonderheit der Entstehung von Konzentration durch die Marktvorgänge selbst auf, wobei allerdings auch dekonzentrative Bewegungen ablaufen. Unternehmenshandel als Teil des Marktes für Beteiligungen und Unternehmen wird in der Bundesrepublik erst seit Beginn der sechziger Jahre betrieben[92]. In den USA stellt der Beteiligungs- und Unternehmenshandel eine der Säulen der „investment banks" dar[93]. Der Bedeutung des Marktes für unternehmerische Ressourcen wird im deutschen Wettbewerbsrecht auch durch die Anschlußklausel (§ 24 Abs. 8 Satz 1 Ziffer 2) Rechnung getragen. Während in Frankreich der Beteiligungs- und Unternehmenshandel von eigenen Tochterinstituten der Banken betrieben wird, erledigen dies in Deutschland bei größeren Banken eigene Abteilungen[94], bei kleineren Kreditinstituten dafür eingesetzte „Referenten"[95]. Broichhausen/Wiborg[96] berichten von der „Fusionsberatung" des Bankhauses Münchmeyer & Co., einem Spezialservice für „exklusive und systematische Beratung ... für Firmenumstrukturierung und Besitzveränderung"[97]. Ähnliches ist vom Privatbankhaus Richard Daus + Co. aus Frankfurt bekannt[98]. Banken[99] stehen auf diesem Markt im Wettbewerb mit freien Unternehmenshandelsfirmen, von denen es in Großbritannien eine, in Frankreich und der Bundesrepublik je zwei gibt. In den USA arbeiten — mit Schwerpunkt in New York — eine Reihe von Spezialisten, die zum Teil wiederum mit Banken kooperieren. Interessant ist ein Blick nach Österreich, wo 1977 von 14 Banken aller Gruppen die „Beteiligungsfinanzierungs-AG" gegründet wurde, deren Aufgabe im Beteiligungs- und Unternehmenshandel liegt. Bis November 1980 hatte dieses Unternehmen 13 Beteiligungsfälle mit einem Volumen von zusammen 90 Mio. öS abgewickelt[100]. In neuerer Zeit ist die Schaffung einer „Unternehmensbörse", zunächst in der Finanz-Zeitung der Girozentrale, hinzugekommen.

---

[92] *Zimmerer*, Österr. Bankarchiv 1979, 493.

[93] Zum amerikanischen Trennbankensystem *Möschel*, Trennsystem in der U.S.-amerikanischen Bankwirtschaft, S. 15 ff.; *MK* Hauptgutachten II 1976/77, Tz 573.

[94] *Krahnen*, Stichwort Beteiligungshandel in Handwörterbuch der Finanzwirtschaft, Spalte 139 f.

[95] *Zimmerer*, Österr. Bankarchiv 1979, 493.

[96] Kaufherren und Konzerne, S. 313.

[97] *Broichhausen/Wiborg*, ebenda.

[98] *Fries* ZfgK 70, 135, 136.

[99] Zum Beteiligungshandel der Banken vgl. bereits oben B IV 4 a).

[100] Vgl. die Notiz in ZfgK 1980, 1068.

Der Markt für Beteiligungen und Unternehmen als Teil des umfassenderen Kapitalmarktes spielt sich zu einem geringen Anteil über die Börse ab, die nur Aufstockungs- und Abrundungsfunktion besitzt[101]. Zum überwiegenderen Teil wird mit Beteiligungen und Unternehmen auf dem nicht institutionalisierten Kapitalmarkt gehandelt. Hier zeigt sich eine weitere Marktbesonderheit, nämlich die, daß „Preispolitik" nicht über die gesamte Breite des Marktes möglich ist: soweit die Börse eingeschaltet wird, vollzieht sich die Preisbildung (von „Kursmanipulationen" einmal abgesehen) streng nach Angebot und Nachfrage.

Das Agieren von Banken auf dem hier diskutierten Markt ist von Bedeutung. Als Fortsetzung der zunehmend wichtiger werdenden Unternehmensberatung durch Banken, insbesondere Hausbanken[102] wird Unternehmern, die — aus welchen Gründen auch immer — aus dem aktiven Geschehen aussteigen wollen, die Möglichkeit einer optimalen Ressourcenverwertung verschafft. Diese „Mobilitätshilfe", die von den Kreditinstituten zum Teil auch durch Einstellen der Pakete in das eigene Portefeuille[103] gegeben wird, ist das Pendant zur Bereitstellung von Gründungskapital, das allerdings weitgehend an Bedeutung verloren hat. Auch diesem Aspekt wird wettbewerbsrechtlich Rechnung getragen: durch die „Bankenklausel", § 23 Abs. 3 Satz 2[104].

Banken genießen auf dem Markt für Beteiligungen und Unternehmen gegenüber ihren Konkurrenten Wettbewerbsvorteile, die zum einen aus ihrer Geldschöpfungsmöglichkeit[105] resultieren, wodurch erhebliche Kapitalbeträge vergleichsweise leichter aufgebracht werden können. Ein weiterer Vorteil ist in der oft detaillierten Marktkenntnis und Marktübersicht zu sehen, die sich im wesentlichen aus der bankgeschäftlichen Verflechtung mit Nichtbanken ergeben[106]. Die Monopolkommission hat bereits in ihrem ersten Hauptgutachten darauf hingewiesen, daß Banken auf Grund ihrer Informationsvorsprünge besser als jeder Anlegerkonkurrent in der Lage seien zu erkennen, welche Unternehmen über eine hohe Ertragskraft verfügen und deshalb für den Beteiligungserwerb taugen[107].

Es erscheint denkbar, daß diese Wettbewerbsvorteile, die im allgemeinen auch den Marktpartnern zugute kommen, durch Fusionen noch vergrößert werden. Zum Beispiel können sich größere Institute Bran-

---

101 *David*, Kapitalbeteiligungen der Kreditbanken, S. 127.

102 Instruktiv *Rüschenpöhler*, Sparkasse 1980, S. 157 ff.

103 Kritisch zum dauerhaften Beteiligungsbesitz *David*, S. 141 ff.

104 Dazu oben E V.

105 Dazu *Aust*, Wettbewerb in der Bankwirtschaft, S. 21.

106 *David*, Kapitalbeteiligungen der Kreditbanken, S. 128.

107 *MK* Hauptgutachten I 1973 - 75, Tz 544.

chenspezialisten halten, was die „Mißerfolgsquote“ (auch „Scheidungsrate“ genannt) bei Vermittlungen herabsetzt. Es ist auch denkbar, daß größere Institute ständig eine höhere Zahl an potentiellen Nachfragern an der Hand haben als kleinere Institute.

Jedoch dürfen diese Vorteile nicht überschätzt werden. In den meisten Fällen treten Banken als Vermittler auf. Funktionierender Wettbewerb schlägt sich für beide Marktseiten dann in niedrigeren Provisionen sowie in dem Druck auf die Wettbewerber, sich einen guten Ruf als erfolgreicher Vermittler sichern zu müssen, nieder; Exklusivverträge werden nur mit Anbietern von Beteiligungen und Unternehmen geschlossen; Nachfrager können sich hingegen an beliebig viele Vermittler wenden[108]. Provisionswettbewerb spielt bei der Höhe der in dieser Dienstleistungssparte erzielten Erträge eine erhebliche Rolle: in Deutschland sowie in Österreich werden dem Auftraggeber im Durchschnitt 3 %, dem Kontrahenten 2 % des Vertragswertes in Rechnung gestellt[109]. In den USA wird der „Finders Fee“ gezahlt, der nach der sog. Lehmann-Formel 5 % des Kaufpreises von der ersten Million Dollar, 4 % von der zweiten, 3 % von der dritten, 2 % von der vierten, 1 % von der fünften und ½ % von den weiteren Beträgen ausmacht[110].

Wichtig für Kreditinstitute sind auch die Folgegeschäfte einer Transaktion, die sich naturgemäß bei fortschreitender Konzentration im Banksektor ebenfalls auf weniger Institute beschränken. Zum einen wird der neue *Käufer* eines (kränkelnden) Unternehmens dieses u. U. zu neuer Blüte führen, was sich in einer Umsatzsteigerung nachgefragter Bankleistungen niederschlagen kann. In einer geringen Anzahl von Fällen dürfte der neue Inhaber allerdings auch eine neue Bankverbindung beginnen. Der *Verkäufer* wird sein als Gegenwert erlangtes Geld anlegen wollen und müssen, wozu er sich regelmäßig der Hilfe „seiner“ Bank bedienen wird[111].

Auch unter Berücksichtigung der Vorteile, die eine Bankenkonzentration für den hier untersuchten Markt bedeutet, drohen ebensolche Strukturverschlechterungen, die es angezeigt sein lassen, den Markt und seinen Konzentrationsgrad stets zu berücksichtigen[112].

---

108 *Zimmerer*, Österr. Bankarchiv 1979, 494.

109 *v. Beckedorff*, Österr. Bankarchiv 1971, 147, 157; *Krahnen*, Stichwort Beteiligungshandel in Handwörterbuch der Finanzwirtschaft, Spalte 139, 142.

110 *Zimmerer*, Österr. Bankarchiv 1979, 493, 497 f.

111 Vgl. auch *Benölken* ZfgK 1971, 941, 943.

112 Zum Pakethandel der Banken unter dem Gesichtspunkt der Problematik des Beteiligungserwerbs von Kreditinstituten an Nichtbanken, abwägend *Immenga*, Beteiligungen von Banken, S. 91 f.

3. Der räumlich relevante Markt

Die Abgrenzung des räumlich relevanten Marktes erfolgt nach denselben Kriterien wie die sachliche Abgrenzung[113]. Entscheidend ist die Sicht der Nachfrager[114]. Insofern ist eine direkte Abhängigkeit der Größe des Marktes von dem Volumen der nachgefragten Leistungen festzustellen. Während die „Mengenkunden“ (z. B. der Sparkassen) eher regional orientiert sind[115], sind Großunternehmen national, häufig sogar international ausgerichtet. Dazwischen sind beliebig viele Abstufungen denkbar.

III. Die Entstehung oder Verstärkung einer marktbeherrschenden Stellung bei einem Zusammenschluß zwischen einer Bank und einer Nichtbank

1. Typizität und Gefahren eines derartigen Zusammenschlusses

a) Problemstellung

„Eine spezifisch deutsche Art der conglomerates sind die industriellen Beteiligungen der Banken. Außer den allgemeinen Problemen der Mehrmarktunternehmen sind hier Probleme zu beobachten, die daraus entstehen, daß die Banken ihrerseits den Zugang zum Kapitalmarkt kontrollieren“[116]. „Die Gruppe der ‚Bayern-Hypo‘, die größte der drei Braugruppen, ist eingebettet in einen Konzern, der als typisch deutsche Variante des Konglomerats angesehen werden kann: der Konzern unter Führung einer Bank“[117].

Dies sind zwei Äußerungen, die eine entschiedene wettbewerbsrechtliche Einordnung der Bank-Nichtbankenverbindungen deutlich machen. Indes sind — wie im einzelnen noch zu zeigen sein wird — Zweifel an dieser klaren Eingruppierung angebracht. Sie gründen sich auf die grundsätzlich anzunehmende Beschränkung bankbetrieblicher Tätigkeit auf einen festen Kanon bankgeschäftlicher Aufgaben.

Die Beantwortung der Frage, ob Banken-Nichtbankenverbindungen typischen Konglomerationscharakter tragen oder vielleicht auch deut-

[113] *Möschel* in Immenga/Mestmäcker, § 22 Rdnr. 35.

[114] Auf die unter bestimmten Voraussetzungen für die Feststellung der bestehenden Verhaltensspielräume unzutreffende alleinige Sicht aus der Nachfragerperspektive weist *Mestmäcker* hin in Immenga/Mestmäcker § 23 Rdnr. 120; dieses Problem spielt hier jedoch keine Rolle.

[115] *BKartA* TB 74, S. 40 „Girokasse-Württembergische Landessparkasse“.

[116] *Mestmäcker*, Die Aussprache Nr. 20/1970, S. 60, 67.

[117] *Emrich*, Problematik der Fusionskontrolle, S. 64.

lich vertikale und u. U. horizontale Züge besitzen, steht deshalb im Vordergrund der weiteren Überlegungen. Eine Antwort kann Auskunft darüber verschaffen, inwieweit wettbewerbstheoretische und -rechtliche Erkenntnisse, die in bezug auf konglomerate und vertikale Fusionen existieren, herangezogen werden können. Dies ist insbesondere für die Rechtsanwendung von Bedeutung.

Methodisch soll dabei so vorgegangen werden, daß die bekannten, als typisch anzusehenden Konglomerationsgefahren (= Wirkungen) daraufhin untersucht werden sollen, ob sie auch aus Banken-Nichtbanken-Verbindungen resultieren. Zuvor soll kurz auf die Begriffe „Konglomeration" und „Diversifikation" eingegangen werden.

b) Die Problematik konglomerater Fusionen

aa) „Konglomeration" und „Diversifikation"

Die Begriffe „Konglomerat", „diagonale Konzentration" und „Diversifikation" werden zum Teil synonym gebraucht. Zum Teil findet sich auch die Ansicht, Konglomeration sei nur negativ definierbar als Begriff für alle die Zusammenschlüsse, die weder horizontal noch vertikal sind[118]. Demgegenüber soll im Sinne einer sich in der neueren Literatur ausbreitenden Ansicht unter „Diversifikation" die interne oder externe Ausdehnung des Leistungsprogramms in solche Produktionsbereiche, die in einem sachlichen Zusammenhang mit der bisherigen Leistungspalette stehen, verstanden werden[119]. Mit „Konglomeration" ist dagegen die interne oder externe Ausweitung des Leistungsprogramms in Bereiche hinein, die in keinem sachlichen Zusammenhang mit dem bisherigen Produktionsbereich stehen, gemeint[120].

Bei derartigen begrifflichen Abgrenzungen stehenzubleiben, ist allerdings müßig. Entscheidend muß es auf die besonderen Merkmale und wettbewerblichen Wirkungen ankommen, die bei Bank-Nichtbankverbindungen zu erwarten sind. Dabei steht die Erkenntnis im Vordergrund, daß sich die kompetitive Bedeutung von Zusammenschlüssen in vielen Fällen nicht an Hand der Auswirkungen auf Einzelmärkte erfassen läßt — eine Einsicht, die nicht nur für konglomerate Fusionen gilt, sondern z. B. auch bei der Einführung eines Vermutungstatbestandes für „Elefantenhochzeiten" (§ 23 a Abs. 1 Ziffer 2) maßgebend war[121].

---

[118] Z. B. *Carl,* Die marktbeherrschende Stellung als Eingreifkriterium, S. 116.

[119] Vgl. *Emrich,* Fusionskontrolle bei Konglomeraten, S. 34 f.

[120] Abw. *Emrich,* ebenda, der mit Konglomeration nur die *externe* Ausweitung erfaßt.

[121] *Mestmäcker* in Immenga/Mestmäcker § 23 a Rdnr. 32; *MK* Hauptgutachten I 1973 - 75, Tz 954.

bb) Konglomerate Interdependenz

In der neueren ökonomischen und juristischen Literatur wird darauf hingewiesen, daß bei einem Zusammenschluß insbesondere großer konglomerierter (und wohl auch diversifizierter) Unternehmen die Gefahr einer wettbewerbsbeschränkenden konglomeraten Interdependenz droht[122]. Unternehmen, die auf verschiedensten Märkten immer wieder aufeinander treffen, müssen wechselseitig damit rechnen, daß ein Wettbewerbsvorstoß auf einem Markt durch eine Maßnahme auf einem anderen Markt vergolten wird, was im Ergebnis zu einer wettbewerbsbeschränkenden „Reaktionsverbundenheit" führt.

Diese Gefahr dürfte bei einem Bank-Nichtbank-Zusammenschluß, auch wenn es sich bei dem Nichtbankunternehmen um ein stark diversifiziertes oder konglomeriertes Unternehmen handelt, nicht gegeben sein. Banken und Nichtbanken agieren grundsätzlich auf völlig voneinander verschiedenen Märkten. Dies gilt bis auf sehr wenige Ausnahmen, z. B. den Geldhandel; er kann vernachlässigt werden, da er nicht zum Einsatz wettbewerbspolitischer Mittel taugt. Zwischen Banken und Nichtbanken fehlt es daher an den „Kontaktpunkten"[123]. Von daher ist es ausgeschlossen, daß der Wettbewerbsvorstoß der Nichtbank auf einem Markt mit einer Vergeltungsmaßnahme der Bank auf einem anderen Markt beantwortet wird.

Im Ergebnis gilt das gleiche für den Fall, in dem mehrere (z. B. zwei) auf sehr vielen verschiedenen Märkten tätige stark diversifizierte oder konglomerierte Großunternehmen (A und B) über eine Bank miteinander verbunden sind (z. B. gelangt die Bank C zunächst in den Aufsichtsrat von A und anschließend in den von B). Auf diese Weise werden keine *neuen* Kontaktpunkte geschaffen, da Banken nicht auf Märkten tätig sind, auf denen Nichtbanken agieren. Die vorher schon bestehende konglomerate Interdependenz wird nicht erweitert. Eine gegenteilige Ansicht würde die Annahme voraussetzen, daß die Bank in dem einen Unternehmen (an dem sie ja z. B. auch maßgeblich beteiligt sein kann) eine „Vergeltungsstrategie" auslöst. Diese Annahme ist unrealistisch und steht nicht im Einklang mit der Rolle, die Banken in Nichtbankunternehmen spielen[124].

Allerdings bleibt eine andere Gefahr zu beachten bzw. entsteht diese Gefahr bei Installierung einer Verbindung zweier Nichtbankunternehmen über eine Bank — der Investitionswettbewerb (und da-

---

122 *Böhnke*, Diversifizierte Unternehmen, S. 105 ff.; *Mestmäcker* in Immenga/Mestmäcker § 23 a Rdnr. 43; ähnlich bereits *Gutowski*, Konglomerate Unternehmensgröße, S. 25.

123 *Böhnke*, passim.

124 Dazu noch unten F III 1 b) dd).

mit ein wesentliches Wettbewerbsobjekt) droht zu leiden. Das Investitionsvorhaben des Unternehmens A auf Markt M kann, falls B davon erfährt, dazu führen, daß B von seinem Investitionsvorhaben auf Markt M absieht und dafür auf Markt M1 investiert. Die funktionierendem Wettbewerb immanente Ungewißheit ist hier partiell verlorengegangen. Diese Annahme erscheint auch realistisch. Sie ergibt sich gerade aus der Rolle, die Banken in Nichtbankunternehmen spielen: der maßgeblichen Beteiligung an der Vorbereitung und Finanzierung von Investitionsvorhaben.

cc) „deep pocket“

aaa) Verdrängungskämpfe

Auf Grund der „deep pockets“, die man Konglomeraten unterstellt, drohen mehrfach Gefahren. Ein besonderes Risiko wird in „Verdrängungskämpfen“ gesehen, d. h. in der Abgabe von Waren oder Leistungen über einen mehr oder weniger langen Zeitraum zu Preisen, die unter den Herstellungskosten liegen[125]. Das tatsächliche Vorkommen von Verdrängungskämpfen wird in der Literatur nicht zuletzt unter Hinweis auf das Risiko des Hinzutritts neuer Wettbewerber für gering eingeschätzt[126]. Allerdings ist die Abschreckungswirkung als bloße Fähigkeit, Verdrängungskämpfe zu führen, der tatsächlichen Möglichkeit, dies zu tun, gleich zu erachten. Die Gefahr, Verdrängungskämpfe zu finanzieren, kann für Fälle, in denen Banken Beteiligungen halten oder sonstwie auf ein Nichtbankunternehmen Einfluß besitzen, vernachlässigt werden. Es ist unrealistisch anzunehmen, Banken würden einem Beteiligungsunternehmen erhebliche finanzielle Mittel zum Zwecke eines Verdrängungskampfes zur Verfügung stellen. Für den umgekehrten Fall (Finanzmittel des Beteiligungsunternehmens werden zum Zwecke eines Verdrängungskampfes unter Banken zur Verfügung gestellt) gilt dies erst recht. Ein Verdrängungskampf einer Bank würde eine äußerst riskante Politik und damit eine gröbliche Verletzung der Treuhänderpflichten der Bank darstellen. Im übrigen besteht nach deutschem Wettbewerbsrecht gegen gezielte Kampfpreisstrategien Schutz über § 22 Abs. 4 Satz 2 Nr. 1 GWB und § 1 UWG[127].

bbb) Hilfe in Krisenzeiten

Allerdings ist denkbar, daß in schwierigen Struktur- oder Konjunkturphasen Verluste eines Nichtbankunternehmens durch Mittel des beteiligten Kreditinstitutes ausgeglichen werden. Für das Be-

---

[125] Vgl. z. B. *Emrich*, Problematik der Fusionskontrolle, S. 162.

[126] *Petry*, Schmollers Jahrbuch für Wirtschafts- und Sozialwissenschaften, 90. Jhrg. 1970, S. 547, 550; *Emrich*, S. 162.

[127] *Baumbach/Hefermehl* § 1 UWG, Rdnrn. 253, 203 ff.

teiligungsunternehmen bedeutet dies, einen „längeren Atem" und damit einen Vorteil gegenüber Wettbewerbern zu haben, die über keine vergleichbare Bindung zu einer Bank verfügen. Aus der Praxis sind diese Fälle, in denen sich große Banken unter Bereitstellung ganz erheblicher Mittel über Jahre bemühen, ein Unternehmen aus den roten Zahlen zu bringen, zur Genüge bekannt (z. B. Pittler Maschinenfabrik AG, Langen, an der Deutsche und Dresdner Bank je über 25 % der Aktien halten). Das Drängen auf Zusammenschluß ist eine Variante dieser Situation. Von bankern wird dies nicht bestritten. Einschlägig ist insofern eine Äußerung des Aufsichtsratsvorsitzenden der Deutschen Bank AG, Ulrich, aus dem Jahre 1976. Danach ergibt sich eine Situation von Konzentrations-„Anfälligkeit", „wenn kreditnehmende Firmen in wirtschaftliche Schwierigkeiten kommen. Die Banken werden im Rahmen der Gesetze bemüht sein müssen, konstruktive Lösungen, eventuell im Wege des Zusammenschlusses mit einem anderen Unternehmen, zu finden, was nicht ein Großunternehmen zu sein braucht. Partnerschaften im mittelständischen Bereich zu fördern, ist eine Aufgabe der Banken."[128] Diese Beobachtung wird noch weiter unten bei Untersuchung der Frage, ob Nichtbanken durch Beteiligung etc. einer Bank eine marktbeherrschende Stellung erlangen oder verstärkt bekommen, eine Rolle spielen (Stichwort: Finanzkraft).

Im übrigen gilt dies in gewisser Weise auch umgekehrt: Banken erwerben Beteiligungen an Nichtbanken gerade wegen des Ertrages, den diese u. U. auch in schlechten Bankjahren erwirtschaften (Zitat eines Großbankers: „Entweder bringen die Leute ihr Geld auf die Bank oder sie geben es in Kaufhäusern aus, von wo es in Form von Erträgen zu uns zurückfließt"). Dies entspricht einer Beobachtung der letzten Jahre, in denen es nicht selten vorkam, daß der Dividendenbetrag einer Aktienbank (rechnerisch) den Beteiligungserträgen entsprach[129].

Der Unterschied zwischen dem Ausgleich von Verlusten über Sonderzahlungen (Kapitalfluß vom Beteiligungsnehmer zum Beteiligungsunternehmen) und dem Ausgleich von Verlusten im „eigentlichen" Geschäft durch Erträge (Kapitalfluß vom Beteiligungsunternehmen zum Beteiligungsgeber) bleibt freilich zu beachten; Ertragsausgleich ist weder bei Nichtbanken noch bei Banken etwas „konglomerattypisches" (er gilt auch für diversifizierte Unternehmen) noch haftet ihm eine besondere Wettbewerbsgefährdung an.

---

[128] *Ulrich*, in Wettbewerb im Wandel, Festschrift für Eberhard Günther, S. 191, 201.

[129] Ausführlich und kritisch allerdings *Münch*, Österr. Bankarchiv 1981, 2 ff.

ccc) Gefahr weiterer Konzentration

Eine andere aus deep pockets resultierende unmittelbare Gefahr für den Wettbewerb ist die der weiteren Konzentration durch Aufkauf neuer Unternehmen — zum Teil als „entrenchment" bezeichnet[130]. Die Problematik besteht darin, daß ein starkes Unternehmen durch Übernahme eines weniger starken Unternehmens dieses in die Lage versetzt, seine Marktposition durch Aufkauf von Wettbewerbern zu stärken[131]. In der amerikanischen anti-trust-Praxis hat entrenchment eine Rolle gespielt im Fall „Ekco Products Company v. F.T.C."[132]. Hier sind die gleichen Gefahren zu beachten, wie sie auch dem Mittelstand durch die sog. „Folgefusionen" nach Eindringen integrierter Großunternehmen in mittelständisch strukturierte Märkte drohen[133]. In Fällen, in denen Banken das sich beteiligende Unternehmen stellen, ist diese Gefahr besonders groß. Ohne der Erörterung vorzugreifen, kann davon ausgegangen werden, daß Banken über besondere Möglichkeiten verfügen, Geld für derartige Transaktionen zur Verfügung zu stellen. Auch insoweit ist eine Äußerung von Franz H. Ulrich einschlägig, der beschreibt, wann Banken der Konzentration Vorschub leisten: „Das ist dann der Fall, wenn ein guter Kunde einen bonitätsmäßig einwandfreien Kredit erbittet, um ein Unternehmen aufzukaufen. Bei der Konkurrenzlage im Bankgeschäft wäre es unrealistisch anzunehmen, daß der Kredit nicht gegeben wird, es sei denn, es wären diskriminierende Begleitumstände vorhanden. Hier — wie auch ohne Kreditgewährung — muß erforderlichenfalls die Kartellgesetzgebung ihre Wirkung zeigen."[134]

dd) reciprocal dealing

Die Problematik wechselseitiger Lieferbeziehungen, d. h. die Bevorzugung eines Geschäftspartners nach dem Motto: „kaufst Du bei mir, kauf ich bei Dir", beschreibt eine partielle Einschränkung der Wettbewerbsintensität. Die Gefahr wächst mit Zunahme der Anzahl angebotener Produkte und damit mit dem Diversifikations- oder Konglomerationsgrad.

Gegengeschäftspraktiken werden in Deutschland seit langem beobachtet. In der Konzentrationsenquête von 1961 wird berichtet, daß

---

130 *Frankus*, Fusionskontrolle bei Konglomeraten, S. 63.

131 *Frankus*, S. 64.

132 United States Court of Appeals, Federal Reporter, Second Series, vol. 347 (1965), S. 745 ff.

133 Dazu *Mestmäcker* in Immenga/Mestmäcker vor §§ 23 - 24 b, Rdnr. 34.

134 *Ulrich* in Wettbewerb im Wandel, Festschrift für Eberhard Günther, S. 191, 201.

bei fast allen untersuchten Konzernunternehmen sog. Gegengeschäftskarteien bzw. -statistiken angetroffen wurden[135].

Bei der Beurteilung der Gefahr des reciprocal dealing in Fällen, in denen Banken involviert sind, d. h. in denen sie Beteiligungen halten oder sonstwie Einfluß auf Nichtbanken haben, muß differenziert werden.

Zum einen kann nicht angenommen werden, Banken würden Schaltstellen für echtes reciprocal dealing sein. Das bedeutete die Unterstellung, Banken würden einige ihrer Beteiligungsunternehmen veranlassen, (Vor-)Produkte, die sie bisher von anderen Beteiligungsunternehmen nicht bezogen haben, bei diesen abzunehmen. Banken beschränken sich jedoch in ihrer Tätigkeit grundsätzlich auf Bankleistungsmärkte. Zwar wirken sie bei grundlegenden unternehmenspolitischen Entscheidungen ihrer Beteiligungsunternehmen mit, nicht aber in Fragen der täglichen Geschäftspolitik, zu denen die Praxis des reciprocal dealing gehört.

Es ist allerdings auch an eine andere Konstellation zu denken: Banken werden u. U. Unternehmen, an denen sie sich beteiligen oder auf die sie sonst Einfluß haben, dazu veranlassen versuchen, Bankleistungen von ihnen abzunehmen, falls dies vorher noch nicht der Fall gewesen sein sollte. Diese Gefahr unterscheidet sich vom reciprocal dealing darin, daß Gegenseitigkeitsgeschäfte bereits bestehende Kundenbeziehungen voraussetzen, die ausgenutzt werden, um andere Waren abzusetzen. Bei der Akquisition von Bankleistungen werden dagegen erst Geschäftsbeziehungen installiert.

Dieser Unterschied ist jedoch eher konstruktiver Natur. Die Gefährlichkeit unterscheidet sich nicht: charakteristisch für beide Fälle ist, daß „Preis und Qualität des Produkts ... nicht mehr ausschlaggebend für seinen Absatz (sind)“[136].

ee) Kopplungsverkäufe

Die gleichen Gründe, die die Gefahr des reciprocal dealing entstehen lassen, beschwören auch das Problem der Kopplungsverkäufe herauf. Der Verkauf einer bestimmten eingeführten Ware wird vom zusätzlichen Kauf anderer Güter abhängig gemacht[137]. Die Möglichkeit hierzu resultiert aus der Größe des Konglomerats und seiner Verbreitung über diverse Märkte. Zu beachten ist die kartellrechtliche Grenze in § 18

---

[135] *Konzentrationsenquête*, BT-Drucksache *zu* IV/2320, S. 747.

[136] *Petry*, Schmollers Jahrbuch für Wirtschafts- und Sozialwissenschaften, 90. Jhrg., 1970, S. 547, 551.

[137] Dazu *Emrich*, Problematik der Fusionskontrolle bei Konglomeraten, S. 151.

Abs. 1 Ziffer 4 sowie die Beurteilung von Kopplungsverträgen als mißbräuchlich[138], wobei allerdings ein gleicher Effekt auch durch ausgeklügelte Rabattsysteme erzielt werden kann.

Für die Beurteilung der Gefahr in Fällen, in denen Banken einen Teil der Unternehmensverbindung stellen, sind die gleichen Erwägungen maßgebend wie für Gegenseitigkeitsgeschäfte: Banken wirken in Fragen täglicher Geschäftspolitik nicht mit. Hierhin gehören auch Kopplungsgeschäfte.

ff) Beseitigung potentiellen Wettbewerbs

aaa) Wegfall des konglomerierenden Unternehmens als potentieller Wettbewerber

Falls ein ein anderes Unternehmen aufkaufendes Unternehmen in der Lage war bzw. als in der Lage befindlich angesehen wurde, in einen Markt des Beteiligungsunternehmens einzudringen, hat es als potentieller Wettbewerber einen mehr oder weniger starken Wettbewerbsdruck ausgeübt. Die Gefahr des Auftretens auf dem Markt entfällt, wenn der potentielle Wettbewerber in Form des bereits agierenden Unternehmens tätig wird; in strengem Sinne fällt ein Wettbewerber weg. Andererseits muß aber berücksichtigt werden, daß aus potentiellem Druck in gewissem Umfang aktueller Druck wird. Jedoch kann diese Frage letztlich dahingestellt bleiben. Banken sind grundsätzlich nicht als potentielle Wettbewerber auf Nichtbankleistungsmärkten anzusehen. Von ihnen geht also auch kein Druck aus, der wegfallen könnte.

bbb) „Die Auswirkungen der Konglomeration auf fremde potentielle Konkurrenten"[139]

Eine weitere Gefahr, die von Konglomerationszusammenschlüssen ausgehen kann, wird in der Größe des Konglomerats an sich gesehen. Hier sind insbesondere die deutlich verbesserten Werbemöglichkeiten zu nennen[140], die aber wohl nicht in erster Linie aus der Konglomeration erwachsen, sondern aus den u. U. erheblichen Finanzmöglichkeiten, die der Erwerber mitbringen und dem erworbenen Unternehmen u. U. zur Verfügung stellen kann.

Eine ganz ähnliche Gefahr droht durch die Möglichkeit, den Markteintritt eines newcomers mit Preisherabsetzungen beantworten zu können. Dies ist auf Grund der u. U. sehr viel größeren Ressourcen (insbesondere der Finanzmittel) möglich. Die Konsequenz ist eine Er-

---

[138] Grundlegend KG WuW/E OLG 995 „Meto-Handpreisauszeichner".

[139] *Emrich*, Problematik der Fusionskontrolle bei Konglomeraten, S. 168.

[140] *Emrich*, S. 170.

höhung der Marktzutrittsschranken[141]. Potentielle Konkurrenz als Wettbewerbskorrektiv hängt entscheidend von der Höhe der Marktzutrittsschranken ab[142].

Ohne auch hier vorgreifen zu wollen, läßt sich sagen, daß jedenfalls dann, wenn ein sich beteiligendes Unternehmen über erhebliche Finanzmittel verfügt bzw. dies so scheint, die Marktzutrittsschranken erhöht werden. Auch wenn dies nur für den Einzelfall sicher beurteilt werden kann, spricht eine Vermutung für das Vorhandensein überdurchschnittlicher Finanzmittel bei Banken als Beteiligungsnehmern.

gg) Ergebnis

Ziehen wir ein Resümee der Untersuchung konglomerattypischer Gefahren in Zusammenschlußfällen, an denen Banken beteiligt sind, so läßt sich folgendes feststellen:

— Konglomerate Interdependenz droht nur unter dem Gesichtspunkt, daß die Bank eine clearing-Stelle für Investitionsvorhaben ist und den Investitionswettbewerb deshalb vermindert;

— Unter dem Aspekt der „deep-pockets“ droht keine Gefahr von Verdrängungskämpfen. Allerdings dürften Beteiligungsunternehmen in schwierigen Phasen über einen „längeren Atem“ verfügen;

— die Gefahr weiterer Konzentration ist in besonderem Maße gegeben;

— „reciprocal-dealing“ ist nicht zu erwarten, wohl aber ein verstärktes „Bemühen“, Bankleistungen bei Beteiligungsunternehmen abzusetzen;

— Kopplungsverkäufe drohen nicht;

— Banken stellen keine potentiellen Wettbewerber von Nichtbanken dar und können somit auch nicht als potentielle Wettbewerber wegfallen;

— die u. U. erheblichen finanziellen Mittel, die Banken zur Verfügung stellen können, haben Auswirkungen auf fremde potentielle Konkurrenten.

Konglomerationstypische Gefahren drohen also nur in einem sehr eingeschränkten Maße, wenn Banken Partner eines Zusammenschlusses sind. Die These, Banken-Nichtbankenverbindungen als typische „conglomerates“ anzusehen, läßt sich nicht halten. Banken beschränken sich in ihrer werbenden, unternehmerischen Tätigkeit auf Bankleistungsmärkte und die Fortsetzung des Konzentrationsprozesses. Als

141 Vgl. auch *v. Woedtke,* Die „überragende Marktstellung“ in der Fusionskontrolle, S. 164, mit Hinweisen auf amerikanische Entscheidungen; ferner BKartA WuW/E BKartA 1561 ff. „Johnson-Hahn“.

142 *Mestmäcker* in Immenga/Mestmäcker § 24 Rdnr. 71.

geradezu typisch kann die Entwicklung des „Nixdorf-VW-Deutsche Bank-Falles“ angesehen werden. Die geplante Beteiligung von VW an der Nixdorf Computer AG scheiterte, weil auf der einen Seite das VW-Management entschlossen war, nur unternehmerische Engagements einzugehen, auf der anderen Seite Heinz Nixdorf unter allen Umständen seine Selbständigkeit wahren wollte[143]. Gerade diese bleibt bei dem zustandegekommenen Engagement der Deutschen Bank AG an der Nixdorf Computer AG gewahrt, jedenfalls dort, wo es sich nicht um grundsätzliche Investitions- und andere Fragen dreht.

Die im ersten Hauptgutachten der Monopolkommission formulierte Erkenntnis, daß „bei Konzentrationsvorgängen zwischen Banken und Nichtbanken Wirkungen entfallen, die für die Beurteilung horizontaler und vertikaler Unternehmenszusammenschlüsse zwischen Industrieunternehmen eine wesentliche Rolle spielen“[144], kann dahin ergänzt werden, daß auch Wirkungen entfallen, die für die Beurteilung konglomerater Zusammenschlüsse maßgebend sind.

Gleichwohl ist es nicht gerechtfertigt, Banken — wie diese selber es gern tun — als reine Finanzanleger zu charakterisieren. Diese zeichnen sich durch — zum Teil einseitig mathematisch fundierte — Konzentration auf das Ziel einer angemessenen und ständigen Anhebung der Rendite aus, ohne daß es im geringsten darauf ankäme, in welcher Branche dies geschieht[145]. Die Mitwirkung von Banken bei wichtigen unternehmerischen Entscheidungen, die geringe Umwälzungsquote des Portefeuilles und die aus strukturpolitischen Gesichtspunkten geschehene Schwerpunktbildung in einigen Branchen heben sie von reinen Finanzanlegern[146] deutlich ab.

Daraus folgt, daß Banken eine mittlere Stellung zwischen reinen Finanzanlegern einerseits und unternehmerisch (industriell) tätigen Unternehmen andererseits innehaben.

c) *Vertikale Aspekte*

Die Tatsache, daß Banken, wenn sie Beteiligungen erwerben oder sich auf eine andere Art mit Nichtbanken zusammenschließen, dies mit Unternehmen tun, an die sie Bankleistungen absetzen (können) bzw. bei denen sie Geld, nämlich Einlagen, nachfragen, macht die vertikalen Züge eines Bank-Nichtbankzusammenschlusses deutlich. Dies wird — in der Systematik des Wettbewerbsrechts — bei der Frage einer Verbesserung des Zugangs zu Absatz- oder Beschaffungsmärkten relevant.

---

[143] O. V. „Nixdorf im Nebel“, FAZ Nr. 266 v. 30. 11. 78, S. 13.

[144] *MK* Hauptgutachten I 1973 - 75, Tz 566.

[145] *Sölter* in Handbuch der Unternehmenszusammenschlüsse, S. 97.

[146] Zur Unterscheidung von bloßen Kapitalanlegern und unternehmerisch engagierten Beteiligungsnehmern vgl. ergänzend *Markert* BB 78, 678, 681.

2. Die Entstehung oder Verstärkung einer marktbeherrschenden Stellung bei der Bank

a) Vertikale Integration

„Personelle Verflechtungen zwischen Banken und Industrie können sich sowohl zugunsten der Macht der Banken als auch zugunsten der Macht der Industrie auswirken“[147]. Diese generell für alle Verflechtungsmöglichkeiten gültige Aussage beschreibt die beiden Richtungen, in die eine Bank-Nichtbankenverbindung wirken kann. Auf die Stellung der Bank bezogen, bleibt ein weiterer „Doppelaspekt“ zu beachten; er wurde bereits angedeutet. Die Bank tritt der Nichtbank sowohl als Nachfrager nach Einlagen als auch als Anbieter von Bankleistungen entgegen. „Rückwärts“- und „Vorwärtsintegration“[148] treten gleichzeitig auf.

Rechtstechnischer Hebel zur Erfassung der Wirkungen vertikaler Integration ist im wesentlichen das Merkmal des Zugangs zu den Beschaffungs- und Absatzmärkten (§ 22 Abs. 1 Ziffer 2). Hierauf wird bei der Einzelfallbetrachtung entscheidend abzustellen sein. Dabei müssen Art und Grad der vertikalen Integration der auf dem Markt tätigen Unternehmen ermittelt und miteinander verglichen werden[149], auch wenn dies im Einzelfall wegen des unterschiedlichen Charakters verschiedener Integrationsarten Schwierigkeiten bereiten sollte[150].

Wichtig ist in diesem Zusammenhang die Erkenntnis, daß Beteiligungsbesitz und andere Einflußmittel geeignet sind, den Zugang zu (besonders lukrativen) Bankgeschäften zu erleichtern. Hierüber besteht Einigkeit[151]. Dies gilt unabhängig davon, ob Banken Beteiligungsbesitz bzw. andere Einflußmöglichkeiten mit dem Ziel anstreben, Bankgeschäfte zu akquirieren. Hinzu kommt ein weiterer Aspekt, auf den jüngst Mülhaupt[152] hingewiesen hat: Die Rentabilität von Beteiligungen sei in den letzten Jahren so unattraktiv geworden, daß Banken zur Rentabilitätsverbesserung auf zusätzliche Geschäfte mit den Beteiligungsunternehmen angewiesen seien. Die Bedeutung des Integrationsgrades wird hier in zweifacher Hinsicht deutlich: einmal — in Form

---

[147] *Lenel* in Wettbewerbsprobleme im Kreditgewerbe, S. 238 f.

[148] Hierzu *Carl,* Die marktbeherrschende Stellung als Eingreifkriterium, S. 95.

[149] *Mestmäcker* in Immenga/Mestmäcker, § 24 Rdnr. 80.

[150] *Ramrath,* Die überragende Marktstellung, S. 42.

[151] *MK* Hauptgutachten I 1973 - 75, Tz 563; *Hofmann,* ZfgK 71, 54, 56; *Girke/Kopplin,* Beteiligungspolitik deutscher Kreditinstitute, S. 21, 71; *Bethmann* WuW 76, 691, 693; *Mülhaupt,* Die Betriebswirtschaft 1980, 513, 520; o. V. „Westdeutsche Landesbank baut ‚Industrie-Holding‘ auf“, Börsen-Zeitung Nr. 248 v. 31. 12. 69, S. 3, mittlere Spalte.

[152] *Mülhaupt,* Die Betriebswirtschaft 1980, 513, 520.

von Beteiligungsbesitz — als Voraussetzung weiterer Integration, zum anderen als selbständig wirkender Faktor im Integrationsprozeß.

Informationsvorteile, die aus den engen Verbindungen zwischen einer Bank und einer Nichtbank resultieren (Kreditgeschäft, Mitgliedschaft im Aufsichtsrat) stellen eine weitere Integrationsfacette dar, die im wesentlichen nur Kreditinstituten zugute kommt[153]. Wenn demgegenüber die „Gegenkritik" im Gutachten der Bankenstrukturkommission darauf hinweist, daß auch andere Gläubiger mit Insiderrang diese Möglichkeiten hätten, so ist dies zwar prinzipiell richtig. Offen bleibt jedoch, wer diese „anderen Gläubiger mit Insiderrang" eigentlich sein sollen.

b) Die Einlagenpolitik der öffentlichen Hände

Bereits an anderer Stelle[154] ist darauf hingewiesen worden, daß die inländischen öffentlichen Haushalte nur einen geringen Teil ihrer Mittel (ca. 25 %) bei Kreditbanken halten, wobei Privatbankhäuser am ungünstigsten abschneiden.

Bedingt ist dieser Umstand im wesentlichen durch § 17 BBankG, der bestimmt, daß der Bund, das Sondervermögen Ausgleichsfonds, das ERP-Sondervermögen und die Länder ihre flüssigen Mittel, auch soweit Kassenmittel nach dem Haushaltsplan zweckgebunden sind, bei der Deutschen Bundesbank auf Girokonto einzulegen haben. Eine anderweitige Einlegung oder Anlage bedarf der Zustimmung der Bundesbank, wobei diese das Interesse der Länder an der Erhaltung ihrer Staats- und Landesbanken zu berücksichtigen hat. Bundesbahn und Bundespost betrifft diese Verpflichtung nicht.

Was die Mittel des Bundes und seiner Sondervermögen angeht, so hat die Bundesbank ein Einlagemonopol[155], wodurch dem Geldmarkt zwar erhebliche Mittel entzogen werden; dies geschieht jedoch wettbewerbsneutral, da alle Institutsgruppen gleichermaßen erfaßt sind[156].

Die Wettbewerbsneutralität besteht nicht in bezug auf die Mittel der Länder. Die in § 17 Satz 2 BBankG vorgesehene Ausnahmemöglichkeit zugunsten der Landesbanken privilegiert diese gegenüber allen anderen Institutsgruppen[157]. Der Hinweis auf den Katalog staatswirtschaftlicher Aufgaben[158], der als Pendant eine Einlageverpflichtung zugunsten der Landesbanken fordere, überzeugt bereits deshalb nicht, weil die

[153] Hierzu bereits *„Konzentrationsenquête"*, BT-Drucksache IV/2320, S. 39.

[154] Vgl. oben B II 2 c) cc).

[155] *Möschel*, Wirtschaftsrecht der Banken, S. 94.

[156] Vgl. bereits *Wettbewerbsenquête*, BT-Drucksache V/3500, S. 93.

[157] *Wettbewerbsenquête*, ebenda; *Mülhaupt*, ZfgK 1970, 429, 430.

[158] *Wettbewerbsenquête*, S. 112 f.

Mehrzahl der Aufgaben ohne weiteres auch von privaten oder genossenschaftlichen Banken erfüllt werden kann. Das gleiche gilt für die Begründung einer zweckmäßigen und rationellen Verwaltungsführung, die die weitgehende Konzentration der Mittel und Geschäftsvorfälle bedinge. Die Alternative zur Einlagenkonzentration ist nicht die Atomisierung der Mittel[159], sondern eine behutsame Streuung auf Institute verschiedenster Gruppen unter Beachtung der Pflicht zu wettbewerblicher Neutralität der Länder[160]. Es darf nicht verkannt werden, daß diese Überlegungen nur de lege ferenda gelten können; de lege lata besteht die Verpflichtung aus § 17 BBankG. Ihre notenbankpolitische Intention zu verhindern, daß durch die Einlage öffentlicher Mittel die Kreditschöpfungsfähigkeit der Geschäftsbanken gesteigert wird[161], soll hier nicht diskutiert werden. Der wettbewerbsverzerrende Aspekt der Norm darf gleichwohl nicht übersehen werden. Er führt zu einem im Vergleich mit privaten und genossenschaftlichen Banken verbesserten Zugang öffentlich-rechtlicher Institute zu den Refinanzierungsmärkten. Dies ist fusionskontrollrechtlich von Bedeutung.

3. Die Entstehung oder Verstärkung einer marktbeherrschenden Stellung bei dem Nichtbankunternehmen

a) Vorbemerkung

„Die Banken verfügen über Geld. Die gesamte Wirtschaft braucht Geld ... Ergo sind die Banken mächtig“. Diese — von ihm selbst im folgenden dann allerdings relativierte — Aussage Jürgen Pontos[162] erhellt schlaglichtartig, worauf aus dem kartellgesetzlichen Blickwinkel das Augenmerk im folgenden gerichtet werden soll: auf die Finanzkraft der Banken. Jedenfalls prima facie ist diese in § 22 Abs. 1 Ziffer 2 ausdrücklich genannte Ressource das bankspezifische Mittel, um in anderen Unternehmen zu wirken. Die besondere Bedeutung, die den Finanzmitteln der Banken zukommt, wird auch durch die sinkende Eigenkapitalquote deutscher Unternehmen deutlich. Dies hat dazu geführt, daß ein schlichter Bankkredit häufig schon Eigenkapitalcharakter annimmt[163]. Bei der folgenden Untersuchung sind zwei Fragen auseinanderzuhalten: zunächst ist zu überlegen, was eigentlich Finanzkraft

[159] Deshalb überzeugt das Argument des baden-württembergischen Finanzministers (zitiert bei *Frielitz*, Stellung der öffentlich-rechtlichen Sparkassen im Verfassungsgefüge, S. 167 Fn. 3), es sei unzumutbar, die Mittel bei ca. 6 000 Stellen im Lande anzulegen, nicht.

[160] So auch die Forderung der *Wettbewerbsenquête*, S. 94.

[161] *v. Spindler/Becker/Starke*, Die Deutsche Bundesbank, § 17, Anm. I 1.

[162] Bank-Betrieb 1/72, 2, 3.

[163] Poullain ZfgK 76, 1156, 1158.

bei Banken ist. Erst nach dieser Klärung kann gefragt werden, unter welchen Bedingungen davon ausgegangen werden kann, daß vorhandene Finanzkraft einem Nichtbankunternehmen zur Verfügung steht.

Die Entwicklung eines bankspezifischen Finanzkraftbegriffes soll dabei vor dem Hintergrund des Verständnisses, das Rechtsprechung und Literatur allgemein von Finanzkraft haben, geschehen. Dabei ist die Herausbildung einer Finanzkraftdefinition von der Frage der Art, diese zu messen (Indikatorenproblem) zu trennen[164].

b) Der Begriff Finanzkraft in Rechtsprechung und Literatur

aa) Definition

Ausgangspunkt der meisten Bemühungen um eine Klärung des Finanzkraftbegriffes sind die Regierungsbegründung zur zweiten GWB-Novelle sowie der Bericht des Wirtschaftsausschusses. In der Regierungsbegründung[165] heißt es knapp: „Finanzkraft umfaßt die Gesamtheit der finanziellen Mittel und Möglichkeiten eines Unternehmens, insbesondere die Finanzierungsmöglichkeiten (Eigen- und Fremdfinanzierung).“ Der Ausschuß für Wirtschaft[166] formuliert etwas ausführlicher: „Der Begriff der Finanzkraft umfaßt die Gesamtheit der finanziellen Mittel und Möglichkeiten eines Unternehmens, insbesondere die Finanzierungsmöglichkeiten nach Eigen- und Fremdfinanzierung sowie seinen Zugang zum Kapitalmarkt“. Diese Formulierungen sind von der Literatur vielfach übernommen[167] bzw. zur Grundlage einer eigenen Definition[168] gemacht worden. In der Rechtsprechung wird der Begriff als selbstverständlich verwendet; Versuche einer Begriffsbildung fehlen.

Obgleich die in den Gesetzesmaterialien verwendeten Definitionen insoweit verhältnismäßig klar sind, war nach Inkrafttreten der zweiten Novelle zunächst ungewiß, ob es auf die *Beschaffungs*möglichkeiten finanzieller Mittel oder auf deren *Einsatz*möglichkeiten ankommt. Stellt man auf die Einsatzspielräume ab, so muß konsequent das Vorhandensein von Finanzkraft geleugnet werden, wenn keine Spielräume mehr für den Einsatz bestünden. Dies ist in der Literatur z. B. mit der Be-

---

[164] So richtig *Sieben/Goetzke/Matschke*, Der Begriff „Finanzkraft“, S. 2.

[165] BT-Drucksache VI/2520, S. 23.

[166] BT-Drucksache 7/765, S. 6.

[167] *Ebel*, § 22 Rdnr. 15; *Langen/Niederleithinger/Schmidt*, § 22 Rdnr. 29, § 24 Rdnr. 11; die Definitionen als „nebulös“ kritisierend *Kleinmann/Bechtold* § 22 Rdnr. 84.

[168] *Mestmäcker* in Immenga/Mestmäcker § 24 Rdnr. 94; *Eckstein*, BB 77, 419 ff.; *Sieben/Goetzke/Matschke*, Der Begriff „Finanzkraft“, S. 29 f.

gründung vertreten worden, daß es Märkte gebe, auf denen es ausschließlich auf das know how ankomme[169]. Auch das Kammergericht hat im GKN-Sachs Fall diese Auffassung vertreten[170]. Der BGH ist dem im gleichen Fall mit dem nötigen Nachdruck entgegengetreten. Er weist zutreffend darauf hin, daß nicht schon auf Grund einer bestimmten Marktstruktur die Wahrscheinlichkeit eines Preiswettbewerbs „überhaupt" ausgeschlossen werden könne[171]. Im übrigen solle der Markt auch bei völliger Erlahmung des Preiswettbewerbs nach der Zielsetzung der zweiten Novelle gerade auch für geringe Antriebskräfte des Preiswettbewerbs auf lange Sicht offen gehalten werden[172]. Aus den gleichen Gründen ist deshalb die Argumentation des BKartA im (nicht untersagten) Zusammenschlußfall West LB-Schulte + Dieckhoff GmbH[173] verfehlt. Darüber hinaus ist zu bedenken, daß ein Einsatzspielraum für zusätzliche Mittel auch dann nicht besteht, wenn das betreffende Unternehmen selbst sehr „stark" ist, so daß angenommen werden kann, daß es auch aus eigenen Mitteln jedem Wettbewerbsvorstoß Dritter entgegentreten könnte. Ganz abgesehen davon, daß es mehr als zweifelhaft erscheint, ob eine derartige Annahme überhaupt zulässig ist, hat die Monopolkommission bereits in ihrem ersten Hauptgutachten auf die in dieser Argumentation liegende Tendenz der Privilegierung gerade großer Unternehmen hingewiesen[174].

Es kann deshalb nicht auf *Einsatz*möglichkeiten finanzieller Mittel ankommen. Ausschlaggebend ist — in Übereinstimmung mit den Gesetzesmaterialien — die Möglichkeit der Finanzmittel*beschaffung*.

Bereits oben[175] wurde herausgearbeitet, daß bei der Prüfung der Entstehung oder Verstärkung einer marktbeherrschenden Stellung stets der Wettbewerbsbezug der einzelnen Ressource gegeben sein muß. Dem tragen die Definitionen in den Geseetzesmaterialien nicht ausreichend Rechnung. Die Finanzkraftdefinition muß deshalb um das Kriterium der Wettbewerbsbeeinflussung erweitert werden, wobei wiederholt sei, daß — jedenfalls, was die Finanzkraft betrifft — Fälle, in denen keine Wettbewerbsbeeinflussung denkbar erscheint, lediglich von theoretischem Interesse sind.

---

[169] *Kleinmann/Bechtold,* § 22 Rdnr. 84; *Gleiss/Hirsch* Art. 86 EWGV Rdnr. 38.

[170] KG WuW/E OLG 1745, 1757.

[171] BGH WuW/E BGH 1501, 1509 „Kfz-Kupplungen".

[172] BGH, ebenda.

[173] TB 74, S. 33.

[174] *MK* Hauptgutachten I 1973 - 75, Tz 916.

[175] Vgl. oben F I 2 b).

In Übereinstimmung mit Sieben, Goetzke und Matschke[176] soll deshalb unter Finanzkraft die Gesamtheit der für Zwecke der Wettbewerbsbeeinflussung disponiblen Zahlungsmittel eines Unternehmens verstanden werden.

bb) Messung

Die Ermittlung der Finanzkraft eines Unternehmens kann grundsätzlich auf zwei Wegen erfolgen. Zum einen ist es möglich, die interne Finanzplanungsrechnung eines Unternehmens zu betrachten. Die andere Möglichkeit ist die Heranziehung extern zugänglicher Indikatoren. Für den ersten Weg haben sich in der Literatur Eckstein[177] sowie Sieben, Goetzke und Matschke[178] ausgesprochen. Die Bedenken gegen diese Art des Vorgehens springen ins Auge und werden von den genannten Stimmen in der Literatur nicht übersehen. Eckstein meint zutreffend, „für Außenstehende ist eine Abschätzung des Finanzpotentials auf der Basis solcher Rechnungen nicht möglich"[179]. Er empfiehlt deshalb, die Ressourcen eines Unternehmens mit Hilfe einfach zu ermittelnder und veröffentlichter Informationen zu erfassen[180], wofür sich der cash-flow besonders eigne. Auch Sieben, Goetzke und Matschke räumen ein, daß die Kartellbehörde nicht in der Lage sein dürfte, detaillierte Finanzplanungsrechnungen aufzustellen[181]. Ein Ausweg sei die Einholung von Sachverständigengutachten, die — von den internen Finanzplanungsrechnungen ausgehend — die Finanzkraft ermitteln[182]. Bereits hier wird übersehen, daß es nicht ausschließlich auf die Möglichkeiten und Grenzen der Kartellbehörden ankommt, sondern in mindestens ebenso entscheidendem Maße auf die der anderen Externen, der Wettbewerber. Und diese sind schlicht gar nicht in der Lage, ihrer Einschätzung der kompetitiven Auswirkungen eines Zusammenschlusses interne Finanzplanungsrechnungen ihrer Wettbewerber (!) zugrunde zu legen. Aber auch der zweite von Sieben, Goetzke und Matschke vorgeschlagene Ausweg führt nicht weiter. Hierfür wird ein insgesamt 29 (!) Positionen umfassendes Schema vorgelegt, mit dessen Hilfe die „aus dem Umsatzprozeß beschaffbaren Finanzmittel" berechnet werden sollen[183]. Saldiert mit einer Reihe weiterer Positionen[184] ergibt sich schließlich die Finanzkraft. Es ist

---

[176] Der Begriff „Finanzkraft", S. 30.

[177] BB 77, 419, 420.

[178] Der Begriff „Finanzkraft", S. 40.

[179] *Eckstein*, BB 77, 419, 421.

[180] *Eckstein*, ebenda.

[181] *Sieben/Goetzke/Matschke*, Der Begriff „Finanzkraft", S. 42.

[182] *Sieben/Goetzke/Matschke*, S. 42 Fn. 10.

[183] *Sieben/Goetzke/Matschke*, S. 48 ff.

[184] *Sieben/Goetzke/Matschke*, S. 63.

zunächst darauf hinzuweisen, daß die 29 Indikatoren — anders als Sieben, Goetzke und Matschke meinen — nicht für alle Unternehmen zugänglich sind. Das Publizitätsgesetz[185] beschreibt insofern die Grenzen. Sie führen dazu, daß nur „Großunternehmen" ihre Rechnungslegung offenbaren müssen[186]. Für die nicht in der Rechtsform der Aktiengesellschaft oder KGaA organisierten Unternehmen der Kreditwirtschaft beginnt die Publizitätspflicht z. B. gem. § 1 Abs. 1 iVm Abs. 3 PublG erst bei einer Bilanzsumme (einschließlich der ersten drei Positionen „unter dem Strich der Bilanz") von DM 300 Mio. und einer durchschnittlichen Beschäftigung von 5 000 Arbeitnehmern. Hinzu kommt, daß gem. § 5 Abs. 2 Ziffer 6 auch für die Rechnungslegung nach dem Publizitätsgesetz § 26 a KWG gilt, also die Norm, die Kreditinstituten fast unbeschränkte Möglichkeiten der Bildung stiller Reserven verschafft, wodurch die Aussagekraft der Rechnungswerke deutlich abgeschwächt wird.

Neben dem Einwand der fehlenden Zugänglichkeit und u. U. verminderten Aussagekraft erhältlicher Informationen dürfte eine Finanzkrafteinschätzung an Hand des vorgeschlagenen Katalogs jedenfalls mittelständische Unternehmen überfordern. Es kann für den Regelfall nicht angenommen werden, daß hier Personen und sachliche Reserven vorhanden sind, die für eine Finanzkrafteinschätzung abgestellt werden könnten.

Das Schema ist praxisfern, lediglich auf das Kartellamt und allenfalls auf die Möglichkeiten großer Wettbewerber zugeschnitten.

Hinzu kommt ein weiterer Einwand. Schon hier kann darauf verwiesen werden (worauf noch näher einzugehen sein wird), daß mit einer streng objektiven Finanzkraftermittlung im Sinne von Sieben, Goetzke und Matschke nicht alle Wettbewerbswirkungen erfaßt werden können. Die in der Praxis sich auf wenige zugängliche Indikatoren stützenden Wettbewerber werden in ihrem Wettbewerbsverhalten u. U. schon dann beeinflußt, wenn die Indikatoren hohe Finanzkraft anzeigen, eine aufwendige Analyse hingegen eine z. B. — aus welchen Gründen auch immer — weitgehende Bindung der Mittel ergibt, was einen wettbewerblichen Einsatz unwahrscheinlich machen könnte. Damit soll nicht gesagt werden, daß Finanzkraft objektiv nicht vorzuliegen braucht: die aussagefähigen und zugänglichen Indikatoren müssen auf Finanzkraft hinweisen. Nur sollte berücksichtigt werden, daß gleichwohl eine subjektive Überschätzung eintreten kann, die kompetitive Wirkungen entfaltet. Die Arbeit von Sieben, Goetzke und Matschke

---

[185] Gesetz über die Rechnungslegung von bestimmten Unternehmen und Konzernen v. 15. 8. 1969, BGBl I, S. 1189.

[186] So richtig *Rittner*, Wirtschaftsrecht, S. 142 f.

enthält denn auch einen entsprechenden Bruch. In auffälligem Gegensatz zu den übrigen Kapiteln steht Teil 6[187], wo plötzlich das „Abschrekkungspotential“ bei überschätzter Finanzkraft eingeführt wird. Es ist ausgeschlossen, diese Wirkungsgröße mit der von Sieben, Goetzke und Matschke entworfenen objektiven Indikatorenliste zu erfassen. Nur konsequent formulieren sie denn auch lapidar[188], daß diesen Effekten mit dem Instrumentarium von Fusionskontrolle oder Mißbrauchsaufsicht nicht zu begegnen sei. Dies ist das Eingeständnis, daß eine der im Zusammenhang mit Finanzkraft drängendsten Fragen von der Abhandlung nicht beantwortet wird.

Es hat sich herausgestellt, daß das Abstellen auf Finanzplanungsrechnungen ebensowenig weiterhilft wie komplizierte Indikatorenkataloge. Rechtsprechung, kartellbehördliche Entscheidungspraxis sowie der überwiegende Teil der Literatur haben sich deshalb von Anfang an auf bestimmte Größen beschränkt, die sich grob in „absolute Werte“, „finanzwirtschaftliche Kennzahlen“ sowie „weitere Größen“ unterteilen lassen. „Absolute Zahlen“ an sich dürften dabei einen nur geringen Aussagewert besitzen[189], da sie lediglich eine isolierte Größenvorstellung vermitteln. Aber auch die Grenzen der Aussagekraft „finanzwirtschaftlicher Kennzahlen“[190] sind stets zu beachten. Z. B. umfassen aus Bilanzwerten gebildete Kennzahlen die dort enthaltenen Verhältnismäßigkeiten und Ursächlichkeiten[191].

Von den „absoluten Zahlen“ steht in Rechtsprechung, Entscheidungspraxis und Literatur ganz eindeutig der *Umsatz* (auch Konzernumsatz und Gesamtumsatz) im Vordergrund[192]. Mestmäcker hält den Umsatz als „externe Finanzkraft“ im Anschluß an Wolf[193] für das entscheidende Merkmal, vor allem, um das Größenwachstum, dem er eine erhebliche wettbewerbliche Wirkung beimißt, erfassen zu können[194]. Daneben wird

---

187 S. 66 ff.

188 S. 67.

189 *Reichmann/Lachnit* ZfbF 1976, 705, 706.

190 Dazu grds. *Radke*, Stichwort „finanzwirtschaftliche Kennzahlen“ in Handwörterbuch der Finanzwirtschaft, Spalte 1111 ff.

191 *Radke*, Spalte 1120.

192 BGH WuW/E BGH 1711, 1717 „Mannesmann-Brueninghaus“; OLG Düsseldorf WuW/E OLG 1925, 1927 „Revell-Plastics“; KG WuW/E OLG 2120, 2125 „Mannesmann-Brueninghaus“; 2182, 2185 „hydraulischer Schreitausbau“; BKartA WuW/E 1747, 1750 „Anzag-Holdermann“; 1625, 1628 „GKN-Sachs“; 1831, 1832 „hydraulischer Schreitausbau“; *MK* Sondergutachten 2 „VEBA-Gelsenberg“, S. 75; Stellungnahme der BReg. zum ersten Hauptgutachten der MK, BT-Drucksache 8/702, Tz 52; *Meinhold*, Diversifikation, konglomerate Unternehmen und GWB, S. 114; *Veltrup* in Wettbewerb im Wandel, Festschrift für Eberhard Günther, S. 207, 218; kritisch z. B. *Kleinmann/Bechtold*, § 22 Rdnr. 85.

193 WuW 80, 462, 469.

194 *Mestmäcker* in Immenga/Mestmäcker § 24, Rdnr. 94 ff.

häufig der *Gewinn* (oder die Ertragslage) herangezogen[195]. Darüber hinaus werden das *Eigenkapital*[196], *offene Rücklagen*[197] sowie *stille Reserven*[198] herangezogen. Nur vereinzelt wird auf *Grundkapital*[199], *Bilanzsumme*[200] und *Abschreibungsvolumen*[201], d.h. die verdienten Abschreibungen, die nicht an ihren bisherigen Einsatz gebunden sind, abgestellt.

In der Palette der „absoluten Zahlen" stehen in Rechtsprechung, Entscheidungspraxis und Schrifttum Umsatz und Gewinn im Vordergrund.

Aus dem Kreis der „finanzwirtschaftlichen Kennzahlen" gibt es eine Größe, der von allen Beteiligten ein hoher Aussagewert zugemessen wird, den *cash-flow*[202]. Demgegenüber treten die Kennzahlen *Umsatzrendite*[203] (Gewinn : Umsatz), *Umsatz : cash flow*[204] und *Eigenkapital : Bilanzsumme*[205] stark zurück. Nur vereinzelt werden der *Verschuldungsgrad*[206] und nur „hilfsweise" der *Liquiditätsgrad*[207] herangezogen.

---

195 BGH WuW/E BGH 1501, 1511 „Kfz-Kupplungen"; BKartA WuW/E BKartA 1561, 1567 „o. b."; 1747, 1751 „Anzag-Holdermann"; *Ebel* § 22 Rdnr. 15; *Gleiss/Hirsch* Art. 86 EWGV Rdnr. 38; *Veltrup*, Die wettbewerbspolitische Problematik konglomerater Fusionen, S. 95.

196 BKartA WuW/E BKartA 1561, 1567 „o. b."; *Ebel* § 22 Rdnr. 15; *Gleiss/Hirsch* Art. 86 EWGV Rdnr. 38; *Emmerich*, Die AG 78, 85, 92.

197 BKartA, Die AG 78, 109, 110 „RWE/GfE"; *Gleiss/Hirsch*, Art. 86 EWGV Rdnr. 38; *Kleinmann/Bechtold* § 22, Rdnr. 85; *Meinhold*, Diversifikation, konglomerate Unternehmen und GWB, S. 114.

198 *Gleiss/Hirsch, Kleinmann/Bechtold, Meinhold*, alle ebenda.

199 BKartA, Die AG 78, 109, 110 „RWE/GfE".

200 *MK* Sondergutachten 2 „VEBA-Gelsenberg", S. 75.

201 *Veltrup*, Die wettbewerbspolitische Problematik konglomerater Fusionen, S. 95.

202 BGH WuW/E BGH 1711, 1717; KG WuW/E OLG 2120, 2125, beide „Mannesmann-Brueninghaus"; BKartA, Die AG 78, 109, 110 „RWE/GfE"; WuW/E BKartA 1625, 1628 „GKN/Sachs"; 1747, 1751 „Anzag/Holdermann"; *Gleiss/Hirsch*, Art. 86 EWGV, Rdnr. 38; *Kleinmann/Bechtold* § 22 Rdnr. 85; *Meinhold*, Diversifikation, konglomerate Unternehmen und GWB, S. 114; *v. Woedtke*, Die „überragende Marktstellung" in der Fusionskontrolle, S. 154; *Carl*, Die marktbeherrschende Stellung als Eingreifkriterium, S. 136 f.; *Eckstein*, BB 77, 419, 421; *Emmerich*, Die AG 78, 85, 92; *Veltrup* in Wettbewerb im Wandel, Festschrift für Eberhard Günther, S. 207, 218; Zum Begriff und zu den Ermittlungsmethoden *Busse v. Colbe*, Stichwort Cash-Flow in Handwörterbuch der Finanzwirtschaft, Spalte 241 ff.

203 BKartA WuW/E BKartA 1561, 1567 „o. b."; *Kleinmann/Bechtold* § 22, Rdnr. 85; *Gleiss/Hirsch* Art. 86 EWGV, Rdnr. 38; *Meinhold*, Diversifikation, konglomerate Unternehmen und GWB, S. 114.

204 BKartA, Die AG 78, 109, 110 „RWE/GfE"; *Ebel* § 22 Rdnr. 15.

205 *Kleinmann/Bechtold*, § 22 Rdnr. 85; *Gleiss/Hirsch* Art. 86 EWGV Rdnr. 38; *Meinhold*, Diversifikation, konglomerate Unternehmen und GWB, S. 114.

206 *Veltrup*, Die wettbewerbspolitische Problematik konglomerater Fusionen, S. 96; *v. Woedte*, Die „überragende Marktstellung" in der Fusionskontrolle, S. 156.

207 *v. Woedtke*, ebenda.

Quasi außerhalb dieser Einteilung stehen zwei Größen, die mehr oder weniger oft zur Ermittlung von Finanzkraft herangezogen werden — oft der *Zugang zum Kapitalmarkt*[208], seltener die *Kreditwürdigkeit*[209].

Umsatz, Gewinn, cash-flow und Zugang zum Kapitalmarkt erweisen sich also bei einer Analyse des vorliegenden Entscheidungsmaterials und des Schrifttums als die am häufigsten verwendeten Finanzkraftindikatoren.

Bevor in die Untersuchung der Frage, ob hiervon abweichend die Finanzkraft bei Banken eventuell anders zu ermitteln ist, eingetreten wird, sollen kurz die Wettbewerbswirkungen vorhandener Finanzkraft skizziert werden.

c) *Finanzkraftwirkungen*

Ganz allgemein lassen sich die Wirkungen von Finanzkraft mit einer Verstärkung des *Entfaltungs- und Abwehrpotentials* eines Unternehmens beschreiben[210]. Die Finanzkraft beeinflußt den Einsatz aller Wettbewerbsmittel[211]. Deshalb hat die folgende Liste aufgezählter Einzelwirkungen nur beispielhaften Charakter. Genannt werden können die verbesserten Möglichkeiten für *schlagkräftige Werbekampagnen*[212] und die Möglichkeit der *Vorfinanzierung von Aufträgen*[213]. Besondere Bedeutung erlangen Finanzreserven in Phasen mit Überkapazitäten. Die Erkenntnis, daß hier *Verlustpreiskämpfe* drohen, in deren Verlauf ein nicht leistungswettbewerblicher Ausleseprozeß stattfindet, liegt auch § 4 GWB zugrunde[214]. Was Banken betrifft, so

---

[208] KG WuW/E OLG 1745, 1755 „Sachs"; BKartA WuW/E BKartA 1625, 1628 „GKN/Sachs"; 1747, 1751 „Anzag/Holdermann"; 1831, 1832 „hydraulischer Schreitausbau"; *Ebel* § 22 Rdnr. 15; *Emrich*, Problematik der Fusionskontrolle, S. 139; *Veltrup*, Die wettbewerbspolitische Problematik konglomerater Fusionen, S. 96.

[209] BKartA WuW/E BKartA 1831, 1832 „hydraulischer Schreitausbau"; *v. Woedtke*, Die „überragende Marktstellung" in der Fusionskontrolle, S. 158.

[210] *FK* § 24 Rdnr. 38; KG WuW/E OLG 2228, 2231 „Zeitungsmarkt München"; BKartA WuW/E BKartA 1561, 1567 „o. b."; 1625, 1629 „GKN/Sachs"; 1817, 1819 „Fertigfutter"; *Girke/Kopplin*, Beteiligungspolitik deutscher Kreditinstitute, S. 57.

[211] *Mestmäcker* in Immenga/Mestmäcker, § 24 Rdnr. 78; ausführlich Rdnr. 94 ff.

[212] Regierungsbegründung zur zweiten GWB-Novelle, BT-Drucksache VI/2520, S. 22; *Girke/Kopplin*, Beteiligungspolitik deutscher Kreditinstitute, S. 52.

[213] BKartA WuW/E BKartA 1657, 1662 „Rheinstahl/Hüller".

[214] Vgl. *Immenga* in Immenga/Mestmäcker § 4 Rdnr. 2 ff.; vgl. im übrigen BGH WuW/E BGH 1749, 1756 „Klöckner-Becorit"; BKartA WuW/E 1657, 1662 „Rheinstahl-Hüller"; *Mestmäcker* in Immenga/Mestmäcker § 24 Rdnr. 77; *MK* Hauptgutachten II 1976/77, Tz 422.

ist auf die — z. B. durch Kreditbeziehungen — verbesserten[215] Chancen einer *„Sanierungsfusion"*, d. h. der Übernahme eines vor dem Zusammenbruch stehenden Unternehmens[216] zu verweisen. Die an anderer Stelle der Arbeit[217] aufgeworfene Frage, ob Banken über besondere Möglichkeiten der *Kursbeeinflussung* verfügen, hängt eng mit der nach der Finanzkraft von Banken zusammen. Die Antwort auf die Frage nach besonderen kurspflegerischen Möglichkeiten hängt davon ab, in welche Relation man Banken stellt. Große, insbesondere institutionelle Nichtbankkapitalanleger verfügen sicher über ähnlich gute Möglichkeiten der Kursbeeinflussung. Aus der Sicht der „gepflegten" Gesellschaften bedeutet dies, daß reine Publikumsgesellschaften niemanden „haben", der ihnen den Kurs pflegt. Hier wird also ein Vorteil sichtbar, über den nur Gesellschaften mit einem Großanleger (z. B. einer Bank) verfügen.

d) Die Finanzkraft bei Banken

Es liegt nahe, als Ausgangspunkt für die Überlegungen, wie die Finanzkraft von Banken bestimmt werden kann, auf die oben als in Praxis und Schrifttum vorherrschend verwendeten Indikatoren Umsatz, Gewinn, cash-flow und Zugang zum Kapitalmarkt zurückzugreifen. Erst wenn die Untauglichkeit dieser Kennzahlen für die vorliegenden Zwecke erwiesen sein sollte, ist die Suche nach Alternativen angezeigt.

Daß Kreditinstitute als Teile des Kapitalmarktes und dort Handelnde über einen besonderen Zugang zu diesem Markt verfügen, bedarf keiner weiteren Erläuterung.

An Stelle von Umsatz ist bei Banken die Bilanzsumme bzw. das Geschäftsvolumen[218] heranzuziehen.

Die Bilanzsumme kann einerseits als besonderer Ausdruck der Größe und Bedeutung einer Bank angesehen werden[219], was auch durch die publizistische Auswertung dieser Zahl deutlich wird. Ob sie gleichzeitig den Schluß auf eine bestimmte Finanzkraft zuläßt, ist dagegen äußerst fraglich. Birck/Meyer weisen darauf hin, daß die Bilanzsumme nur eine Momentaufnahme des sich in aktiven und passiven Vermögenswerten ausdrückenden Geschäftsumfanges im Zeitpunkt des Bilanztermins vermittelt. Im Gegensatz dazu ist der Umsatz eines

---

215 *MK* Hauptgutachten I 1973 - 75, Tz 558.

216 *MK* Sondergutachten 3 „Kaiser-Aluminium/Preussag/VIAG", Tz 62.

217 Vgl. oben B IV 3 b).

218 = Bilanzsumme + Positionen „unter dem Strich der Bilanz"; dazu *Birck/Meyer*, Bankbilanz S. II/11 ff.

219 *Birck/Meyer*, Bankbilanz S. II/11.

Nichtbankunternehmens eine Größe, die die Summe der Leistungen im Berichtsjahr darstellt[220]. Allenfalls die „tagesdurchschnittliche Bilanzsumme“, die allerdings nicht veröffentlicht wird, könne ein aussagekräftigeres Bild vermitteln[221]. Die Aussagefähigkeit bezogen auf Finanzkraft wird durch die Kreditinstituten in besonders starkem Maße gegebenen Möglichkeiten zur Bildung stiller Reserven weiter abgeschwächt. Das KWG gestattet in § 26 a die Bildung stiller Reserven für Forderungen und Wertpapiere des Umlaufvermögens, „soweit dies nach vernünftiger kaufmännischer Beurteilung zur Sicherung gegen die besonderen Risiken des Geschäftszweigs der Kreditinstitute notwendig ist“, also in sehr weitem Umfang[222]. Dies hat dazu geführt, daß nach Aussagen von Bankbetriebswirten noch einmal etwa 50 % des Eigenkapitals in den Bilanzen versteckt sind. Insofern ließe sich vielleicht einwenden, daß die Möglichkeiten des § 26 a KWG allen Kreditinstituten in der Rechtsform der AG bzw. KGaA offen stehen, so daß jedenfalls deren Bilanzen gleichermaßen betroffen und damit vergleichbar seien. Dabei müßte allerdings unterstellt werden, daß Banken die ihnen eingeräumten Möglichkeiten in gleichem Umfang nutzen — eine Annahme, die nach Aussagen von Bankökonomen nicht zutrifft.

Der cash-flow besitzt bei Kreditinstituten schon deshalb keine Aussagekraft, weil Banken insoweit über besondere Manipulationsmöglichkeiten verfügen. Es ist z. B. denkbar, daß sich zwei befreundete Institute gegenseitig einen DM 100 Mio. Kredit einräumen. Die einzig ausgelösten Folgen sind zwei Buchungsvorgänge. Und doch hat sich der cash flow bei beiden Instituten u. U. deutlich verändert. Nichtbankunternehmen besitzen keine vergleichbaren Möglichkeiten — jedenfalls würden entsprechende Vorgänge nicht unaufgedeckt bleiben können.

Es bleibt der Gewinn. Er ergibt sich allerdings aus der Bilanz und ist deshalb mit den entsprechenden Unvollkommenheiten behaftet.

Die für Finanzkraft allgemein in der Hauptsache herangezogenen Indikatoren befriedigen bei der Ermittlung der Finanzkraft von Banken nicht. Es ist deshalb nach anderen Maßgrößen zu suchen.

Unter dem Stichwort der „Kapazitätsbestimmung von Kreditbanken“ ist bereits Ende der fünfziger Jahre ein Versuch gemacht worden, die Möglichkeiten des Geschäftsumfangs von Banken zu erfassen[223]; diesem Ansatz sind Teile des Schrifttums gefolgt[224]. Hiernach

---

220 *Birck/Meyer*, S. II/12.

221 *Birck/Meyer*, ebenda.

222 Hierzu *Reischauer/Kleinhans*, § 26 a KWG, Tz 8.

223 H. *Günther* ZfB 1959, 542 ff.

224 *Aust*, Der Wettbewerb in der Bankwirtschaft, S. 180; *David*, Kapitalbeteiligungen der Kreditbanken, S. 155 ff.

ist die Höhe der eigenen und fremden Finanzierungsmittel das wesentliche quantitative Kriterium der Bestimmung der Kapazität einer Bank. Eigene Finanzierungsmittel sind die Einlagen. Die Höhe der fremden Finanzierungsmittel hängt vom „Geldschöpfungspotential“[225] des Instituts ab. Und genau an dieser Stelle scheitert der theoretisch an sich bestechende Ansatz. Der Giralgeldschöpfungsmultiplikator ist gesamtwirtschaftlich modelltheoretisch bekannt[226], nicht jedoch einzelwirtschaftlich.

Die Betrachtung von Einlagen und Giralgeldschöpfung führt also bei unserem Versuch, die Finanzkraft von Banken zu bestimmen, nicht weiter.

Es bleibt noch ein weiterer Weg. Einen Maßstab kann das haftende Eigenkapital einer Bankunternehmung abgeben[227]. Über die „Brücke“ des Grundsatzes I[228] sind maximales Aktivgeschäftsvolumen und haftendes Eigenkapital miteinander verbunden. Die Summe aus Krediten und Beteiligungen soll das 18fache des haftenden Eigenkapitals nicht übersteigen. Damit ist einerseits eine Obergrenze für das Aktivgeschäft (= die fremden Finanzierungsmittel) abgesteckt, andererseits aber auch der für das Einzelinstitut noch mögliche Spielraum, falls die Grenze noch nicht erreicht ist. Wir haben es hier also mit einer Größe zu tun, die einen unmittelbaren Schluß auf die bestehenden Finanzierungsmöglichkeiten eines Instituts zuläßt. Zu beachten bleibt freilich zweierlei: nicht alle Kredite sind mit ihrem vollen Volumen in die Rechnung einzustellen; die Absätze 2, 3 und 4 des Grundsatzes I postulieren Abstufungen (50 %, 20 % und 0 %) für bestimmte Kreditgeschäftsarten. Jedoch gelten diese Regelungen für sämtliche Kreditinstitute, wenngleich sie sich unterschiedlich auswirken werden, z. B. je nach Umfang eines Engagements bei der Finanzierung der öffentlichen Hand.

Zum anderen ist der aus der nachfolgenden Tabelle ersichtliche unterschiedliche Ausnutzungsgrad dieses Spielraums zu berücksichtigen, der seinerseits eine wesentliche Ursache in den dargestellten Ausnahmemöglichkeiten der Absätze 2 - 4 des Grundsatzes I haben dürfte.

---

[225] *David*, S. 155.

[226] H. *Günther* ZfB 1959, 542, 553; *Hagenmüller*, Bankbetrieb Bd. I, S. 247 ff.

[227] Zu den Funktionen des haftenden Eigenkapitals *Hagenmüller*, Bankbetrieb Bd. I, S. 228 ff.; *Benner* in Bankbetriebliches Lesebuch, Festschrift für Ludwig Mülhaupt, S. 341, 350.

[228] Grundsätze des BAKred über das Eigenkapital und die Liquidität der Kreditinstitute v. 20. Januar 1969 (BAnz. Nr. 17); unter Berücksichtigung zwischenzeitlicher Änderungen abgedruckt im Geschäftsbericht der Deutschen Bundesbank für das Jahr 1980, S. 60 ff.

Die Tendenz ist im Schnitt leicht steigend. Die Ausnutzungsgrade differieren von Institutsgruppe zu Institutsgruppe erheblich. Eine wettbewerbsrechtliche Erfassung hat diese Institutsspezifika zu berücksichtigen. Konkret bedeutet dies, daß bei einer Beschreibung des Finanzspielraums einer Bank auf die letzte veröffentlichte Durchschnittskennziffer ihrer Institutsgruppe abgestellt werden sollte.

Die Betrachtung des Spielraums, der Banken für das Aktivgeschäft zur Verfügung steht, zusammen mit der Fähigkeit zur Geldschöpfung, zeigt zugleich die gegenüber allen anderen Branchen singuläre Stellung von Kreditinstituten, was den Umfang der zur Verfügung stehenden Finanzmittel angeht. Banken sind per se außergewöhnlich finanzkräftige Unternehmen.

Durchschnittskennziffern des Grundsatzes I

Jahr	Erfaßte Kreditinstitute insgesamt	Kreditbanken	Girozentralen	Genossenschaftliche Zentralbanken	Sparkassen	Kreditgenossenschaften
			(ohne Spitzeninstitute)			
	Grundsatz I (Obergrenze 18-fach)					
1974	13,3	14,6	14,6	9,6	12,4	11,3
1975	12,7	13,6	14,2	9,1	12,2	11,0
1976	12,5	13,2	14,2	8,0	12,0	11,3
1977	12,7	13,6	14,1	8,0	12,1	11,3
1978	13,0	14,1	13,8	8,3	12,4	11,6
1979	13,6	14,8	14,2	8,9	13,1	12,2
1980	14,0	15,0	15,0	9,5	13,7	12,8

Quelle: Geschäftsbericht 1980 der Deutschen Bundesbank, S. 74.

Diese Erkenntnis wird durch zwei Überlegungen bestätigt.

Interessant ist zunächst eine Betrachtung der unterschiedlichen Politik der Banken, insbesondere der Großbanken, im Aktivgeschäft seit 1979. Die Deutsche Bank AG vollzog eine Abkehr vom reinen Expansionskurs und setzte statt dessen auf Ertrag. Dies bedeutet konkret, bei einem Mehr an Kreditwünschen auch einmal „Nein" sagen zu können, wenn Kunden sich z. B. nicht auf Zinsanpassungsklauseln einlassen wollen. Die anderen Großbanken haben hingegen weiter expandiert und Kredite (zu Festzinsen) gegeben. Hieraus wird deutlich, daß es letztlich von der Geschäftsphilosophie der Banken abhängt, die Schwelle zu bestimmen, bei deren Überschreiten Kredite nicht mehr gegeben werden.

Eine weitere Überlegung bestätigt dies. Es ist universalbanktypisch, daß die Ein- und Auszahlungsströme nicht in getrennten Stromkreisen gehalten werden. Insbesondere gibt es für die hereingenommenen Einlagen eine Reihe alternativer Verwendungsmöglichkeiten, die auch im Rhythmus der Geschäftsjahre unterschiedlich genutzt werden. Bestimmender Faktor ist hierbei die Kreditnachfrage. Ist sie gering oder wird sie durch zentralbankpolitische Maßnahmen zu dämpfen gesucht, so fließen die Mittel weitgehend ins Wertpapiergeschäft, ist sie hoch, ins Kreditgeschäft. Kreditersuchen, die mit den nötigen Sicherheiten einhergehen, werden erfüllt. Hierauf weisen Bankvertreter selbst auch immer wieder hin. Daraus wird jedenfalls deutlich, daß der „Erfüllbarkeitsgrad" der Kreditnachfrage weitgehend von den Banken bestimmt werden kann, was durch ihre singulären Möglichkeiten, Geld zur Verfügung zu stellen, bedingt ist.

e) Die Zurechenbarkeit von Bankfinanzkraft

Nachdem wir oben zum einen festgestellt haben, daß Banken als sehr finanzkräftig anzusehen sind, und zum zweiten, wie die Finanzkraft ermittelt werden kann, muß nun untersucht werden, welche Bedingungen erfüllt sein müssen, damit die Finanzkraft einem Unternehmen, mit dem eine Bank zusammengeschlossen ist bzw. werden soll, zugerechnet werden kann.

Es läßt sich zunächst feststellen, daß eine Zurechnung dann erfolgen kann bzw. muß, wenn die Mittel für die Nichtbank verfügbar sind. Viel gewonnen ist damit nicht. Es ist die Frage zu beantworten, wann von Verfügbarkeit gesprochen werden kann.

In der Literatur und seitens des BKartA ist vereinzelt die Ansicht vertreten worden, eine Ressourcenverlagerung sei nur bei einer Mehrheitsbeteiligung zu erwarten[229]. Jedoch kommt es auf die volle Verfügbarkeit nicht an; auch ein nur teilweises Zurverfügungstellen kann nachhaltige wettbewerbliche Auswirkungen haben und ist nicht nur bei Mehrheitsbeteiligungen zu erwarten. Stellt man auf die Sicht der Wettbewerber ab, so ist im übrigen gar nicht auszumachen, welcher Verfügbarkeitsgrad im Einzelfall erreicht wird. Die Höhe der Beteiligung bzw. die Intensität eines Zusammenschlusses liefert also keinen Maßstab für die Beantwortung unserer Frage[230].

Ein anderer, gangbar erscheinender Weg zur Lösung unseres Problems ist u. U. die vom BGH insbesondere im Urteil „Kfz-Kupplungen"[231] entwickelte „Doktrin der Marktnähe". Danach begründet die

[229] Z. B. *Ebel* § 22 Rdnr. 15; *Kleinmann/Bechtold,* § 24 Rdnr. 42; *BKartA* TB 1975, 37 „Babcock-Iran".

[230] So im Ergebnis auch *Mestmäcker* in Immenga/Mestmäcker § 24 Rdnr. 104.

marktnahe Tätigkeit des Erwerbers die Erwartung, daß das Beteiligungsunternehmen[232] in Zukunft eingegliedert würde. Auch sei eine intensive Abwehr jedes Preiswettbewerbs zu erwarten, da die eigene Position konsolidiert werden müsse. Überspitzt formuliert heißt dies: je marktnäher die am Zusammenschluß beteiligten Unternehmen agieren, desto größer ist die Wahrscheinlichkeit, daß es zu einer Ressourcenverlagerung kommt.

Bereits an anderer Stelle[233] wurde dargelegt, daß sich die Tätigkeit von Kreditinstituten auf Bankleistungsmärkte beschränkt. Banken sind grundsätzlich nicht auf Märkten des Nichtbanken-Zusammenschlußpartners tätig, weshalb auch seit der Konzentrationsenquête[234] immer wieder völlig zu Recht das Fehlen jedes unternehmerischen Engagements außerhalb von Bankleistungsmärkten betont wird. Aus dem Umstand, daß Banken praktisch nie marktnah operieren, kann indes nicht geschlossen werden, die zu erwartenden Wettbewerbsbeschränkungen seien nicht gravierend, da eine Ressourcenverlagerung höchst unwahrscheinlich sei. Mestmäcker weist zu Recht darauf hin, daß der „Doktrin der Marktnähe“ die Erkenntnis über die nur begrenzte Beweglichkeit der (bestimmten Zwecken gewidmeten) Produktionsfaktoren zugrunde liege[235]. Der „Produktionsfaktor“ Geld, auf den es hier allein ankommt, besitzt nun aber eine besonders hohe (wohl die höchste aller denkbaren) Beweglichkeitsstufe (= Liquidität) und kann deshalb in nahezu allen Tätigkeitsbereichen eingesetzt werden. Daraus folgt, daß die wettbewerbsbeschränkenden Gefahren als besonders gravierend einzustufen sind, wenn Banken involviert sind. In diesem Zusammenhang ist schließlich noch einmal an zwei oben angestellte Überlegungen zu erinnern. Zum einen haben wir gesehen, daß es in weitem Maße von der Geschäftsphilosophie der einzelnen Bank abhängt, in welchem Umfang Kreditwünschen Rechnung getragen wird, was sich auch — und das war der zweite Gedanke — an den alternativen Kapitalverwendungsmöglichkeiten zeigt. Die „Doktrin der Marktnähe“ auf unseren Untersuchungsgegenstand angewandt, läßt jedenfalls eher den Schluß einer besonders großen Gefahr der Ressourcenverlagerung und damit Verfügbarkeit zu. Die Erwartung des Finanzkrafteinsatzes iS der „Mannesmann-Brueninghaus“-Entscheidung des BGH[236] wird folglich im Regelfall zu bejahen sein.

---

[231] WuW/E BGH 1501, 1511; übereinstimmend *Mestmäcker* in Immenga/Mestmäcker § 24, Rdnr. 103.

[232] Dieser Begriff steht hier abermals stellvertretend für alle Zusammenschlußmöglichkeiten.

[233] Vgl. oben F III 1 b) ee).

[234] *Konzentrationsenquête* BT-Drucksache IV/2320, S. 39.

[235] *Mestmäcker* in Immenga/Mestmäcker § 24 Rdnr. 100.

[236] WuW/E BGH 1711, 1717.

Die Verfügbarkeit finanzieller Mittel, die bei Banken vorhanden sind, für Nichtbanken wird allerdings durch die Kreditwürdigkeit begrenzt. Verfügbarkeit ist aus der Sicht der Nichtbanken das Gleiche wie das Zurverfügungstellen aus der Sicht der Banken. Und Kreditinstitute vergeben Kredite nur, soweit der Kreditnehmer über eine entsprechende Kreditwürdigkeit verfügt. Die Kreditwürdigkeit bezeichnet insoweit eine Grenze des Finanzierungsspielraums. Die beim „praktischen Einsatz" dieser Größe auftretenden Schwierigkeiten liegen auf der Hand: für Unternehmensexterne, insbesondere die Wettbewerber, dürfte eine richtige Einschätzung der Kreditwürdigkeit unmöglich sein. Anhaltspunkte ergeben sich allenfalls gerade aus den Kreditmitteln, die ein Unternehmen einsetzt und auf die u. U. durch Inangriffnahme von Investitionen und im Zusammenhang mit dem veröffentlichten Jahresergebnis geschlossen werden kann. Es handelt sich mithin um eine objektiv existente, gleichwohl nicht erkennbare Grenze[237]. Diese Schwierigkeiten lassen sich überwinden, wenn man konsequent auf das Erfordernis der objektiven Verfügbarkeit bzw. der objektiven Erkennbarkeit verzichtet und die Sicht der Wettbewerber für entscheidend hält. Ein solcher Ansatz ist deshalb gerechtfertigt, weil, wie bereits gezeigt wurde, auch von einer falschen Einschätzung der Finanzkraft bzw. von deren Verfügbarkeit Auswirkungen auf das kompetitive Verhalten der Wettbewerber zu erwarten sind. Eckstein spricht zutreffend von der „Dimension der Potentialität", die dem Tatbestandsmerkmal Finanzkraft eigentümlich sei[238]. Hierin dürfte auch der Grund liegen, weshalb sich der Verzicht auf das Merkmal der objektiven Verfügbarkeit bzw. des Einsatzes in einer bestimmten Richtung in Rechtsprechung und Schrifttum[239] weithin hat durchsetzen können. Der BGH hat dies im „leading case" Kfz-Kupplungen mit besonderer Klarheit formuliert: „Die maßgebende Wirkung des Zusammenschlusses liegt unter diesen Umständen in seinem unmittelbaren Einfluß auf die Vorstellung der aktuellen und potentiellen Wettbewerber über das mutmaßliche weitere Verhalten des Unternehmens"[240]. Das Abstellen auf die Sicht der aktuellen und potentiellen Wettbewerber darf allerdings nicht so aufgefaßt werden, daß es aus

---

237 Auch *Sieben/Goetzke/Matschke*, Der Begriff „Finanzkraft", S. 60, verlangen für die Ermittlung der durch Fremdfinanzierung beschaffbaren Zahlungsmittel eine Simulation der Kreditwürdigkeitsbeurteilung — ein Vorschlag, der aus eben diesen Gründen nur von akademischem Interesse ist.

238 BB 77, 419, 421.

239 Neben *Eckstein* insbesondere *Mestmäcker* in Immenga/Mestmäcker § 24 Rdnr. 103; *Carl*, Die marktbeherrschende Stellung als Eingreifkriterium, S. 136/137; *David*, Kapitalbeteiligungen der Kreditbanken, S. 170/171; *Ramrath*, die „überragende Marktstellung", S. 37; zur Diskrepanz zwischen vermeintlicher und tatsächlicher Marktmacht vgl. *Quast*, Marktmachtpolitik der Unternehmung, S. 103 ff.

240 BGH WuW/E BGH 1501, 1510 „Kfz-Kupplungen".

deren Perspektive nur so zu scheinen braucht, als ob das betreffende Unternehmen finanzstark sei. Das Vorhandensein von Finanzkraft muß nach wie vor objektiv festgestellt werden. Es braucht hingegen nicht geprüft zu werden, in welchem Umfang ein Finanzmitteleinsatz konkret zu erwarten ist etc. — insofern greift die subjektive Sicht ein.

Zu debattieren bleibt in diesem Zusammenhang noch, wie erkennbar gebundene Mittel einzuordnen sind. Zum Teil wird ausdrücklich die Ansicht vertreten, bei erkennbar langfristig gebundenen Mitteln entfielen jegliche Auswirkungen auf den Wettbewerb[241]. Tatsächlich wird hierbei verkannt, daß ein flexibles Management nicht zögern wird, auch langfristige Strategien zu revidieren, wenn es die Verhältnisse erfordern — ein Umstand, der bei der gebotenen Vorausschau auf künftige Wettbewerbsentwicklungen[242] zu berücksichtigen sein wird.

Als Ergebnis unserer Überlegungen ergibt sich, daß Finanzkraft von Banken dem Beteiligungsunternehmen[243] dann zuzurechnen ist, wenn mit einem Einsatz, d. h. einem Zurverfügungstellen gerechnet werden muß, was grundsätzlich anzunehmen ist.

f) Die weiteren „Ressourcenvorteile“

Neben der Finanzkraft der Banken sind weitere Vorteile im weitesten Sinne denkbar, die dem Beteiligungsunternehmen wegen seiner Bankverflechtung zugute kommen. Es handelt sich hierbei zum Teil um Ressourcen der Kreditinstitute, die diese den betreffenden Nichtbankunternehmen zugänglich machen. Auf sie soll im folgenden kurz eingegangen werden.

Bereits an anderer Stelle[244] ist auf die Bedeutung der Unternehmensberatung hingewiesen worden, die auch von Kreditinstituten (unterschiedlich) stark betrieben wird. Man wird davon ausgehen können, daß diese *Beratungsressource* den Beteiligungsunternehmen in besonderem Maße zugute kommt.

Durch die internationale Präsenz einer Bank wird der *Zugang* eines Beteiligungsunternehmens *zu ausländischen Absatzmärkten* verbessert. Ihre durch Niederlassungen und Repräsentanzen gewonnenen, oft detaillierten Marktkenntnisse werden durch die Banken den Unternehmen vermittelt. In der Werbung ist diese Dienstleistung in den

---

[241] *Jüngst,* Marktbeherrschungsbegriff „überragende Marktstellung“, S. 106 f.; ähnlich *Ramrath,* Die „überragende Marktstellung“, S. 38 für den Fall eines Marktes, auf dem ausschließlich Umsatzmilliardäre handeln.

[242] BGH WuW/E BGH 1501, 1507 „Kfz-Kupplungen“.

[243] Dieser Begriff steht hier und im folgenden erneut stellvertretend für alle Zusammenschlußalternativen.

[244] Vgl. oben F II 2 c).

vergangenen Jahren herausgestellt worden. Die Bedeutung dieses Vorteils wird allerdings dadurch relativiert, daß heute die Mehrzahl der Banken jedenfalls über ihre Spitzeninstitute (Landesbanken, Deutsche Genossenschaftsbank etc.) die genannte Dienstleistung anbieten kann.

Die gleiche Einschränkung ist bei der Betrachtung der *Stärkung bzw. Absicherung einer ganzen Branche* (und dadurch mittelbar auch des einzelnen Unternehmens) durch *Beteiligungserwerb an dritten Unternehmen* zu machen. Von der Bayerischen Hypotheken- und Wechsel-Bank wird berichtet[245], daß sie Beteiligungen an großen deutschen Brauereien außerhalb Bayerns mit dem Ziel erwarb, die Wettbewerbskräfte der beiden größten deutschen Braukonzerne, Reemtsma und Oetker, zu binden, um so den bayrischen Markt abschirmen zu können. Jedenfalls wenn der Blick auf Bayern beschränkt bleibt (was nicht unbedingt als zulässig anzusehen ist), kommt dieser Vorteil allen bayerischen Brauern, ob sie zu der Gruppe der Bayern-Hypo gehören oder nicht, zugute.

Bankenvertreter im Aufsichtsrat verfügen häufig über großes *Fachwissen und Können.* Dieses wird selbstverständlich den betreffenden Unternehmen zur Verfügung gestellt. Benachteiligt sind insofern kleine oder mittlere Unternehmen, denen eine ähnlich qualifizierte Besetzung ihrer Aufsichtsgremien nicht immer gelingt. Die weitere Gefahr, daß die Verflechtung von Nichtbanken über eine Bank u. U. nützliche *Informationen über Konkurrenten* verschafft[246], erscheint vorstellbar, sollte aber nicht überschätzt werden.

Über den Vorteil, der für Gesellschaften mit einem kapitalkräftigen Großanleger in den *verbesserten Möglichkeiten der Kurspflege* liegt, ist bereits an anderer Stelle diskutiert worden[247].

Schließlich muß noch einmal an den von Mülhaupt[248] in jüngster Zeit herausgearbeiteten Aspekt der *Auftragsbeschaffung durch Banken* als Gegenleistung für vermehrte Geschäfte mit den Beteiligungsunternehmen zur Verbesserung der Rentabilität ihres Beteiligungsbesitzes erinnert werden. Der Vorteil für das Nichtbankunternehmen gegenüber „bankbeteiligungslosen“ Wettbewerbern liegt auf der Hand.

---

[245] Vgl. *Girke/Kopplin*, Beteiligungspolitik deutscher Kreditinstitute, S. 13 ff., insbesondere S. 39.

[246] Dazu *Dick*, Empirische Untersuchung der Nichtbankbeteiligungen, S. 75.

[247] Vgl. oben B IV 3 b) und F III 3 d).

[248] Die Betriebswirtschaft 80, 513, 520.

IV. Ausblick

Das Thema „Banken und Fusionskontrolle" läßt sich schließlich unter einem weiteren Aspekt problematisieren — dem der Oligopolbildung.

Konkret geht es hierbei um folgende Fragen:

1. Ist es denkbar, daß ein Oligopol von konkurrierenden Nichtbanken dadurch entsteht, daß an den Unternehmen eine oder mehrere Banken beteiligt sind?
2. Ist es denkbar, daß das Oligopol der Nichtbanken aus einem Oligopol der Banken, die an den Nichtbanken beteiligt sind, resultiert[249]?

Die genannten Problemstellungen sind bereits praktisch geworden. In dem nicht untersagten Zusammenschlußfall Karstadt/Neckermann hat das BKartA die Verstärkung der überragenden Marktstellung im wesentlichen auf die Erwägung gestützt, daß die vier größten deutschen Warenhauskonzerne Karstadt, Kaufhof, Hertie und Horten über die drei Großbanken Deutsche Bank, Dresdner Bank und Commerzbank kapitalmäßig bzw. personell miteinander verflochten seien[250].

Die Frage, ob die genannten Konstellationen praktische Relevanz besitzen, kann an dieser Stelle jedoch nicht beantwortet werden; hierzu wären umfangreiche Ermittlungen in verschiedene Richtungen nötig, die über den Rahmen der Arbeit weit hinausgingen und zudem nur Einzelfallcharakter trügen.

---

[249] Dazu *Rauschenbach* BB 78, 1425, 1429.

[250] Dazu *MK* Sondergutachten 5 „Zur Entwicklung der Fusionskontrolle".

Schrifttumsverzeichnis

Aust, Eberhard: Der Wettbewerb in der Bankwirtschaft, Frankfurt/Main 1963 und Jur. Diss. Frankfurt/Main 1962.

Bähre, Inge Lore/*Schneider*, Manfred: KWG-Kommentar, 2. neubearbeitete Auflage, München 1976.

Banklexikon, Handwörterbuch für das Bank- und Sparkassenwesen, 8. Auflage, Wiesbaden 1978.

Baumbach, Adolf/*Hefermehl*, Wolfgang: Wettbewerbsrecht, 13. Auflage, München 1981.

Bechtold, Rainer: Marktbeherrschung, Preiskontrolle, Fusionskontrolle, DB 1974, 1945.

— Zum Tätigkeitsbericht des Bundeskartellamts 1977, WuW 1978, 741.

— Zur Fusionskontrolle über GU, BB 1980, 344.

Beckedorff, Jobst v.: Fusionshilfen als Bankleistung. Österr. Bankarchiv 1971, 147.

Benner, Wolfgang: Zum liquiditätsmäßig finanziellen Bereich (LFB) des Bankbetriebs, in: Bankbetriebliches Lesebuch, Festschrift für Ludwig Mülhaupt, hrsg. von Hans Dieter Deppe, Stuttgart 1978.

Benölken, Heinz: Beteiligungsvermittlung als Dienstleistung der Banken, ZfgK 1971, 941.

Bericht der Mitbestimmungskommission, Bericht der Sachverständigenkommission zur Auswertung der bisherigen Erfahrungen bei der Mitbestimmung, BT-Drucksache VI/334.

Bericht des Wirtschaftsausschusses, Unterrichtung des Ausschusses für Wirtschaft zu dem von den Fraktionen der SPD, FDP eingebrachten Entwurf eines Zweiten Gesetzes zur Änderung des GWB — Bericht der Abgeordneten Dr. Frerichs und Dr. Jens, BT-Drucksache 7/765.

Bethmann, Johann Philipp Frh. v.: Das Kreditgewerbe im Wettbewerb, WuW 1976, 691.

Birck, Heinrich/*Meyer*, Heinrich: Die Bankbilanz, Handkommentar, 3. Auflage, Wiesbaden ab 1976.

Böhlk, Hans Joachim: Der Zusammenschlußbegriff in der Fusionskontrolle, Diss. Frankfurt 1979.

Böhnke, Rolf: Diversifizierte Unternehmen — Eine Untersuchung über wettbewerbliche Wirkungen, Ursachen und Ausmaß der Diversifizierung, Berlin 1976.

Bösch, Hans-Jürgen: Die Kurspflege bei Wertpapieren, Frankfurt/Main 1959.

Bonin, Konrad v.: Zentralbanken zwischen funktioneller Unabhängigkeit und politischer Autonomie, Baden-Baden 1979.

Bosse, Burkhard Roderich: Vorbeugende Fusionskontrolle bei Zusammenschlüssen kraft landesrechtlichen Hoheitsaktes, BB 1980, 808.

Brinkhoff, Günter: Fusionskontrolle und Zusammenschlüsse nach Landesrecht durch Gesetz oder sonstige Hoheitsakte, WuW 1978, 615.

Broichhausen, Klaus/*Wiborg*, Klaus: Kaufherren und Konzerne im deutschen Norden, München 1974.

Büschgen, Hans E.: Universalbanken oder spezialisierte Banken als Ordnungsalternativen für das Bankgewerbe der Bundesrepublik Deutschland unter besonderer Berücksichtigung der Sammlung und Verwendung von Kapital, Gutachten erstattet der Gesellschaft für Bankwissenschaftliche Forschung e. V. Köln, 2 Teile, als Manuskript vervielfältigt Köln 1970.

— Die marktwirtschaftliche Ordnung — Steuerungsprinzip im gesamten Kreditwesen, ZfgK 1979, 1168.

Bundeskartellamt, Tätigkeitsbericht des BKartA für das Jahr

1973, erschienen als Bundestags-Drucksache Nr. 7/2250
1974, erschienen als Bundestags-Drucksache Nr. 7/3791
1975, erschienen als Bundestags-Drucksache Nr. 7/5390
1976, erschienen als Bundestags-Drucksache Nr. 8/704
1977, erschienen als Bundestags-Drucksache Nr. 8/1925
1978, erschienen als Bundestags-Drucksache Nr. 8/2980
1979/80 erschienen als Bundestags-Drucksache Nr. 9/565.

Bundesregierung, Entwurf eines Aktiengesetzes und eines Einführungsgesetzes zum Aktiengesetz, BT-Drucksache IV/171.

Bundesregierung, Bericht der Bundesregierung über die Untersuchung der Wettbewerbsverschiebungen im Kreditgewerbe und über eine Einlagensicherung („Wettbewerbsenquête"), BT-Drucksache V/3500.

Bundesregierung, Entwurf eines zweiten Gesetzes zur Änderung des Gesetzes gegen Wettbewerbsbeschränkungen einschließlich Begründung, BT-Drucksache VI/2520.

Bundesregierung, Bericht der Bundesregierung über die Ausnahmebereiche des GWB, BT-Drucksache 7/3206.

Bundesregierung, Stellungnahme der Bundesregierung zum ersten Hauptgutachten der Monopolkommission nach § 24 b des Gesetzes gegen Wettbewerbsbeschränkungen (GWB), BT-Drucksache 8/702.

Bundesregierung, Entwurf eines vierten Gesetzes zur Änderung des Gesetzes gegen Wettbewerbsbeschränkungen einschließlich Begründung, BT-Drucksache 8/2136.

Busse von Colbe, Walther: Stichwort: cash-flow, in: Handwörterbuch der Finanzwirtschaft, hrsg. von H. E. Büschgen, Stuttgart 1976, Spalte 241.

Carl, Erwin: Die marktbeherrschende Stellung als Eingreifkriterium der Zusammenschlußkontrolle im GWB, Frankfurt/Main—Bern—Las Vegas 1978.

Christ, Peter: Aufsteiger und Absteiger — Neulinge verdrängten prominente Unternehmen, DIE ZEIT Nr. 37 v. 7. 9. 1979, S. 18.

Christians, F. Wilhelm: Kapital: Motor des Wachstums — Referat auf dem XI. Deutschen Bankiertag 1968, abgedruckt in: Die Banken in der Welt von morgen, Frankfurt 1969.

Commerzbank, wer gehört zu wem, Mutter- und Tochtergesellschaften von A - Z, 13. Auflage 1979.

David, Klaus: Die Kapitalbeteiligungen der Kreditbanken an Nichtbankunternehmen in der Bundesrepublik Deutschland, wirtschafts- und gesellschaftswissenschaftliche Diss., Bonn 1974.

Dertinger, Claus: Dämme gegen Überfremdung, DIE WELT Nr. 12 v. 15. 1. 1975, S. 9.

Dick, Walter: Diskussionspapier Nr. 17 — Eine empirische Untersuchung der Nichtbankenbeteiligungen und der Aufsichtsratsmandate der Großbanken in der BRD, Institut für das Spar-, Giro- und Kreditwesen an der Universität Bonn, 2. Auflage, Bonn 1976.

Dierdorf, Josef: Herrschaft und Abhängigkeit einer Aktiengesellschaft auf schuldvertraglicher und tatsächlicher Grundlage, Köln, Berlin 1978.

Doorn, Bert: Der Anwendungsbereich der Zusammenschlußkontrolle nach deutschem Kartellrecht — Ein Beitrag zur Auslegung des Zusammenschlußbegriffes des § 23 Abs. 2 des GWB, Diss. Freiburg 1978.

Ebel, Hans-Rudolf: Kartellrecht — GWB und EWG-Vertrag — Kommentar, Frankfurt/Main fortlaufend.

— Der Zusammenschlußbegriff der Fusionskontrolle — ein Beitrag zu § 23 GWB, BB 1974, 749.

Eckstein, Wolfram: Finanzkraft als Merkmal der Marktbeherrschung in Fusionskontrollverfahren, BB 1977, 419.

Eilenberger, Guido: Banken im Wettbewerb, Grundlagen und Instrumente bankbetrieblicher Wettbewerbspolitik, Regensburg, Münster 1975.

Emmerich, Volker: Fusionskontrolle und überragende Marktstellung unter besonderer Berücksichtigung der Unternehmenskonzentration bei der öff. Hand, in: 2. Festschrift für Franz Böhm, Tübingen 1975, S. 119.

— Die öffentliche Unternehmung im deutschen Konzern- und Wettbewerbsrecht, Die AG 1976, 225.

— Die bisherige Praxis zur Fusionskontrolle,
Teil I Die AG 1978, 85
Teil II Die AG 1978, 118
Teil III Die AG 1978, 150.

— Die Fusionskontrolle bis zur 4. Novelle
Teil I Die AG 1980, 205
Teil II Die AG 1980, 240.

— Kartellrecht, 3. Auflage, München 1979 mit Nachtrag 1980.

Emmerich, Volker/*Sonnenschein*, Jürgen: Konzernrecht, 2. Auflage, München 1977.

Emrich, Heiner Maria: Die Problematik der Fusionskontrolle bei Konglomeraten, Berlin 1978.

Esser, Josef: Gesetzesrationalität im Kodifikationszeitalter und heute, in: Hans-Jochen Vogel — Josef Esser, 100 Jahre oberste deutsche Justizbehörde, Tübingen 1977.

Fleischmann, Rudolf/*Bellinger*, Dieter/*Kerl*, Volkher: Hypothekenbankgesetz, Kommentar, 3. Auflage, München 1979.

Frankfurter Kommentar, Kommentar zum GWB, Köln, fortlaufend.

Frankus, Hans J.: Fusionskontrolle bei Konglomeraten, Berlin 1971.

Friderichs, Hans: Die marktwirtschaftliche Ordnung — Steuerungsprinzip im gesamten Kreditwesen, ZfgK 1979, 1174.

Frielitz, Eckhart: Die Stellung der öffentlich-rechtlichen Sparkassen im Verfassungsgefüge und ihre Wettbewerbssituation gegenüber dem privaten Bankgewerbe — Ein Beitrag zur kreditwirtschaftlichen Betätigung der Sparkassen, Diss. Köln 1972.

Fries, Karl: Die Beteiligung der Girozentralen an privaten Kreditbanken, ZfgK 1970, 96, 135, 174.

Frizen, J. Klaus: Der Einfluß der Hauptversammlung in der Publikums-Aktiengesellschaft — Ein Meinungsbild der Verwaltung, DB 1981, 277.

Gáfton, Günther G.: Die Konzernverflechtung der westdeutschen Banken — untersucht am Beispiel der Filialgroßbanken unter besonderer Berücksichtigung der Deutschen Bank, Diss. Wien 1967.

Gamm, Otto Friedrich Frh. von: Kartellrecht — Kommentar zum GWB und zu Art. 85, 86 EWGV, Köln, Berlin 1979.

Gessler, Ernst/*Hefermehl*, Wolfgang/*Eckardt*, Ulrich/*Kropff*, Bruno: Aktiengesetz, Kommentar, München 1973 ff.

Girke, Werner/*Kopplin*, Bernd: Beteiligungspolitik deutscher Kreditinstitute am Beispiel der Bayerischen Hypotheken- und Wechselbank und der WestLB, Berlin 1977.

Gleiss, Alfred/*Hirsch*, Martin: Kommentar zum EWG-Kartellrecht von Martin Hirsch, unter Mitwirkung von Rainer Bechtold und Christian Hootz, 3. Auflage, Heidelberg 1978.

Großkommentar zum Aktiengesetz, 3. Auflage, bearbeitet von C. H. Barz, U. Klug, J. Meyer-Landrut, H. Wiedemann, H. Brönner, K. Mellerowicz, W. Schilling, H. Würdinger, Berlin, New York 1973 ff.

Großkommentar zum Handelsgesetzbuch, 3. Auflage, bearbeitet von D. Brüggemann, R. Fischer, P. Ratz, W. Schilling, H. Würdinger u. a., Berlin 1967 ff.

Grundsatzfragen der Kreditwirtschaft, Bericht der Studienkommission („Bankenstrukturkommission"), Bonn 1979.

Grunwald, Jorg-Günther/*Jokl*, Stefan: Wettbewerb und Eigenkapital in der deutschen Kreditwirtschaft unter besonderer Berücksichtigung des Sparkassensektors, Berlin 1978.

— — Sachliche und räumliche Kriterien für die Abgrenzung von Bankleistungsmärkten, Österreichisches Bankarchiv 1979, 237.

Günther, Hans: Die Kapazitätsbestimmung bei Kreditbanken, Zeitschrift für Betriebswirtschaft, Bd. 29, 1959, 542.

Gutowski, Armin: Konglomerate Unternehmensgröße und wirtschaftliche Macht, Tübingen 1971.

Hadding, Walther/*Schneider*, Uwe H. (Hrsg.): Gesellschaftsanteile als Kreditsicherheit, Berlin 1979 (Sammelband).

Hagenmüller, Karl Friedrich: Der Bankbetrieb, 4. Auflage, Bd. I — Wiesbaden 1976, Bd. II — Wiesbaden 1978, Bd. III — Wiesbaden 1977.

Handbuch der Unternehmenszusammenschlüsse, hrsg. von Arno Sölter und Carl Zimmerer (zitiert: Bearbeiter in ...), München 1972.

Hartmann/Böttcher/Nissen/Bordewin: Kommentar zum EStG (zitiert: Verf. in *Hartmann/Böttcher/Nissen/Bordewin*), o. Jahresangabe (Loseblatt).

Hausleutner, Jörg Peter: Die kartellrechtliche Bereichsausnahme für das Kreditgewerbe und die Fachaufsicht nach dem Kreditwesengesetz, Jur. Diss. Köln 1970.

Hayek, Friedrich August v.: Der Wettbewerb als Entdeckungsverfahren, Kiel 1968.

Heide, Frank: Privatbankier — ein aussterbender Beruf? ZfgK 1978, 370.

Hein, Manfred/*Flöter*, Hartmut: Macht der Banken — Folgerungen aus der bisherigen Diskussion, WSI-Mitteilungen 7/1975, 342 ff.

Herrmann, Carl/*Heuer*, Gerhard/*Raupach*, Arndt: Kommentar zur ESt und KSt unter Mitwirkung von Uwe Clausen, Arnold Heining und Otto v. Schilling (zitiert: *Herrmann/Heuer*), Köln 1950 - 1977.

Hintze, Gerhard: Die „überragende Marktstellung", Anmerkungen zum Vitamin B 12-Beschluß des BGH v. 3. 7. 1976, WuW 1977, 18.

Hirschman, Albert O.: Abwanderung und Widerspruch — Reaktionen auf Leistungsabfall bei Unternehmungen, Organisationen und Staaten, Tübingen 1974.

Hofbauer, Max A.: Zur Abgrenzung des bilanzrechtlichen Beteiligungsbegriffes, BB 76, 1343.

Hofmann, Matthias: Aspekte der Beteiligungspolitik deutscher Banken, ZfgK 1971, 54.

Hoppmann, Erich: Wettbewerb als Norm der Wettbewerbspolitik, ORDO Bd. 18 (1967), 77.

Huber, Gerhard: Das Entstehen oder Verstärken einer marktbeherrschenden Stellung durch einen Zusammenschluß, insbesondere durch Bildung eines Gemeinschaftsunternehmens, WuW 1975, 371.

Huffschmid, Jörg: Die Politik des Kapitals — Konzentration und Wirtschaftspolitik in der Bundesrepublik Deutschland, Frankfurt/Main 1969.

Immenga, Ulrich: Wettbewerbsbeschränkungen auf staatlich gelenkten Märkten, Tübingen 1967.

— Aktiengesellschaft, Aktionärsinteressen und institutionelle Anleger, Tübingen 1971.

— Der Einfluß der Banken bei Fusionen ist schädlich, in: FAZ Nr. 267 v. 16. 11. 1972, S. 11.

— Konzentrationskontrolle und Sanierungsfusion, ZHR 137 (1973), 334.

— Beteiligungen von Banken in anderen Wirtschaftszweigen, 2. Auflage, Baden-Baden 1978.

— Schwerpunkte der Vierten Novelle zum Gesetz gegen Wettbewerbsbeschränkungen, NJW 1980, 1417.

— Die Stellung der Emissionskonsortien in der Rechts- und Wirtschaftsordnung, Schriftenreihe der Juristischen Studiengesellschaft, Heft 7, Bielefeld 1981.

Immenga, Ulrich/*Mestmäcker*, Ernst Joachim (Hrsg.): Gesetz gegen Wettbewerbsbeschränkungen, Kommentar (zitiert: Bearbeiter in Immenga/Mestmäcker), München 1981.

Jährig, Alfred/*Schuck*, Alfred: Handbuch des Kreditgeschäfts, 2. Auflage, Wiesbaden 1975.

Janberg, Hans: Macht und Mitbestimmung, FAZ Nr. 194 v. 23. 8. 1969, S. 15.

Johansson, Gerold: Die Ausübung des Depotstimmrechts auf Grund eigener Vorschläge des Kreditinstituts, BB 1967, 1315.

Jüngst, Rainer: Marktbeherrschungsbegriff „Überragende Marktstellung" (§ 22 Abs. 1 Nr. 2 GWB) und Diversifikation, Berlin 1980.

Kalveram, Wilhelm/*Günther*, Hans: Bankbetriebslehre, 3. Auflage, Wiesbaden 1961.

Kartte, Wolfgang: Wettbewerb und Konzentration in der Kreditwirtschaft — Referat auf der 22. Kreditpolitischen Tagung der ZfgK, in: ZfgK 1976, 1146.

Kirchner, Christian: Im Schutz des Regionalprinzips — Zur Fusionskontrolle der Sparkassen, BLICK DURCH DIE WIRTSCHAFT v. 24. 11. 1979, S. 1.

— Fusionskontrolle und sparkassenrechtliches Regionalprinzip, Die AG 1980, 129.

Kittel, Hermann: Der Einfluß der Kapitalgeber auf unternehmerische Entscheidungen, in: Finanzstrategie der Unternehmung — Beziehungen zwischen Kapitalgeber und Kapitalnehmer; hrsg. vom Arbeitskreis Unternehmensfinanzierung Nürnberg, Herne, Berlin 1971.

Kleinmann, Werner/*Bechtold*, Rainer: Kommentar zur Fusionskontrolle. Nach deutschem und EWG-Kartellrecht, Heidelberg 1977.

Kölner Kommentar zum Aktiengesetz, von K. H. Biedenkopf, C. P. Claussen, G. Geilen, H.-G. Koppensteiner, A. Kraft, H. Kronstein, M. Lutter, H.-J. Mertens, W. Zöllner, Köln, Berlin, Bonn, München 1970 ff.

Kolbeck, Rosemarie: Bankbetriebliche Planung. Planungsmöglichkeiten bei Kreditbanken, Sparkassen und Kreditgenossenschaften, Wiesbaden 1971.

Konzentrationsenquête, Bericht über das Ergebnis einer Untersuchung der Konzentration in der Wirtschaft v. 29. 2. 1964, erstattet vom Bundesamt für gewerbliche Wirtschaft in Frankfurt/Main, BT-Drucksache IV/2320.

Kottmann, Georg: Die Bewertung der Konzentration in der Kreditwirtschaft — Eine Analyse des Wertes der Konzentration unter zielpluralistischen Bedingungen, Frankfurt/Main, Zürich 1974.

Krahnen, Hans-Joachim: Stichwort „Beteiligungshandel", in: Handwörterbuch der Finanzwirtschaft, hrsg. von H. E. Büschgen, Stuttgart 1976, Spalte 139.

— Wie die Bundesbank den Wettbewerb verzerrt — Die Folgen der Stabilitätspolitik für das Kreditgewerbe, FAZ Nr. 18 v. 22. 1. 1980, S. 12.

Kropff, Bruno: Aktiengesetz 1965 mit Materialien, Düsseldorf 1965.

Krümmel, Hans-Jacob: Bankzinsen. Untersuchungen über die Preispolitik von Universalbanken, Köln, Berlin, Bonn, München 1964.

— Bankbeteiligungen oder über eine nützliche Anstrengung des Begriffs, Österreichisches Bankarchiv, 1978, 114.

Kruk, Max: Krages Abgang von der Waldhof-Bühne, in: FAZ Nr. 253 v. 31. 10. 1969, S. 253.

Kübler, Bruno M.: Die deutschen Nachkriegsinsolvenzen im Bankensektor — Chronik — Ursachenanalyse — Konsequenzen, in: Betriebswirtschaftliche Forschung und Praxis (BFuP) 1975, 162.

Lademann/Söffing/Brockhoff, Kommentar zum EStG (zitiert: Kommentator in *Lademann/Söffing/Brockhoff*), Stuttgart/München/Hannover 1964 (Loseblatt).

Langen, Eugen/*Niederleithinger*, Ernst/*Schmidt*, Ulrich: Kommentar zum Kartellgesetz, 5. Auflage, Neuwied, Darmstadt 1977.

Lanzenberger, Fritz: Fusionskontrolle durch das Bundeskartellamt, in: Auslegungsfragen zur 2. GWB-Novelle, Köln, Berlin, Bonn, München 1974, S. 75.

— Rechtsfragen der Fusionskontrolle (§§ 23, 24 GWB), in: Schwerpunkte des Kartellrechts, 1973/74, S. 29, Köln, Berlin, Bonn, München 1975.

— Praxis der Fusionskontrolle 1978/79, in: Schwerpunkte des Kartellrechts 1978/79, 23, Köln, Berlin, Bonn, München 1980.

Larenz, Karl: Methodenlehre der Rechtswissenschaft, 3. Auflage, Berlin, Heidelberg, New York 1975.

— Allgemeiner Teil des deutschen Bürgerlichen Rechts, 5. Auflage, München 1980.

Lenel, Hans-Otto: Ursachen der Konzentration unter besonderer Berücksichtigung der deutschen Verhältnisse, 2. Auflage, Tübingen 1968.

Leube, Jutta: Zur Anwendbarkeit der §§ 1 und 23 ff. GWB auf Gemeinschaftsunternehmen, ZHR 141 (1977), 313.

Lichtenberg, Paul: Die Beteiligungspolitik der Banken, in: ZfgK 1974, 180.

Linhardt, H.: Wider das Depotstimmrecht der Banken, Die AG 1958, 169.

Lutter, Marcus: Zur Binnenstruktur des Konzerns, in: Festschrift für Harry Westermann, Karlsruhe 1974, S. 347.

Markert, Kurt: Anmerkung zu BGH NJW 78, 1320, in: BB 1978, 678.

Martens, Klaus-Peter: Die existentielle Wirtschaftsabhängigkeit, Köln, Berlin, Bonn, München 1979.

Meinhold, Wilko: Diversifikation, konglomerate Unternehmen und GWB, Köln, Berlin, Bonn, München 1977.

Menzel, Hans: Die Mitwirkung der Hausbanken bei der Vergebung und Verwaltung öffentlicher Kredite — Die Abwicklung zentraler Bereitstellungen durch örtliche Banken und Sparkassen —, Berlin 1960.

Mestmäcker, Ernst-Joachim: Wettbewerbs- und Strukturpolitik — Zur Reform des GWB, in: Die Aussprache 1970, 60.

— Verwaltung, Konzerngewalt und Rechte der Aktionäre, Karlsruhe 1958.

Moesch, Irene/*Simmert*, Diethard: Banken — Strukturen, Macht, Reformen, Köln 1976.

Möschel, Wernhard: Das Wirtschaftsrecht der Banken, Die währungs-, bankaufsichts-, kartell- und EWG-rechtliche Sonderstellung der Kreditinstitute, Frankfurt/Main 1972.

— Der Oligopolmißbrauch im Recht der Wettbewerbsbeschränkungen. Eine vergleichende Untersuchung zum Recht der USA, Großbritanniens, der EWG und der Bundesrepublik Deutschland, Tübingen 1974.

— Das Trennsystem in der US-amerikanischen Bankwirtschaft. Eine normative und faktische Analyse, Baden-Baden 1978.

— Pressekonzentration und Wettbewerbsgesetz. Marktbeherrschung, unlauterer Wettbewerb und Sanierungsfusionen im Pressebereich, Tübingen 1978.

Monopolkommission, Hauptgutachten I 1973 - 75 „Mehr Wettbewerb ist möglich", 2. Auflage, Baden-Baden 1977.

Monopolkommission, Hauptgutachten II 1976/77 „Fortschreitende Konzentration bei Großunternehmen", Baden-Baden 1978.

Monopolkommission, Hauptgutachten III 1978/79 „Fusionskontrolle bleibt vorrangig", Baden-Baden 1980.

Monopolkommission, Hauptgutachten IV 1980/81 „Fortschritte bei der Konzentrationserfassung", Baden-Baden 1982.

Monopolkommission, Sondergutachten 2. Wettbewerbliche und strukturelle Aspekte einer Zusammenfassung von Unternehmen im Energiebereich (VEBA/Gelsenberg), Baden-Baden 1975.

Monopolkommission, Sondergutachten 3. Zusammenschlußvorhaben der Kaiser Aluminium + Chemical Corporation, der PREUSSAG AG und der Vereinigten Industrie-Unternehmen AG, Baden-Baden 1975.

Monopolkommission, Sondergutachten 4. Zusammenschluß der Deutsche Babcock AG mit der Artos-Gruppe, Baden-Baden 1977.

Monopolkommission, Sondergutachten 5. Zur Entwicklung der Fusionskontrolle, Baden-Baden 1977.

Monopolkommission, Sondergutachten 7. Mißbräuche der Nachfragemacht und Möglichkeiten zu ihrer Kontrolle im Rahmen des GWB, Baden-Baden 1977.

Moosecker, Karlheinz: Fusionskontrolle und Rechtssicherheit, GRuR 1978, 517.

Mosch, Wolfgang: Patronatserklärungen deutscher Konzernmuttergesellschaften und ihre Bedeutung für die Rechnungslegung, Bielefeld 1978.

Mülhaupt, Ludwig: Die währungs- und wettbewerbspolitische Problematik des gegenwärtigen Steuereinzugs, ZfgK 1970, 429.

— § 12 KWG: Solvabilitäts- und (oder) Finanzierungsregel? ZfgK 1979, 1086.

— Das Problem der Bankenmacht in wettbewerbspolitischer Sicht, Die Betriebswirtschaft 1980, 513.

Müller, Heinz/*Giessler,* Peter: Kommentar zum GWB, 3. Auflage, Lorch 1974 ff.

Müller, Werner A.: Nochmals: Zur Interpretation des § 12 KWG, ZfgK 1980, 332.

Münch, Dieter: Stabilisieren Beteiligungserträge die Ertragsentwicklung der Banken?, Österreichisches Bankarchiv 1981, 2.

Obst, Georg/*Hintner,* Otto: Geld-, Bank- und Börsenwesen. Ein Handbuch, 36. Auflage, Stuttgart 1967, 37. Auflage Stuttgart 1980.

Palandt, Otto: Bürgerliches Gesetzbuch, Kommentar, verschiedene Bearbeiter, 39. Auflage, München 1980.

Pantel, Joachim: Pflichten der Bank aus dem Kreditverhältnis insbesondere bei der Kündigung, Jur. Diss. Bielefeld 1979.

Peters, Klaus: Wertpapierfreies Effektensystem. Eine Untersuchung der faktischen und rechtlichen Möglichkeiten einer Weiterentwicklung des herrschenden Effektenwesens, Baden-Baden 1978.

Peters, Klaus/*Werner*, Horst S.: Banken als herrschende Unternehmen? Überlegungen zu den Herrschaftsmöglichkeiten von Kreditinstituten in faktischen Unternehmensverbindungen im Nichtbankensektor, Die AG 1978, 297.

Petry, Horst: Konglomerate Fusion und Wettbewerb, Schmollers Jahrbuch für Wirtschafts- und Sozialwissenschaften, 90. Jahrgang 1970, 547.

Pfeiffer, Gerd: Grundfragen der Rechtskontrolle im Kartellverfahren (Auslegungsmethodik — unbestimmte Rechtsbegriffe — Verfahrensrecht), in: Schwerpunkte des Kartellrechts 1978/79, S. 1, Köln, Berlin, Bonn, München 1980.

Ponto, Jürgen: Die Macht der Banken, Bank-Betrieb 1972, 2.

Poullain, Ludwig: Wettbewerb und Konzentration in der Kreditwirtschaft — Referat auf der 22. Kreditpolitischen Tagung der ZfgK, in: ZfgK 1976, 1156.

Püttner, Günter: Das Depotstimmrecht der Banken, Berlin 1963, zugleich Jur. Diss. Berlin 1962.

Quast, Heinrich: Marktmachtpolitik der Unternehmung, wirtschaftswiss. Diss., Hamburg 1976.

Radke, Magnus: Stichwort „finanzwirtschaftliche Kennzahlen“, in: Handwörterbuch der Finanzwirtschaft, herausgegeben von H. E. Büschgen, Stuttgart 1976, Spalte 1111.

Raisch, Peter: Zum Begriff und zur Bedeutung des Unternehmensinteresses als Verhaltensmaxime von Vorstands- und Aufsichtsratsmitgliedern, in: Festschrift für Wolfgang Hefermehl zum 70. Geburtstag, München 1976.

Rameken, Uwe: Die Konkurrenzpolitik der Kreditbanken, Hamburg 1965.

Ramrath, Stephan: Die „überragende Marktstellung“ als Merkmal der Fusionskontrolle, Köln, Berlin, Bonn, München 1978.

Rasch, Harold: Depotstimmrecht und Beteiligungsmacht, NJW 1976, 501.

— Daimler-Benz ist nicht „abhängig“ — Erwiderung auf den Aufsatz von Horst S. Werner und Klaus Peters (BB 76, 392), BB 1977, 412.

— Sperrminoritäten in Bankbesitz als Grundlage einer „Abhängigkeit“ nach § 17 AktG?, Die AG 1979, 49.

Rauschenbach, Gerhard: Kann der Einfluß von Kreditinstituten auf sich zusammenschließende Nichtbanken ein Untersagungsgrund in der Fusionskontrolle (§ 24 Abs. 1 GWB) sein?, BB 1978, 1425.

Recktenwald, Horst Claus: Wörterbuch der Wirtschaft, 8. Auflage, Stuttgart 1978.

Reichmann, Thomas/*Lachnit*, Laurenz: Planung, Steuerung und Kontrolle mit Hilfe von Kennzahlen, Schmalenbachs Zeitschrift für betriebswirtschaftliche Forschung, NF, 28. Jahrgang 1976, 705.

Reischauer, Friedrich/*Kleinhans,* Joachim: Kreditwesengesetz — Loseblattkommentar für die Praxis, Berlin 1963 ff.; bearbeitet von Joachim Kleinhans, Heinz E. Meyer, Walter Neuhaus.

Richter, Siegfried: Entwicklungstendenzen der Vergabemodalitäten langfristiger Kredite an Industriebetriebe in der Bundesrepublik Deutschland seit 1949, wirtschaftswiss. Diss., München 1971.

Riesser, Jakob: Die deutschen Großbanken und ihre Konzentration im Zusammenhang mit der Entwicklung der Gesamtwirtschaft in Deutschland, 4. Auflage, Jena 1912.

Rittner, Fritz: Fusionskontrolle — aber wie?, DB 1970, 669, 717.

— Die Tatbestände des Zusammenschlusses nach § 23 Abs. 2 GWB, DB 1975, 581.

— Wirtschaftsrecht mit Wettbewerbs- und Kartellrecht, Heidelberg, Karlsruhe 1979.

Röhling, Eike: Die Fusionskontrolle nach dem neuen Kartellgesetz, DB 1973, 1585.

Röper, Burkhard (Hrsg.): siehe „Wettbewerbsprobleme im Kreditgewerbe".

Rössler, Rudolf/*Troll,* Max/*Langner,* Johannes: Bewertungsgesetz und Vermögensteuergesetz — Kommentar, 12. Auflage, München 1981.

Roth, Günter H.: Die Herrschaft der Aktionäre in der Publikums-AG als Gegenstand rechtssoziologischer Betrachtung, in: Festschrift für Heinz Paulick, Köln—Marienburg 1973, S. 81.

Rümker, Dietrich/*Franke,* Jörg: Die Bedeutung von Gesellschaftsanteilen als Kreditsicherheit in der Praxis der Kreditinstitute, in: Hadding/Schneider, Gesellschaftsanteile als Kreditsicherheit, Berlin 1979, S. 13.

Rüschenpöhler, Hans J.: Die Beratung durch Hausbanken, ihre Möglichkeiten und Grenzen, Sparkasse 1980, 157.

Säcker, Franz Jürgen: „Mehrmütterklausel" und Gemeinschaftsunternehmen, NJW 1980, 801.

Schmidt, Dirk: Die Ausübung des sogen. Depotstimmrechts durch Kreditinstitute, BB 1967, 818.

— Flucht ins Verwaltungsstimmrecht?, ZfgK 1970, 177.

Schmidt, Karsten: Vierte Kartellrechtsnovelle zwischen Effektivitäts- und Legitimationsproblemen — Schwerpunkte und Kritik des Gesetzentwurfs, ZRP 79, 39.

— „Unternehmen" und „Abhängigkeit": Begriffseinheit und Begriffsvielfalt im Kartell- und Konzernrecht, Bespr. der Entscheidung BGHZ 74, 359 („Brost und Funke"), ZGR 1980, 277.

Schüller, Alfred: Eigentumsrechte, Unternehmenskontrollen und Wettbewerbsordnung, ORDO Bd. 30 (1979), 325.

Schütz, Jörg: „Erwartungen" iSd § 24 Abs. 1 GWB bei vertikalen und konglomeraten Zusammenschlüssen, WuW 1979, 5.

Schulte-Braucks, Reinhard: Die Auflösung marktbeherrschender Stellungen — Eine rechtsvergleichende Untersuchung des Problems der Marktmacht mit einer Fallstudie über die amerikanische Computerindustrie, Baden-Baden 1980.

Schulz-Hennig, Ingo: Bank Holding Companies im Wirtschaftsrecht der USA — eine rechtliche und faktische Analyse, Baden-Baden 1980.

Schulze-Osterloh, Joachim: Der Ausweis von Beteiligungen an Industrieunternehmen im Jahresabschluß der Kreditinstitute, ZHR 143 (1979), 227.

Schwark, Eberhard: Einlagensicherung bei Banken, NJW 1974, 1849.

— Börsengesetz. Kommentar zum Börsengesetz, zu den börsenrechtlichen Nebenbestimmungen und den Insider-Richtlinien, München 1976.

Sieben, Günter/*Goetzke*, Wolfgang/*Matschke*, Manfred J.: Der Begriff „Finanzkraft" in § 22 GWB aus betriebswirtschaftlicher Sicht, Köln, Berlin, Bonn, München 1980.

Spindler, Joachim v./*Becker*, Willy/*Starke*, Otto Ernst: Die Deutsche Bundesbank. Grundzüge des Notenbankwesens und Kommentar zum Gesetz über die Deutsche Bundesbank, 4. Auflage, Stuttgart 1973.

Stauder, Bernd: Der bankgeschäftliche Krediteröffnungsvertrag, Bielefeld 1968.

Stein, Eckart: Die Fusion der Girozentralen in Nordrhein-Westfalen, Würzburg 1971.

Stein, Johann Heinrich v.: Insolvenzen privater Banken und ihre Ursachen — Eine empirische Darstellung, München 1969.

Steindorff, Ernst: Zur Verstärkung einer marktbeherrschenden Stellung nach der GKN-Sachs Entscheidung des BGH v. 21. 2. 1978 — Ein Beitrag zu komplementären Zusammenschlüssen, ZGR 1978, 778.

— Gemeinschaftsunternehmen mit zwei paritätisch beteiligten Gesellschaftern, NJW 1980, 1921.

Stelkens, Paul/*Bonk*, Heinz J./*Leonhardt*, Klaus: Verwaltungsverfahrensgesetz, Kommentar, München 1978.

Stern, Klaus/*Nierhaus*, Michael: Rechtsfragen der Neuordnung des Sparkassenwesens als Folge kommunaler Neugliederung — Dargestellt am Raum Köln; München 1976.

Straub, Hubert: Optimale Finanzdisposition, Meisenheim am Glan 1974.

Szagunn, Volkhard/*Neumann*, Walter/*Wohlschiess*, Karl: Gesetz über das Kreditwesen in der Fassung vom 3. Mai 1976, Kommentar, 3. Auflage, Stuttgart 1976.

Uelner, Adalbert: Aktuelle Fragen bei Veräußerungsvorgängen im Ertragssteuerrecht, Jahrbuch der Fachanwälte für Steuerrecht 1975/76, S. 203.

Ulrich, Franz Heinrich: Wird die Wettbewerbsordnung durch wirtschaftliche Macht der Banken gefährdet?, in: Wettbewerb im Wandel — Festschrift für Eberhard Günther zum 65. Geburtstag, Baden-Baden 1976, S. 191.

Vallenthin, Wilhelm: Banken wollen nicht mehr Schutzschild sein, in: DIE ZEIT Nr. 28 v. 11. 7. 1969, S. 34.

Veltrup, Bernard: Die wettbewerbspolitische Problematik konglomerater Fusionen, Göttingen 1975.

— Ansätze einer ressourcenorientierten Erfassung wirtschaftlicher Macht, in: Wettbewerb im Wandel — Festschrift für Eberhard Günther zum 65. Geburtstag, Baden-Baden 1976, S. 207.

Wedell, Harald: Minderheitenschutz im Aktienrecht? Aktionärsinteressen und Rechtswirklichkeit, Frankfurt/Main, Zürich 1971.

Werhahn, Jürgen W.: Zur Einflußnahme der Bank auf die Geschäftsführung des Schuldners, Blätter für Genossenschaftswesen 1968, 344.

Werner, Horst S.: Die Grundbegriffe der Unternehmensverbindungen des Konzerngesellschaftsrechts, JuS 1977, 141.

— Der aktienrechtliche Abhängigkeitstatbestand. Eine Untersuchung der Herrschaftsmöglichkeiten von Unternehmen über Unternehmen in den faktischen Konzernverbindungen, Göttingen 1979.

Werner, Horst S./*Peters*, Klaus: Zwei Probleme konzernrechtlicher Abhängigkeit am Beispiel der Deutschen Bank und Daimler-Benz, BB 1976, 393.

Werner, Winfried: Aufsichtsratstätigkeit von Bankenvertretern, ZHR 145 (1981), 252.

Westrick, Klaus/*Loewenheim*, Ulrich: GWB-Kommentar, 4. Auflage, Herne, Berlin 1977.

Wettbewerbsprobleme im Kreditgewerbe, Hrsg. von Burkhard Röper, Schriften des Vereins für Socialpolitik N. F. Bd. 87, 1974.

Wiedemann, Herbert: Gesellschaftsrecht. Ein Lehrbuch des Unternehmens- und Verbandsrechts, Band 1, München 1980.

Wiethölter, Rudolf: Interessen und Organisation der Aktiengesellschaft im amerikanischen und deutschen Recht, Karlsruhe 1961.

Willners, Günter: Die Wertpapieranlage der Kreditbanken und ihre Bestimmungsfaktoren, Wiesbaden 1967.

Wirz, Hanns Bernhard: Der Marktbeherrschungsbegriff nach § 22 GWB, in: Auslegungsfragen zur zweiten GWB-Novelle, Köln, Berlin, Bonn, München 1974, S. 41.

Woedtke, Peter v.: Die „überragende Marktstellung" in der Fusionskontrolle (§ 22 Abs. 1 Nr. 2 GWB iVm § 24 GWB) — eine Untersuchung unter Berücksichtigung der amerikanischen Entscheidungen, Diss. Bielefeld 1977.

Würdinger, Hans: Arten und Formen der Unternehmenszusammenschlüsse iS der neuen §§ 23 bis 24 GWB, WuW 1973, 731.

Zankl, Peter: Minderheitsrechte von Aktionären (tabellarische Übersicht), BB 1978, 1755.

Zilias, Manfred: Treuhandverhältnisse und Unternehmensverbindungen, Die Wirtschaftsprüfung 1967, 465.

Zimmerer, Carl: Der Handel mit Unternehmen als Ganzem und die Mitwirkung der Banken, Österreichisches Bankarchiv 1979, 493.

FSC
www.fsc.org
MIX
Papier | Fördert
gute Waldnutzung
FSC® C083411

Kolibri 360 GmbH
Ferdinand-Jühlke-Straße 7
99095 Erfurt, Deutschland
produktsicherheit@kolibri360.de

Druck:
CPI Druckdienstleistungen GmbH
im Auftrag der
Kolibri 360 GmbH
Ferdinand-Jühlke-Str. 7
99095 Erfurt